스트롱 코리아
STRONG KOREA

이공계가 살아야 한국이 강해진다

한국경제신문 특별취재팀 지음

한국경제신문

Copyright ⓒ 2003, 한국경제신문

이 책은 한국경제신문 한경BP가 발행한 것으로
본사의 허락없이 이 책의 일부 혹은
전체를 복사하거나 전재하는 행위를 금합니다.

| 글을 시작하면서 |

기술강국 KOREA의 미래를 위해

　우리나라의 이공계가 무너져내리고 있다. 청소년들은 이공계 대학 진학을 기피한다. 서울대 공대 대학원은 몇 년째 정원미달 사태를 맞고 있다. 의대는 어느 대학교를 막론하고 최고의 경쟁률을 기록하고 있다. 이공대 최고 학부보다는 차라리 지방대 의대를 택하겠다는 풍조. 이공계 명문대학 재학생이 어느 날 갑자기 휴학을 하고 다시 의대 진학을 위해 대학입시를 준비하기도 한다. 의대가 없는 대학은 이제 장래를 낙관하기조차 어려운 상황이다.
　산업계에서는 쓸 만한 이공계 출신을 찾을 수 없다며 불만이다. 신입사원들을 비싼 돈을 들여 기초부터 다시 교육을 시키고 있다. 일부 기업에서는 아예 외국에서 필요한 인력을 확보하고 있다.
　대덕연구단지에 몸담고 있는 연구원들은 뿌리를 내리지 못한 채 방황하고 있다. 기회가 주어진다면 대학강단으로 옮기겠다고 한다. 아예 기업으로 옮기겠다는 연구원들도 있다. 자신들의 자녀만큼은 이공계를 선택하지 않도록 하겠다고 푸념한다.

공무원 사회에서도 이공계 출신은 찬밥 신세다. 같은 고등고시 출신이지만 기술직은 국장급까지 올라가는 게 고작이다. 선택할 수 있는 보직도 별로 없다. 정치권에서도 이공계 출신들이 푸대접을 받기는 마찬가지다. 국회 정보통신과학기술위원회에서도 이공계 출신들은 손으로 꼽을 정도다.

이공계가 비틀거리고 있다. 고도 성장의 주역으로 대접받던 엔지니어들의 위상이 추락하고 있다. 그 이유는 무엇인가? 일부에서는 선진국으로 가면서 나타나는 일반적인 현상이라고 지적한다. 잘 먹고 잘 사는데 누가 굳이 어려운 공부를, 그것도 다른 분야에 비해 처우가 떨어지는 이공계를 선택하겠느냐는 것이다. 물론 그럴 수 있다. 사회가 그렇게 만들고 있다는데, 일리가 없는 것은 아니다. 그러나 이같은 논리엔 문제가 있다. 우리나라는 아직 이공계를 기피할 정도로 선진국에 이르지 못했다. 선진국에서 1인당 국민소득 2만 달러대에서 나타난 현상이 우리나라에서는 1만 달러에 채 이르기도 전에 나타났다. 아직까지 힘든 일을 마다할 정도로 풍족해진 것은 아니라는 것이다.

물론 경제적으로 풍요로워졌다고 해서 이공계가 외면당해도 된다는 것은 아니다. 우리나라가 글로벌 시대에 살아남기 위해 믿을 것이라고는 인적 자원밖에 없다. 스포츠·연예계에서도 흔히 얘기하듯 '대박'을 터뜨릴 수 있다.

그러나 몇몇 스타들이 나라 전체를 먹여살릴 수는 없다. 산업현장에서, 연구소에서 나라를 살찌게 할 우수인력이 필요하다. 공무원 사회나 정치권에서도 마찬가지다. 이들이 바로 이공계 출신이다. 이공계 출신들이 뛰지 않고는 선진국 대열에 오를 수 없다. 선진국은커녕 글로벌 시대에서 낙오하기 십상이다. 중국과 일본 사이에서 샌드위치가 될 수밖에 없다. 그 동안 애써 쌓아올린 탑이 하루 아침에 무너질 수도 있다. 이공계 문제를 그냥 지나칠 수 없는 절박한 이유가 바로 여기에 있다.

이처럼 상황이 급박한데도 누구도 나서질 않았다. '이공계를 살려야 한다'는 목소리만 요란할 뿐이었다. 정부도, 정치권도, 대학도 마땅한 해법을 내놓지 못하고 있었다. '과학기술 입국', '과학기술 중시', '과학기술 교육강화' 등 슬로건이 무색할 따름이었다.

더 이상 이와 같은 사태를 방치할 수 없었다. 그대로 내버려두면 국가의 백년대계가 흔들릴지도 모를 상황에 몰렸다. 그래서 〈한국경제신문〉이 나서기로 했다. 지난 2002년 8월 5일 '스트롱 코리아'라는 아젠다를 내걸고 '이공계 살리기' 운동에 나섰다.

스트롱 코리아는 STRONG KOREA라는 영어에서 따왔다. 그 자체로 '강한 한국'을 뜻한다. 그뿐만이 아니다. STRONG이란 단어에는 'Science Technology Research Our National Goal'이란 의미가 담겨 있다. '과학·기술·연구개발은 우리의 목표'라는 뜻이다. 과학기술을 통해 우리나라를 강국으로 만들겠다는 의지를 담은 것이다.

10월 10일까지 거의 매일 컬러 한 면 이상을 할애하면서 지속된 '이공계를 살리자' 기획 시리즈에 대한 반응은 예상대로 뜨거웠다. 때로는 이공계 대학과 학생·연구원들로부터 불만을 사기도 했다. 일부에서는 "이공계를 살리자는 게 아니라 죽이겠다는 것이냐?"고 따지기도 했다.

그러나 대세는 달랐다. "언론이 나라를 위해 드디어 해야 할 일을 하고 있다"는 격려의 메시지가 국내외에서 쏟아져 들어왔다. 일부에선 "이번 기회에 이공계를 꼭 살려달라"고 당부하기도 했다. 정부부처와 산하기관 및 단체·경제단체·기업·기업인 등이 '이공계 살리기' 운동을 도와주겠다며 발벗고 나섰다. 대학생들에게서 토론 제의를 받기도 했다.

이처럼 열기가 달아오르면서 분위기가 바뀌기 시작했다. 정부가 이공계 대학생에 대한 장학금지원 확대, 병역단축 혜택 등 해법을 잇따라 내놓았다. 산업계에서도 이공계 지원 프로그램들을 속속 제시하고 이공계 인력채용을 늘리겠다고 나섰다. 대학에서도 산·학 연계 커리큘럼을 마련하기 시작했다.

이제 이공계를 살려야 한다는 데는 사회적 공감대가 형성됐다. 그러나 이공계 기피현상은 쉽게 사라지지 않고 있다. 간단하게 해결될 문제도 물론 아니다. '이공계 살리기'는 우리의 사활이 걸린 과제다. 우리가 믿을 것이라고는 인적 자원뿐이다. 그 가운데서도 핵심은 바로 과학기술 인력이다. 이공계 출신들을 키우지 않고는 나라의 미래가 없다. '이공계 살리기' 운동은 아직 시작에 불과할 뿐이다.

끝으로 '스트롱 코리아' 특별취재팀의 노고에 감사드린다. 2002년 여름 휴가까지 반납해가면서 대학·산업현장·정부출연 연구소·기업연구소 등을 심층 취재해준 팀원들이 없었다면 아무런 결실도 거두지 못했을 것이다. 아울러 컬러 지면을 마음껏 쓸 수 있도록 배려해준 최준명 사장을 비롯한 회사 간부 및 관계자들에게도 감사드린다.

특별취재팀은 이공계가 완전히 살아나는 그 날까지 '스트롱 코리아' 취재에 온 힘을 다할 것을 다짐한다. '스트롱 코리아' 파이팅!

2003년 4월
〈한국경제신문〉 편집국에서
'스트롱 코리아' 특별취재팀장
김 경 식

| 차 례 |

■ 글을 시작하면서 __ 3

 위기의 공대, 학생이 없다

1 왕따 신세인 이공계 __ 15
  교수도 학생도 없다 | 한의대로 발길 돌리는 과학두뇌들

2 우물 안 개구리, 서울대 공대 __ 22
  신음하는 서울대 공대 | 설계도면조차 이해 못하는 엔지니어들 | 갈 곳 없는 박사학위자 | 순혈주의 늪에 빠진 교수들 | 갈팡질팡 입시제도에 멍든 '최고' | 서울대 공대생은 고시 공부 중 | 윗공대, 아랫공대 | 창조적 파괴만이 살 길이다
  인터뷰 : 한민구 서울대 공대 학장의 제언

3 정체성 상실의 위기, KAIST __ 42
  연구중심 '흔들', 열정·도전정신 '시들' | 박사 프리미엄 옛말, 취업의 좁은 문 | 과학지식의 '편식' 심각 | 특별대우는 옛말 | 간판뿐인 연구센터 난립 | 과학영재 교육기관으로 '리모델링' 해야 | KAIST의 역대원장
  인터뷰 : 정근모 호서대 총장(전 과학기술부 장관)의 KAIST 회생전략

7

4 홀로서기 시험대에 오른 포항공대 __ 59
비상! 예산을 확보하라 | 실종된 'Can Do Spirit' | 연구기부금 의존율 49% | 포스코와 새로운 상생(相生)관계 | 새로운 성장엔진을 찾아라 | '포항의 실리콘 밸리'를 꿈꾼다 | 박태준과 포항공대
인터뷰 : 1회 졸업생 4명의 한마디

5 빛바랜 '엔지니어 사관학교' 한양대 공대 __ 79
방황하는 한양대 공대 | 과감한 투자 없이 도약은 없다 | 한양대 설립자 김연준 이사장

6 찬밥 신세 지방명문, 경북대 공대 __ 85
지역 한계로 빛바랜 명성 | 경북대 공대의 '간판'을 육성하라

제2장 **국가경쟁력의 열쇠, 연구소를 살려라**

1 찬바람 이는 대덕연구단지__**93**

대덕이 살아야 '과학한국'이 산다 | 40세 넘으면 흔들, 연구 책임자가 없다 | "기회만 닿으면 언제든지 떠나겠다." | 보따리장사꾼 신세로 전락 | 인사, 예산 등 정부 '뜻대로' | 다시 뛰는 과학기술 심장부

인터뷰 : 연구원장들의 제언

2 대표적인 성공모델, 한국전자통신연구원(ETRI)__**108**

상용화 기술에 승부를 걸어라 | 단기과제에 몰두, 기초연구 '소홀'

3 한국 과학기술의 산 역사, 한국과학기술연구원(KIST)__**114**

고급 과학두뇌의 산실 | 10년 앞을 내다보라

4 글로벌시대를 준비한다, 민간기업연구소__**119**

민간기업연구소 1만 개 시대 | 해외 연구소로 돌파구를 찾아라

인터뷰: 민간 기업연구소, 이렇게 바꾸자

이공계가 대우받는 세상

1 산업현장 — 전문가형 엔지니어를 육성하라 129
지방근무 기피로 홍역 앓는 산업계 | 기간산업, 인력수급 비상 | 퇴출 영순위, 비전 없는 기술직 | 전문가형 엔지니어를 육성하라 | 시장을 읽을 수 있는 신(新) 기술인력 | 인재 육성, 기업이 나선다 | 필요한 엔지니어, 해외에서 찾는다

2 최고경영자(CEO) — 잘 나가는 기업에는 테크노 CEO가 있다 147
상장사 CEO 이공계 출신 25% | 유화업계 CEO 절반 화학공학과 출신 | 스타 이공계 CEO, 윤종용 삼성전자 부회장 | 세계는 테크노 CEO 시대 | 세계무대에서 뛰는 스타 CEO
인터뷰 : 김상훈 서울대 교수의 제언

3 최고기술경영자(CTO) — 기술경영시대에 대비한다 160
CTO는 연구개발 총괄리더 | 기술중시 경영, 기업의 미래를 좌우한다 | CTO 1만 명을 키우자 | 기술경영에 앞장서는 삼성
인터뷰 : 손욱 삼성종합기술원장의 제언

4 관료사회 · 정치계 — 이공계 출신, 국정 브레인으로 떠오른다 170
권한은 없고 책임만 있다 | 찬밥 신세인 기술직 공무원 | 이공계 출신 의원을 늘려야 | 이름뿐인 국회 내 관련 연구회 | 테크노크라트의 시대가 온다

제4장 이공계가 살아야 나라가 산다

1 투자 없이 성공 없다 **185**

기초과학투자 늘려야 노벨상 받는다 | 노벨 과학상의 산실, 일본 교토 대학 | 장학재단 육성, 대기업이 나서라 | 인텔, 교육분야에 1억 300만 달러 기부

2 과학교육, 이대로는 안 된다 **195**

눈높이 체험학습을 늘리자 | 국가와 기업이 나선다 | 떨어지는 수학실력 | 정답만 강요하는 수학공부 | 입시에 내몰린 과학고 | 미국, 수업시간의 60%가 수학·과학 | 과학전문 TV채널을 만들자 | 과학 대중화에 나서라

3 이공계 학생의 기(氣)를 살려라 **214**

잔심부름꾼으로 전락한 병역특례 | 전문연구요원의 복무기간을 단축하자 | 산업현장과 따로 노는 자격시험 | 특급기술자제도, 기술사의 추락

4 스타 과학자를 키우자 **224**

스타 과학자 되기는 하늘의 별따기 | 과학상 시상식을 국가 이벤트로 | 과학자에게 대통령 메달 수여 | 여성 연구원의 채용비율을 늘리자 | 미국, 과학기술기회균등법 제정

■ 기술강국 이끄는 CTO __ 237

손욱 삼성종합기술원장 | 여종기 LG화학 기술연구원장 | 이현순 현대자동차 파워트레인연구소장 | 이명성 SK텔레콤 네트워크연구원장 | 전길환 CJ 종합기술원장 | 강창오 포스코 사장 | 민계식 현대중공업 사장 | KT 이상훈 본부장 | 이기원 삼성전자 부사장 | 백우현 LG전자 사장 | 김재조 삼성전기 중앙연구소장 | 한금수 대상 중앙연구소장 | 최명규 LG전선 전선연구소장

■ 국내 주요 CTO __ 266

■ 이공계 출신 주요기업 CEO __ 268

Chapter 1

위기의 공대, 학생이 없다

이공계 위기는 졸업생뿐만 아니라 재학생 숫자에서도 쉽게 확인된다. 2002년 현재 서울대 공대 재료공학부의 학년별 재학생 분포는 '역피라미드형'이다. 1학년은 13명인데 반해 2학년은 168명, 3학년은 199명, 4학년은 249명이다.

1. 왕따 신세인 이공계

　　　　　원광대학교 한의학과 2학년생인 J씨(34)는 요즘 한의학의 깊은 원리를 배우느라 여념이 없다. 열두세 살이나 어린 동기생들과 공부하는 것이 즐겁기만 하다. 오랜 방황 끝에 드디어 평생 걸어갈 길을 찾았다고 생각하기 때문이다.

　J씨는 1989년 서울대학교 기계공학과에 입학했다. 그 후 그는 석사학위를 받은 뒤 S중공업의 전문연구요원으로 입사했다. 그 곳에서 5년 간 근무함으로써 병역특례 요건을 채운 뒤 사표를 냈다. 연구원으로 더 있어봤자 전망이 없다는 판단에서였다. J씨는 "상사들이 연구보다는 '정치'에 더 신경을 쓰는 것으로 보였다"며 "회사 이익을 챙기는 것도 적성에 맞지 않고 오래 전부터 꿈꿔왔던 한의학도의 길을 걷기로 결심했다"고 말했다.

　한국과학기술원(KAIST)에서 토목공학 박사학위를 딴 뒤 H건설에 입사한 A씨는 그 동안 왜 자신이 토목공학을 전공했는지 가끔 후회가 들곤 한다. 2001년 A씨의 연봉은 2,700만 원. 어릴 때부터 '수재'라는 칭찬을 들으며 박사학위까지 취득한 자신의 노력과 비교하면 도무지 만족할 수 없다. 금융회사에서 이미 대리 이상의 직급으로 근무 중인 고교 동창들과 비교하기조차 창피하다. A씨는 석사과정을 마친 뒤 컨설팅 업체에 입사하거나 변리사 시험을 준비한다는 후배들의 소식을 듣고 있다.

이공계 위기는 졸업생뿐만 아니라 재학생 숫자에서도 쉽게 확인된다. 2002년 현재 서울대 공대 재료공학부의 학년별 재학생 분포는 '역피라미드형'이다. 1학년은 13명인데 반해 2학년은 168명, 3학년은 199명, 4학년은 249명이다. 고시 공부 등으로 휴학과 복학을 반복하며 졸업을 늦추는 재학생이 많기 때문이다. 2002년 초 부임한 김상국 재료공학부 교수는 "1학기에 2학년생을 대상으로 강의하다 보니 공대생들의 학문에 대한 열정이 많이 떨어져 있는 것을 느꼈다"며 "결국 강의 수준을 낮출 수밖에 없었다"고 토로했다.

이같은 현상은 다른 이공계 대학도 마찬가지다. 2002학년도 입시에서 연세대 이공계열 합격자의 수능시험 평균 성적은 전년도보다 3~4%가량 떨어졌다.

반면에 의·치의예과와 인문사회계열 합격자의 성적은 오히려 오르거나 비슷했다. 2001년 고려대 공대 1학년생의 자퇴율은 사상 처음으로 10%를 넘어섰다.

사정이 이렇다 보니 이공계 대학이 '찬밥' 신세를 면치 못하는 것도 당연하다. 수능시험에서 자연계열 응시인원은 최근 3년 간 해마다 5만 명 이상 줄고 있다. 전체 응시자 중 자연계 지원자의 비율도 1996년 44%에서 2001년 27%로 낮아졌다.

자연계열 상위 2%에 드는 우수 수험생도 매년 1,000명 이상 감소하고 있다. 서울대 공대는 2002년 2월 정시모집 1차 등록에서 81.7%의 등록률을 기록했다. 이는 전년도 입시 때의 94.1%보다 무려 12.4%포인트 낮아진 것이다.

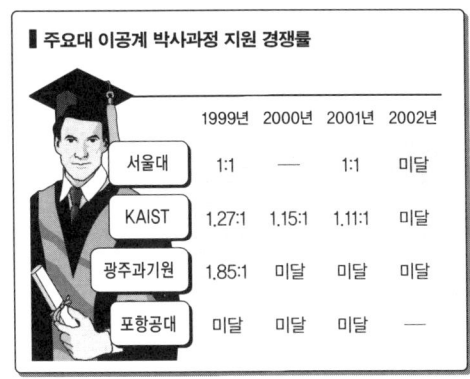

　이같은 현상은 이공계대학을 졸업해도 수입이나 직업적 안정성 면에서 별 볼일 없다는 인식이 확산됐기 때문이다. 연구원 출신의 한상환 제이앤에이치테크놀러지 사장은 "초등학교에 다닐 때만 해도 아들의 꿈은 과학자가 되는 것이었다. 그런데 중학생이 된 뒤 한의사로 변했다. '공대에 가면 돈을 못 번다. 의사는 입원환자 때문에 일찍 퇴근하지 못한다. 한의사가 제일 좋다'는 한 선생님의 권고가 있었기 때문이다"고 말했다.

　우수 인력이 이공계를 기피하다 보니 산·학 협력도 잘 이뤄지지 않고 있다. 변대규 휴맥스 사장은 "기술 개발의 파트너를 생각할 때 대학은 일단 제쳐놓는다"며 "미국에서는 일반적으로 기업이 신기술 개발을 시도하면서 우선 좋은 공대를 찾게 된다"고 토로했다.

　이병기 서울대 연구처장(전기·컴퓨터공학부 교수)은 "예전에는 학부과정에서 두각을 나타낸 학생들이 석·박사과정으로 자연스럽게 몰려들었지만, 최근 들어 이같은 추세가 뚜렷하게 약해지고 있다"고 우려했다.

교수도 학생도 없다

KAIST 기계공학과. 지난 30년 동안 박사만 700여 명을 배출해온 국내 최고의 학과다. 그러나 지난 몇 년 동안 박사과정의 정원 미달사태가 벌어졌다. 학비를 지원받고 일부 생활비까지 보조받는 KAIST에서는 믿기지 않는 일이 벌어진 것이다.

이뿐만이 아니다. 석사 지원율도 곤두박질쳤다. 몇 년째 정원을 채우기에 급급하다. 그 동안은 KAIST의 학부 출신들이 대학원을 메웠다. 그러나 사정이 달라졌다. 학부 졸업생들이 이공계를 떠나 경영대학원 등으로 발걸음을 돌리기 때문이다. 그나마 다른 전공을 찾아 떠나는 것은 차라리 낫다. 아예 고시 공부로 전환하는 사례가 줄을 잇고 있다.

과학두뇌집단 KAIST에서조차 이공계 대학원 진학을 기피하는 기막힌 현상이 일어나고 있는 것이다. 이같은 이탈 때문에 KAIST에는 빈 실험실까지 생겼다. 기계공학과에서는 실험실과 연구실을 지원하는 연구보조인력들이 부족해져 일부 실험실 운영조차 어려운 실정이다.

서울대에서는 학생이 없어 폐강하는 사태가 잇따라 벌어지고 있다. 공대에서는 2002년 1학기에 건축설계특론과 위생공학실험을 비롯, 노수치분석 등 18개 과목을 폐강했다. 자연대에서도 분자육종특론과 핵물리학 등 40개 과목이 폐강됐다.

서울대 공대 교수들은 학기가 시작될 때마다 신경이 곤두선다. 수강신청 결과 폐강은 면해야겠다는 생각으로 가득 차 있다. 폐강은 바로 실적평가에 직결되기 때문이다. 이들은 조교 확보문제를 놓고 학교 측과 신경전을 벌이기가 일쑤다.

자연대 일부 학과의 경우, 대학교수들에게 할당되는 조교 요원들이 턱없이 부족하다. 따라서 복사를 하거나 잔심부름까지 직접 챙겨야 하는 교수들이 수두룩하다.

인력이 모자라기는 다른 대학도 마찬가지다. 지방의 이공계 대학은 말할 필요조차 없다. 한때 5대 1까지 치솟았던 부산대 컴퓨터공학과 지원율은 2001년에 이르러 1대 1수준으로 급락했다. 대학원 과정은 물론 미달이었다.

포항공대는 2002년 초 베트남에서 대학원생 5명, 박사후 과정 1명 등 6명을 데려왔다. 우수학생 유치단은 2001년 베트남을 방문, 하노이 공대와 하노이 국립대 출신 등 51명의 지원자 중 영어시험과 면접을 거쳐 이들을 선발했다. 포항공대는 2003년에도 중국과 동남아 등을 돌며 현지 우수 학생을 선발할 계획이다.

학교 측은 중국과 동남아 학생 유치가 '세계화' 작업의 하나라고 밝히고 있다. 그러나 이를 액면 그대로 받아들이는 사람은 많지 않다. 동남아에서까지 학생을 데려와야 하는 현실이다.

한의대로 발길 돌리는 과학두뇌들

이공계의 위상변화를 짚어볼 수 있는 지표는 여러 가지가 있다. 그 가운데 빼놓을 수 없는 것이 바로 한의대의 부상이다. 이공계의 최고 학과로 평가받아온 서울대 공대와 새로운 인기 학과로 떠오른 경희대 한의대. 수능 점수가 우열을 평가하는 절대적인 잣대는 아니다. 그러나 중요한 바로미터임에는 틀림없다. 수능점수를 통해 두 대학의 선두다툼을 살펴보는 것은 나름대로 의미 있는 작업이다.

1980년대엔 서울대 공대가 경희대 한의대를 훨씬 앞섰다. 1986학년도의 경우 경희대 한의예과 합격생의 평균 점수가 284점, 서울대 기계공학과 304점, 제어계측학과 312점이었다. 20점 정도나 서울대 공대가 앞섰다.

그러나 1992학년도에는 경희대 한의예과 292점, 서울대 컴퓨터공학부(전 제어계측학과) 308점으로, 그 차이가 16점가량 줄었다. 1990년대 들어 한의학과의 인기가 서서히 오르면서 합격점은 지속적으로 높아졌다. 1997학년도 합격생의 평균 점수는 경희대 한의예과 325.2점, 서울대

 "내 자식은 이공계로 보내지 않겠다."

"과학기술인으로 푸대접받는 것은 나 하나로 충분하다. 자식들은 이공계로 보내지 않겠다." 과학기술인들의 인터넷 모임인 한국과학기술인연합(www.scieng.net)이 2002년 중반 이공계 출신 669명을 대상으로 조사한 결과, "자녀에게 이공계 진학을 권하겠다"는 대답은 5%(37명)에 불과했다. 그러나 "이공계 진학을 만류하겠다"는 응답은 206명으로 30%나 됐다.

"투자한 노력에 비해 현재 합당한 대우를 받고 있다고 생각하느냐?"는 질문에는 81%가 "노력의 대가에 비해 부족하다"고 답했다. "노력의 대가로 적당하다"는 6%에 그쳤고 "노력에 비해 과분하다"는 대답은 하나도 없었다. 과학기술인에 대한 사회적 대우에 크게 불만을 갖고 있는 것으로 나타난 것이다.

한국 내 우수인력의 해외유출 사태와 관련, 96%가 "한국 내 과학기술인 처우 및 불분명한 미래가 불러온 결과"라고 답했다. 정부의 이공계 살리기 방안에 대해서는 79%가 "우수인력들이 이공계를 계속 기피할 것"이라고 응답, 정부 정책에 대한 불신을 나타냈다.

컴퓨터공학부 333점으로 격차가 8점가량 줄어들었다.

두 학교가 어깨를 나란히 한 것은 지난 1998학년도. 합격생의 평균 점수는 경희대 한의예과가 375점, 서울대 컴퓨터공학부는 376.4점이었다. IMF(국제통화기금) 외환위기로 연구원들의 인기가 떨어지면서 한의대의 주가가 오르기 시작한 결과였다. 1999학년도부터는 경희대 한의예과가 서울대 공대를 줄곧 앞서고 있다.

2001학년도의 경우 경희대 한의예과 합격생의 평균 점수는 394점으로 서울대 공과대(계열)의 390.6점보다 4점이나 높았다. 서울대 공대는 합격점만 낮은 게 아니다. 경쟁률도 훨씬 떨어진다. 경희대 한의예과의 2002학년도 입시 경쟁률은 2.21 대 1, 서울대 공대는 1.39 대 1이었다.

등록률도 크게 차이가 나고 있다. 서울대 공대의 경우 합격생의 18.3%가 등록하지 않아 무더기 미달사태가 일어났다. 상당수가 다른 대학의 의학계열을 택했기 때문이다.

이에 대해 이영덕 대성학원 실장은 "1980년대부터 1990년대 초까지만 해도 이과계열의 최우수 그룹은 서울대 전자공학과나 물리학과를 선망했지만, 1990년대 말부터는 대학을 불문하고 의예·치의예·한의예과가 인기 1순위가 됐다"고 밝히고 있다.

2. 우물 안 개구리, 서울대 공대

　　　　　　서울대학교 공과대학이 무너지고 있다. 서울대 공대의 연구실은 갈수록 활기를 잃어가고 있다. 이공계 기피현상으로 석·박사과정 학생을 제대로 확보하지 못하고 있기 때문이다.

　그러나 도서관에 가면 공대생들을 흔히 만날 수 있다. 이들이 도서관을 찾는 이유는 간단하다. 바로 고시 준비를 위한 것이다. 공대생의 20%가 고시 공부에 매달리고 있다는 게 관계자들의 설명이다. 서울대 공대를 졸업한 20명이 2001년 사법고시에 합격했다. 공대생마저 고시에 혼을 뺏기고 있는 것이다.

　이뿐만이 아니다. 의대나 한의대로 가기 위해 자퇴나 휴학을 하는 학생도 늘고 있다. 기업체의 평가도 예전과 같지 않다. 대기업에서는 서울대 공대 출신보다 외국대학 출신을 선호한다. S사는 2002년 초, 기술개발 분야의 석·박사학위자를 뽑았다. 수백 대 일의 경쟁률을 뚫은 최종

합격자는 모두 7명. 이 가운데 5명은 미국 MIT와 스탠퍼드대, 프린스턴대 등을 졸업한 유학파였다. 국내파는 2명에 불과했다. 이 중 서울대 공대 출신은 포함되지 않았다.

연구 부문에서도 서울대 공대는 이름값을 못하고 있다. 서울대는 2001년까지 연구력의 평가잣대인 과학기술논문색인(SCI)에 2,591편의 논문을 실었다. 미국 하버드대(9,218편), 일본 두쿄대(6,439편) 등과 비교할 수 없는 수준이다. 최근에는 다른 국내 대학에게도 밀리고 있다. 2001년 교수 1인당 SCI에 실린 논문 수는 2.2편으로 KAIST(3.8편)와 포항공대(3.0편)에도 뒤졌다.

'특색 없는 대학', '백화점식 학문분야'도 불명예스럽게 따라다니는 꼬리표다. 미국의 MIT나 스탠퍼드대, 캘리포니아 공대(CIT), 하버드대 등은 연구중심 대학으로서 위치를 굳혀가고 있다. 그러나 서울대 공대만은 학부제와 대학원 중심대학이란 양갈래에서 갈피를 잡지 못하고 있다.

신음하는 서울대 공대

서울대 공대는 이공계 분야의 국내 최고학부다. 관악 캠퍼스에는 최신 공학연구동이 잇따라 들어서고 실험실에는 첨단 고가장비가 가득하다. 그러나 겉모습에 비해 내용은 보잘것 없다.

2001년 말 서울대 개혁보고서(블루리본 패널 보고서) 작성에 참여한 공대의 한 교수는 "서울대 전체의 경쟁력을 분석한 결과 미국 중하위 주립대 수준으로 나왔다"며 "공대라고 해서 예외는 아닐 것"이라고 지적했다.

서울대 공대는 투입(input)에 비해 산출(output)이 적다는 평가를 받는다. 교육계 일각에선 서울대 공대를 "돈 먹는 하마"라고 부른다. 2001년 정부와 산업계가 서울대에 지원한 연구비는 모두 1,485억 원. 이 중 90% 이상이 공대에 집중 지원됐다. 이는 전국대학 전체 연구비의 13%에 달한다. 경쟁 대학인 KAIST와 포항공대보다도 2~3배 정도 많다.

더욱이 '두뇌한국(BK)21' 사업이 시작되면서부터 서울대 공대는 정부의 연구지원 자금을 사실상 독식하고 있다. 그러나 돈을 집중 투입한 만큼 결과물은 나오지 않고 있다는 것이 안팎의 평가다. 오히려 교수 1인당 논문 수 등 연구성과에서는 국내 경쟁대학에조차 뒤진다. 산·학 협력이나 기술이전 등 응용연구에서는 더욱 형편이 없다.

연구성과는 부진한데 교수들이 보장받는 미래는 밝다. "한번 교수로 임용되면 평생이 보장된다"는 말이 아직도 통할 정도다. 실제 서울대 공대에서 신규임용 교수가 정년을 보장받는 비율은 100%에 이른다. 스탠퍼드대(40%), 하버드대(30%) 등에 비해서도 턱없이 높다.

근무 여건은 좋지 않다. 서울대 교수들의 월급은 국내 사립대 교수들보다 30%가량 적다. 턱없이 낮은 월급 때문에 연구의욕 제고는커녕 최고 수준의 교수진을 유치하는 데도 한계가 있다. 한 교수는 "현행 급여와 인센티브만으로는 서울대 공대 교수들이 본연의 연구에 몰두할 수 없다"며 "외부 강연이나 프로젝트 등 돈벌이에 나설 수밖에 없다"고 꼬집었다.

대학행정도 후진성을 면치 못하고 있다. 외부 연구비나 장비 지원금 등을 교수가 유용하는 사례도 감사원의 감사 때마다 적발되고 있다. 연구비도 학문분야 간에 적절히 분배되지 못하고 있다는 평가다. 이같은 문제점은 국립대라는 태생적 한계와 연관이 있다. 정부의 눈치를 보면서 책임경영을 하기는 어렵다는 것이다. 서울대 공대의 개혁은 정부로부터의 독립에서 출발해야 한다.

설계도면조차 이해 못하는 엔지니어들

서울대 공대 출신의 A씨. 그는 2002년 초 입사한 대기업에서 6개월 동안 신입사원 연수를 받았다. 현업에 배치된 후에도 6개월가량 집중 교육을 받았다. 사회에 진출하기가 무섭게 대학에서 배운 이론이 현장에서 별 쓸모가 없음을 실감했다.

"18세기 강의실에서, 19세기 자료를 가지고, 20세기 교수가, 21세기를 살아갈 학생을 가르친다." 재학 중 우스갯소리로만 들렸던 이 말이 터무니없지 않았음을 확인한 것이다. 왜 이러한 현상이 벌어지고 있을까?

바로 커리큘럼에 문제가 있기 때문이다. 서울대 공대 기계항공공학부의 커리큘럼도 그 같은 사례다. 전공을 공부하는 데 꼭 필요한 컴퓨터 프로그래밍 언어나 인터넷 등을 배울 수 있는 커리큘럼이 있기는 하다. 그러나 필수과목이 아니다. 따라서 공과대의 공통 교과목인 컴퓨터학 개론을 통해 배우게 된다.

설계과목도 찾아보기 힘들다. 3학년 과정에 기계설계 과목이 필수과목으로 유일하게 개설돼 있다. 나머지는 선택과목이다. 자동차 분야 등에서 요구하는 설계인력을 키우는 일이 목적이 아니기 때문이라고 학과 측은 설명하고 있다.

학교에서 배운 이론을 실제로 설계 및 제작에 적용하는 설계 프로젝트도 전공필수가 아니다. 따라서 "공대가 설계도면조차 이해 못하는 엔지니어를 양산하고 있다"는 혹평까지 나오게 되는 것이다. 설계교육에 배당되는 학점은 많아야 10학점에 불과하다. 16학점에다 종합설계(Capstone-Design)까지 더해지는 미국의 공대들과는 판이하게 다르다.

서울대 공대에서 가르치는 지식은 산업현장과 동떨어져 있다. 산업현장의 니즈(needs)를 제대로 파악하지 못하고 일방적인 교육방식만 고집한다. 산업구조가 IT 중심으로 바뀌었지만 교육은 이를 따라가지 못한다.

서울대 개혁자문단(의장 로좁스키 미국 하버드대 교수)의 조사에 따르면 90%의 학생이 "학교가 사회 진출에 필요한 교육을 해주지 못한다"고 밝혔다. 80%는 "학교가 대학원 진학 준비를 적절히 시켜주지 못한다"고 답했다.

서울대 대학생활문화원이 2002년도 학부 졸업예정자 2,151명을 대상으로 실시한 대학교육의 질에 대한 중요도 및 만족도에 관한 설문조사 결과도 마찬가지다. 이들은 영어회화, 컴퓨터 활용, 정보화능력, 창의력, 리더십, 미래비전 등의 항목에서 "보통 이하"라고 답했다. 신입사원 채용 때 가장 중요한 이들 부문에 대한 만족도가 특히 낮았다. 전공분야에서만 문제가 있는 것은 아니다. 직장생활을 하는 데 필요한 경영, 민법, 상법 등에 관한 지식은 물어볼 필요조차 없다. 그래서 서울대 공대 출신의 신입사원들은 이중의 고통을 받는다.

이같은 문제는 어디에서 발생하는가? 바로 커리큘럼에서 출발한다. 커리큘럼 문제가 우리만의 현상은 아니다. 미국·일본 등 선진국에서도 오래 전부터 골칫거리의 하나였다. 그래서 대학 커리큘럼도 인증을 받게 했다. 그러나 우리나라는 지난 1999년부터 공학교육 인증제를 실시했다.

그나마 2001년까지 인증을 받은 것은 고작 영남대, 동국대 등 2개 대학의 공학 커리큘럼뿐이다. 최근 기업의 수요를 교육목표와 교과과정에 반영하는 '공학 교과과정의 산업현장 유용성' 정도를 평가한 결과, 서울대 공대 40%, UCLA 90%로 집계됐다고 산업자원부는 분석했다.

커리큘럼 등 공학교육을 인증하는 기관(ABET)이 1932년에 설립된 미국 등 선진국과는 대조적이다. 김병식 동국대 공대 학장은 "ABET가 지난 70년 동안 미국 대학 공학교육 프로그램을 평가하고, 그 결과를 피드백시킴으로써 미국 공학교육을 세계 최고로 이끄는 데 기여했다"고 말한다.

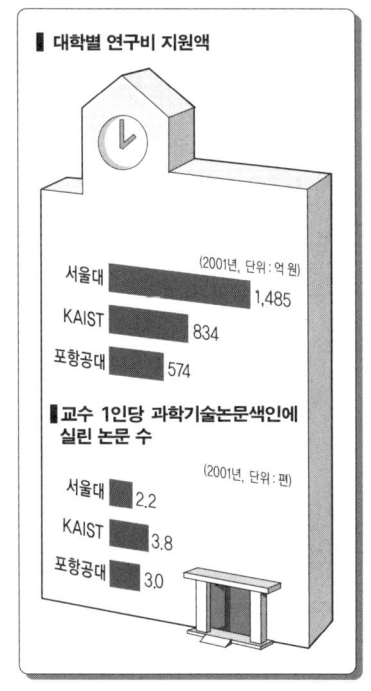

교과과정이라는 틀도 중요하지만 강의 내용이 좀더 중요하다고 볼 수 있다. 주입식 강의에서 벗어나 그룹 활동이나 프로젝트 등을 통해 학생들 스스로 생각하고 이론을 실제에 적용할 수 있도록 하는 것도 필요하다. K교수는 "교수들이 평가에 급급한 나머지 논문 위주의 프로젝트로 산업현장과 동떨어진 이론을 연구한다"며 "교수업적 평가가 연구에 치중돼 있어 교육에 시간을 투자할 여력이 없다"고 털어놓았다.

그러나 지금과 같은 커리큘럼으로 교육을 지속한다면 교육과 산업현장 간의 괴리는 더욱 커질 수밖에 없다. 이는 결국 인력의 양적·질적 균형을 무너뜨릴 것이다. 커리큘럼 개편 없이는 서울대 공대 출신들의 실력과 사기를 살릴 수가 없다.

갈 곳 없는 박사학위자

"공대에 입학해서 학부 4년, 석사과정 2년, 박사과정 2년, 박사논문 준비 3년을 합쳐 11년째 공부에 매달리고 있어요. 박사학위를 받기 위해 논문을 쓰느라 바다로 피서를 갈 틈도 없습니다." 서울대 공대 연구실에서 논문자료에 파묻혀 있는 이태찬(가명. 31)씨는 대뜸 '병역특례 문제'부터 짚어달라고 한다.

"박사학위를 취득하면 병역특례 업체에서 2년을 일해야 합니다. 박사과정을 마치고 학교에서 논문을 준비한 기간(3년)을 합쳐 5년을 채워야 하기 때문이죠. 물론 일반 현역으로 복무해야 하는 사람들에 비하면 어떤 점에선 특혜라고도 할 수 있죠." 요즘 이씨를 답답하게 만드는 건 2년의 근무기간이 아니다. 문제는 병역특례 업체를 찾기가 예전처럼 쉽지 않다는 것과 대우가 많이 떨어졌다는 것.

"서울대 공대 박사학위를 가진 사람이 과장급으로 회사를 골라서 갈 수 있었던 것은 이제 옛날 얘기죠. 대리 자리도 구하기 어려운 게 현실이에요. 그나마 병역특례 벤처기업이 많은 IT 분야는 상대적으로 사정이 좋은 편이지만 기계·조선·건축·토목 등 전통산업은 형편이 어렵습니다." 2002년 2월 박사과정을 마치고 박사논문을 준비하고 있는 황희섭(가명. 29)씨는 "연구소 구성원들의 사기가 전반적으로 떨어져 있다"며 "교수 및 석·박사 학생과 교수가 따오는 연구 프로젝트가 시너지효과를 낼 수 있게 보완하는 일이 시급하다"고 목소리를 높인다.

외부에서 받아오는 연구 프로젝트 내용이 석·박사 학생들의 개인적인 연구방향과 크게 어긋나더라도, 어쩔 수 없이 프로젝트에 참여해 대부분의 시간을 보내는 일이 허다하다는 것이다. 안정욱(가명. 26)씨도 진로문제로 고민하기는 마찬가지다.

"내년 2월 건축학과를 졸업하게 될 친구 녀석이 건축설계사무소나 건설회사가 아닌 부동산 투자·컨설팅 쪽으로 진출하기 위해 준비하고 있어요. 전공을 살려봐야 공대 출신들은 기업 연구소장 정도로 만족할 수 있을 뿐, 최고경영자(CEO)는 거의 다른 전공자들 차지라는 인식이 많이 퍼져 있어요. 저도 대학원에 진학해서 전공을 계속해야 할지, 일찍부터 현실적인 선택을 해야 할지 고민이에요." 교수들 또한 교육현장의 이공계 위기를 절감하고 있다.

이병기 서울대 연구처장은 "이공계 기피 현상은 대학 내부에서 해결해야 할 부분도 있지만 근본적으로는 사회구조적인 측면에서 원인을 찾아야 한다"며 "결국 대학 내에 있는 사람들보다는 밖에 있는 사람들이 문제 해결에 발벗고 나서야 한다"고 목소리를 높였다.

순혈주의 늪에 빠진 교수들

서울대 공대 교수진의 특징 중 하나로 '순혈주의'를 들 수 있다. 서울대 공대 출신이 아니고는 교수가 되기 어렵다는 얘기다. 그래서 서울대 출신이 아닌 사람이 교수로 임용되면 언론으로부터 집중 조명을 받게 된다. 서울대 공대 재료공학부 김상국 교수가 바로 대표적인 인물이다. 포항공대에서 석·박사과정을 마쳤을 뿐 아니라 학부도 KAIST를 나온 순수한 '비(非)서울대' 출신이기 때문이었다. 채용 당시 지원자 14명 중에는 서울대 박사 3명과 미국 하버드 및 MIT 등 외국 유명대학에서 박사학위를 취득한 실력자들이 대부분이었기에 더욱 주목을 받았다. 이를 놓고 포항공대의 한 교수는 "김 박사처럼 실력을 갖춘 사람이 서울대 교수가 됐다고 해서 화제에 오르는 현실은 다른 대학 박사 출신이 서울대의 문을 뚫기가 얼마나 어려운지를 보여주는 반증"이라고 지적했다.

서울대 전기·컴퓨터공학부 김남수 교수도 비슷한 경우다. 김 교수는 서울대 공대 전자공학과를 졸업한 뒤 KAIST에서 석사와 박사학위를 취득했다. 그는 1998년 서울대 공대 교수로 임용되면서 유명세를 탔다. KAIST 박사 출신 중 최초로 서울대 강단에 서게 됐기 때문이었다.

그 전에도 서울대 출신이 아닌 사람이 교수로 채용된 적은 있었다. 그러나 개교 이후 42년 동안 손에 꼽을 정도로 적었다. 김 교수는 "교수 자리를 찾고 있던 중 마침 서울대에서 내가 전문적으로 연구하고 있던 분야의 교수를 모집했다"며 "교수를 뽑는 데 박사학위를 어디서 받았는지는 크게 중요하지 않았던 것 같다"고 회고했다.

그는 여전히 특이한 경우에 속한다. 서울대에 몸담은 지 4년여가 흘렀지만 아직까지 공대뿐 아니라 서울대 전체를 통틀어 유일한 KAIST 박사 출신이다.

2002년 8월 현재 서울대 공대 교수는 모두 261명. 외국에서 박사학위를 받은 유학파가 231명이다. '토종박사' 30명 중 서울대 박사가 26명으로 비서울대 출신은 4명에 불과하다. 학부를 기준으로 분류하면 서울대 출신은 248명으로 95%를 넘어선다.

물론 교수를 모교 출신자 중에서 뽑는 '순혈주의'는 서울대 공대만의 문제는 아니다. 연세대와 고려대의 모교 출신비율도 각각 80%와 60%를 넘고 있다. 그러나 서울대는 유독 심하다. 교수 중 모교 출신비율이 94%에 이르기 때문이다.

이같은 서울대 공대의 순혈주의를 미국이나 유럽의 명문대학에서는 찾기 어렵다. 하버드대 또한 1910년대만 해도 전체 교수의 70% 이상이 모교 출신이었다. 그러나 지금은 10%대에 불과하다. 스탠퍼드대 교수 중에는 모교의 학사 출신이 거의 없다. 순혈주의를 연구의 창의성을 말살하고 학문의 경쟁력을 약화시키는 '학문적 근친교배(inbreeding)'로 보기 때문이다.

그 동안 우리나라에서도 순혈주의에 대한 비판이 끊이지 않았다. 이에 따라 정부는 1999년 9월 30일 이후 3년 동안 서울대를 비롯한 국립대에서 신규 교수를 채용할 때 30% 이상을 다른 대학 출신으로 임용토록 했다. 서울대 공대는 향후 예정된 신규 교수 임용과정에서 다른 대학 출신비율을 50% 수준으로 높일 계획이다.

그러나 이같은 약속이 제대로 지켜질지는 불투명하다. 서울대 공대의 한 교수는 "다른 대학 출신 교수들이 대거 임용된다면 가뜩이나 유학파에 밀려 사기가 저하된 대학원생들의 의욕이 상실될 것"이라고 우려했다. 한민구 서울대 공대 학장도 "서울대 교수 임용은 연구성과 위주로, 객관적인 절차를 거쳐 이뤄지고 있다"며 "자칫 서울대 출신이라는 이유만으로 임용에서 탈락하는 경우가 생길 수 있다"고 지적했다. 일각에서는 '비서울대 할당'이 실력 있는 서울대 출신을 푸대접하는 역차별을 몰고 올 수 있다며 반발하고 있다.

순혈주의를 무조건 나쁘다고 몰아붙일 수는 없다. 순혈주의가 서울 공대의 발전에 도움을 줬는지, 아니면 걸림돌이 됐는지 정확히 계산하기 어렵다. 역차별 우려도 일리가 있다.

어쨌든 한 가지 분명한 것은 있다. 순혈주의가 시대 흐름에는 맞지 않는다는 것이다.

갈팡질팡 입시제도에 멍든 '최고'

서울대 공대 출신 엔지니어들이 한국을 대표하는 기술역군이라는 사실은 누구도 부인할 수 없다. 지난 1960~70년대 정유·석유화학 분야의 핵심 주역으로 뛴 역군들은 화학공학과 출신들이었다. 1970년대 이후 자동차·철강·조선·건설분야엔 기계 엔지니어들이 있었다. 전자공학도를 빼놓고 한국의 전자산업을 얘기할 수 없다.

서울대 공대는 한국경제를 성장시키는 데 일등공신 역할을 했다. 명실상부한 이공계 분야 인재의 산실이었다. 그러나 이젠 달라졌다. 서울대 공대는 옛날의 모습이 아니다. 산업계가 이들을 향해 '노(no)'라고 하고 있다. 사회 인식도 마찬가지다. 특별한 프리미엄을 주지 않고 있다.

왜 이렇게 됐을까? 서울대 공대 출신의 K연구원(40). 그는 대덕연구단지의 정부출연 연구소에서 원자력 안전평가업무를 맡고 있다. 이 업무는 간단한 계산과 단순 수학지식으로도 충분한 일이다. 그래서 대학에서 배웠던 지식을 써먹을 기회가 전혀 없다. 고등학교 때 배웠던 수학이 필요한 경우가 더 많다. 그는 관리 부문에 신경을 쏟고 있다. 인간관계가 좀더 중요하기 때문이다. 그는 요즘 들어 부쩍 자신이 불만스럽다. 누구에게도 뒤지지 않게 열심히 공부했다. 최고 학부를 다녔다는 자부심도 있었다. 그러나 이제는 다른 사람과 차별화할 수 있는 카드가 없다. 미래에 대한 자신도 없다. 서울대 공대 출신 가운데 K씨와 같은 사례가 한둘이 아니다.

공통점의 하나가 바로 '졸업정원제 세대'라는 점이다. 졸업정원제가 서울대 공대 추락의 단초가 됐다는 것이다. 지난 1981년 대학 본고사가 폐지되고 정원의 30% 이상을 더 뽑는 졸업정원제가 도입되면서 서울대 입시에 대혼란이 벌어졌다. 서울대 공대를 겨냥, 3년 간 준비해온 학생들이 객관식 시험 때문에 좌절하고 말았다. 대학 측은 합격선을 밝히기를 거부했다. 그 대신 평균점을 공개하는 우스운 풍경이 연출되기도 했다. 서울대 공대 역사상 처음 있는 일이었다.

졸업정원제의 파문은 이것으로 끝나지 않았다. 오히려 시작에 불과했다. 서울대 공대 입학정원이 81학번부터 795명에서 1,034명으로 30% 이상 늘어나면서 정상교육이 어려워졌다. 고교 교육의 연장판이 돼버렸다. 객관식 시험으로 성적을 매기는 입시제도는 곧 질적 저하로 이어졌다. 고교 수학과 과학의 기초교육을 다시 가르쳐야 했다. 커리큘럼을 바꾸는 것은 엄두도 못 냈다. 산업현장의 기술을 습득할 수 있는 기회를 가질 수 없었음은 물론이다. 1960년대부터 해오던 강의를 그대로 반복하는 데 그쳤다. 학생들도 실력을 닦을 기회를 가질 수 없었다. 그저 취업에 필요한 졸업장을 받는 데 급급했다.

1990년대 후반부터 산업계에서 "서울대 공대생이 왜 이러나"라는 우려의 목소리가 높아지기 시작했다. 대학 4년, 군대 3년에다 직장에서 책임 있는 보직을 맡는 데 걸리는 10년 정도를 합쳐 보면, 이들이 바로 졸업정원제 세대인 셈이다. 엎친 데 덮친 격으로 1998년에는 '열린 교육'이 도입됐다.

열린 교육은 졸업정원제로 파김치가 된 서울대 공대를 뿌리째 흔들어버렸다. 이해찬 전 교육부 장관이 시행한 교육개혁에 따라 1999년부터 이과 수험생들은 문과생들과 똑같은 수학만을 배우고 대학시험을 치렀다. 서울대 공대는 신입생들 중 수업을 따라가기가 어려운 80%가량의 학생들을 따로 모아 기초 수학 및 과학을 가르쳤다.

서울대 공대생은 고시 공부 중

2002년 8월 5일 오후 서울대 중앙도서관 6층 6열람실. 여름방학 중인데도 600여 좌석을 가득 채운 고시생들의 열기로 뜨겁다. 에어컨을 틀었는지 안 틀었는지 모를 정도다. 고시생을 배려해 특별히 만들어진 2단 독서대엔 두툼한 법률서적과 법전들로 빈 틈이 없다.

구석에서 형법총론과 씨름하고 있는 수험생 김정훈(25)씨. 고시책에 큼지막하게 씌어진 '974××-×××'라는 숫자가 1997년에 입학한 공대생임을 말해준다. '4'가 바로 공대 번호다. "공대생인 것 같은데 왜 사법시험을 준비하느냐?"는 질문에 슬리퍼에 반바지 차림인 김씨의 대답은 의외로 진지하다.

"주위의 우려와는 달리 요즘 공대생들은 정말 공부를 많이 합니다. 중간고사와 기말고사만 치르면 한 학기가 지나가는 것은 옛날 얘기가 됐죠. 한 과목당 너더댓 차례 시험은 기본이고 한 학기 동안 40~50회씩 시험을 치러야 합니다." 그는 이렇게 열심히 학교생활에 매달려도 돌아오는 보상은 너무 보잘것 없다고 털어놓는다. 또 다른 고시 수험생 진용한(24)씨도 목소리를 높인다.

"석사과정까지 마치고 병역특례를 거쳐 대기업에 취직한 선배들이 지방공장에 쳐박혀 박봉을 받아가며 고생하는 걸 보면 괜히 화가 납니다." 그는 "고생한 만큼 대우를 받지 못한다는 생각에 공대생들 사이에선 '의·치·한(醫·齒·韓)'으로 돌아가기 열풍이 불고 있다"며 "심지어 입학하자마자 의대·치대·한의대에 가기 위해 다시 재수를 시작하는 후배들까지 늘어나고 있다"고 설명했다. 그는 또한 재수에 실패해서 다시 복학하는 친구도 있다고 덧붙였다.

진씨는 "의·치·한에 들어가기 싫은 사람들은 자연스레 고시 공부에 뛰어들고 있다"며 "사법시험과 변리사시험을 합치면 공대생 5명 중 1명은 고시생일 것"이라고 귀띔한다.

서울대는 해마다 6월 중순부터 여름 계절학기 수업을 시작한다. 최근 들어 계절학기를 수강하는 학생들이 부쩍 늘었다.

서울대 캠퍼스는 방학 중인데도 강의실을 오가는 학생들의 발길로 분주하다. 특히 공대 고시생들에겐 계절학기 수업이 필수 코스로 통한다고 한다. 수업이 끝난 오후 5시 30분, 신공학관 강의실 앞에서 만난 홍성

 서울대 공대 출신 사시 합격자, 매년 두자릿수

2002년 초 사법연수원에 입학한 33기 연수생 976명 가운데 서울대 공대 출신자는 20명이었다. 이는 서울대 비(非)법대 출신자(173명)의 11.56%에 이르는 것이다. 나머지 서울대 자연계 출신자 전체(17명)보다도 많다.

문제는 공대 출신으로 사법시험에 합격해도 전망이 밝지 않다는 데 있다. 전체 사법시험 합격자가 1,000여 명에 달할 정도로 늘고 있는데다, 사법연수원을 마치고 변호사로 활동할 경우 법대나 인문계 출신들과 경쟁해야 하기 때문이다.

서울대 공대에서 석사과정까지 마친 한 사법연수원생은 "변호사로 나설 생각이지만 일반 민·형사 업무를 맡을 경우 고객들이 공대 출신 변호사라는 이유로 꺼린다"며 "전공을 살려 특허 침해소송 등에 특화할 것"이라고 털어놓았다. 이에 대해 서울대 전기공학부 출신의 송해모 변리사는 "특허 침해소송 등의 수요가 많지 않다"며 "결국 일반 민·형사 업무로 입지를 확대해나가야 할 것"이라고 말했다.

환(24)씨는 "대부분의 공대 고시생들은 졸업장만 따면 된다는 생각으로 전공에는 최소한의 시간과 노력만 들인다"며 짧은 시간에 학점을 딸 수 있는 여름 계절학기 수업을 많이 이용한다고 밝혔다. 그는 가방 가득 사법시험 준비서를 담고 고시의 메카로 통하는 신림9동 좁은 골목길로 발길을 돌렸다. 그 곳에는 고시원과 독서실이 빼곡히 들어서 있다. 독서실 앞 계단에 앉아 커피를 마시고 있는 박준현(33)씨. 그는 공대 졸업생으로 대기업에 취직했다가 그만두고 뒤늦게 고시대열에 합류했다.

"어려서부터 엔지니어가 꿈이었죠. 1996년 졸업한 후 대기업 연구소에 들어갔을 때만 해도 꿈을 이룬 것 같아 기뻤습니다. 그러나 그것도 잠깐, 평생 빠듯한 봉급생활자 신세를 벗어나지 못할 것을 생각하니 눈앞이 캄캄하더라구요. 법대에 들어가 잘 나가는 로펌 변호사로 활약하는 고등학교 동창녀석과 비교가 되기도 했구요." 그래서 인생 진로를 수정했다는 게 그의 설명이다. 박씨는 "지방에서 직장생활을 하며 두 살배기 아들 녀석을 혼자 키우고 있는 아내를 생각하면, 왜 내가 공대를 선택했을까 하는 후회가 생긴다"며 독서실 안으로 사라졌다. 서울대 공대에서 고시열풍이 불기 시작한 것은 이공계 위기가 사회 문제로 떠오른 1990년대 중반에 들어서부터였다.

최근엔 대학원생들까지 고시대열에 합류하는 사례가 늘고 있다. 일부에서는 "공대생이라고 고시공부하는 것 자체가 문제될 수 없다"고 주장한다. "공대 출신들이 다양한 분야로 진출해 실력발휘하는 것도 충분히 의미가 있다"는 것이다. 이에 대해 한민구 서울대 공대 학장은 "공대의 고시열풍이 아직은 걱정할 만한 상황이 아니지만 분위기가 확산될 경우 국가적인 인력낭비일 뿐 아니라 연구풍토 조성에도 좋지 않을 것"이라고 지적했다.

윗공대, 아랫공대

학과에 따라 이공계 기피 현상의 정도는 각기 다른 차이를 보이고 있다. 1980년대부터 주목받기 시작한 전자공학과, 컴퓨터공학과 등 IT 관련학과는 1999년 하반기에 본격화된 벤처창업 열풍을 타고 주가가 급상승했다. 덕분에 이공계 기피라는 태풍이 불고 있는 요즘에도 어느 정도 주가를 유지하고 있다.

이에 비해 한때 수험생들로부터 최고의 인기를 누렸던 건축학과나 전통산업과 관련된 기계·조선·산업공학 등은 상대적으로 이공계 기피 현상의 직격탄을 맞고 있다. 이공계 기피 현상이 IT와 비(非)IT로 구별돼 심각성에서 차이를 나타내고 있는 것.

서울대 공대생들 사이엔 '윗공대, 아랫공대'라는 말이 유행하고 있다. 이는 1996년 1월 관악산 기슭에 준공된 신공학관에 입주한 전기공학부·기계항공공학부·컴퓨터공학부 등과 신공학관에서 5~10분을 걸어 내려오면 보이는 오래 된 공대 건물들에 자리한 비 IT 학과들을 빗댄 은어다.

서울대 공대의 한 박사과정 학생은 "공대 내에 있는 4개 학과, 6개 학부는 한국의 과학기술과 산업기술이 발전하는 데 모두 중요한 역할을 하고 있는데도 '손쉽게 돈을 벌 수 있는가' 등의 기준으로 윗공대, 아랫공대로 구분짓는 게 안타깝다"고 말했다.

IT 관련학과의 강점은 '창업 및 취직'과 '병역특례'에서 단적으로 드러난다. 한국이 IT 강국으로 급부상하면서 취업문이 넓어졌고 IT 분야에서 창업열풍이 이어져 IT 전공자들은 상대적으로 유리한 위치를 차지하고 있다. 또 IT 벤처기업이 크게 늘어 IT 관련 전공자들은 비 IT 전공자들에 비해 병역특례 업체를 구하기가 쉽다.

창조적 파괴만이 살 길이다

산업계에서도 서울대 공대 출신들을 대하는 눈길이 예전과 같지 못하다. 서울대 공대의 위기는 국내 과학기술계의 위기이자 우리나라 전체의 문제다. 서울대 공대가 흔들려서는 이공계 교육이 자리를 잡을 수 없다. 교육뿐만 아니다. 산업계 인력수급 면에서도 균형이 깨진다. 과학기술의 발전에도 제동이 걸릴 수 있다.

이제부터라도 서울대 공대는 기존의 패러다임과는 완전히 다른 새로운 틀을 짜야 한다. 지금이 바로 '창조적 파괴'를 해야 할 때다. '창조적 파괴'가 어디서부터 어떻게 시작되고, 어느 정도로 이뤄져야 하는지에 대해서는 논란이 있을 수 있다. 일부에서는 '학부 폐지론'까지도 내걸고 있다. 이에 대해 국내 교육계 현실에서 학부 교육은 결코 포기할 수 없다는 반론도 나오고 있다.

서울대 공대가 다시 태어나기 위해서는 어떻게 해야 하는가?

우선 교육 중심으로 갈 것인지, 아니면 연구 중심으로 갈 것인지를 분명히 해야 한다. 미국의 공과대학들은 목표가 분명하다. 스탠퍼드대는 '활용성'에 목표를 두고 산업체 등에 진출할 인재를 배출하고 있다. 미시간 공대도 현장 엔지니어 배출에 교육 목표를 두고 있다. 반면 CIT는 '창의성'에 목표를 두고 학자와 연구자를 배출하는 데 집중한다.

서울대 공대는 어떤가? 대학원 중심 대학을 표방한 지 오래 되었지만 아직까지 '교육 위주냐, 연구 중심이냐'의 양갈래 길에서 갈피를 못 잡고 있다. 재료공학부의 경우를 보자. 학부생이 684명에 달한다. 대학원생도 659명이다. 이에 반해 교수는 불과 38명. 이같은 매머드급 학생 수로는 합리적인 교육이 도저히 불가능하다. 학부생을 줄이든지 대학원생을 줄이든지, 선택해야 한다.

둘째, 산업계 니즈(needs)를 읽어야 한다. 서울대 공대에 대한 산업계의 가장 큰 불만은 '흐름을 따라오지 못한다'는 것이다. "기업

창조적 파괴 5가지 제언
① 교육목표를 분명히 하자 -대학교육 중심으로 갈 것인지 아니면 연구 중심으로 갈 것인지 결정하라
② 산업계 니즈를 읽어라 -현장에 필요한 교육을 하라 -첨단기술 흐름에 따라가라
③ 글로벌화해야 한다 -세계적인 대학들과 경쟁하라 -교수사회 순혈주의를 탈피하라 -보수의 틀을 깨라
④ 선택·집중전략으로 나아가라 -강의 위주의 백화점식 커리큘럼을 없애자 -세계 10대 학과 5개 이상 만들자
⑤ 경영구조를 바꿔라 -총장·학장 선출을 독립 이사회에서 하라 -정부로부터 독립하라 -관료주의를 깨뜨려라

은 글로벌 경영을 목표로 한참 앞서가고 있는데, 서울대 공대는 그 속도에서 뒤진다"(서울대 공대 출신 대기업 사장)는 얘기다. 기술의 변화속도가 빠른 IT 등 첨단기술 분야에서는 훨씬 뒤떨어져 있다는 지적이다. 산업계에선 "서울대 공대의 모든 학부 교과목을 산업 현장의 기술변화 트렌드를 반영하는 방향으로 개편해야 한다"고 주장한다.

셋째, 글로벌화해야 한다. 서울대 공대는 세계적인 대학들과 어깨를 겨뤄야 한다. 이를 위해 구성원의 경쟁력은 물론 모든 시스템을 세계적인 수준으로 높여야 한다. 무엇보다 교수 채용에 있어 국적과 학맥을 불문하고 최고의 교수진을 유치해야 한다. 한번 교수로 채용되면 평생이 보장되는 체계(교수정년제)도 개혁해야 한다. 선진 대학에서 일반화된 엄정한 교수평가제를 도입해 연구하지 않는 교수는 과감히 도태시켜야 한다. 동시에 연구성과가 뛰어난 교수에게는 과감한 보상을 주는 인센티

브 제도를 마련해야 한다. 효율성이 무시된 관료주의도 벗어던져야 한다. 교수가 연구와 강의에만 전념할 수 있도록 행정적인 부담에서 자유롭게 해야 한다.

넷째, '선택과 집중' 전략으로 나가야 한다. 미국 대학에서 근무를 하다가 서울대 공대로 온 한 교수는 "많은 학과들이 변화하는 세계 환경에 적절하게 대응하지 못하고 있다"고 진단했다. 이른바 '서울대 백화점'은 더 이상 통하지 않는다는 것이다. 서울대 공대는 자체 경쟁력을 가진 학과를 특성화해 최소한 세계 10위권에 드는 학과를 5개 이상은 배출해야 한다.

다섯째, 지배구조를 바꿔야 한다. 현행 구조는 최고 수준의 학문 성과를 내는 데 방해가 되고 있다는 게 전문가들의 지적이다. 이 문제와 관련, 전문가들은 우선 "총장과 학장의 선출과 임명 절차를 맡을 독립 이사회 설치부터 시작해야 한다"고 주장하고 있다. 또 학생 선발 등을 대학이 스스로 결정할 수 있도록 정부로부터 자율성을 확보하는 것도 중요하다고 지적한다.

| 인터뷰 | 한민구 서울대 공대 학장의 제언

서울대 공대는 엔지니어로서의 우수한 전공지식 및 창의성의 바탕 위에 사회적·경제적 접근능력과 기획능력을 갖춘 인재를 육성하는 것을 목표로 한다. 기술을 산업화하고 산업을 경영하며 나아가 국가와 사회 문제를 공학적 사고로 해결할 수 있는 산업과 사회 지도자(Global Technical Leader)를 육성하는 것이다.

서울대 공대 발전을 위해서는 첫째, 국가지원이 확대돼야 한다. 우수한 엔지니어를 키우려면 돈이 많이 든다. 따라서 국가적·사회적 지원은 필수다. 선진국에서도 엔지니어 교육을 국가가 맡고 있는 이유가 바로 여기에 있다.

일본의 경우 게이오대와 와세다대을 비롯한 사립대들은 공학교육을 제대로 담당하지 못하고 있다. 국내 공과대의 교수 대 학생 비율은 1 대 40에 육박하고 있다. 이는 중·고등학교 수준에조차 뒤지는 것이다. 따라서 창의성이 중시되며 실험실습이 필요한 공학교육이 불가능할 수밖에 없다.

공과대의 교수진 및 시설확충은 국가가 할 일이다. 흑백 TV를 만들 수밖에 없는 공장을 지어놓고, 그 곳에서 생산된 TV에서 컬러가 제대로 안 나온다고 불평하는 것과 같다.

둘째, 공대생들에 대한 직접 지원도 대폭 확대되어야 한다. 선진국에서는 이공계생에 대한 교육경비를 사회가 여러 가지 형태로 부담하고 있다. 외국인에게까지 이 혜택을 주고 있다. 한국 유학생들도 대부분 학비를 걱정하지 않고 학교를 다니고 있다. 공대 학부및 대학원생에 대한 학비지원과 기숙사 문제는 일류 엔지니어를 육성하기 위해 꼭 해결되어야 할 과제다.

셋째, 대학의 자율성을 보장해야 한다. 특히 입시제도를 개혁, 창의성 있는 학생을 대학이 자체 판단으로 선발할 수 있어야 한다. 현재의 수능시험 성적에는 창의성이 반영될 여지가 거의 없다고 본다.

넷째, 지식기반 정보화시대에 대응하기 위해 정부관리 체제에도 과학기술 마인드가 접목되어야 한다. 정부의 정책결정 과정 등에 기술 전문가가 적극 참여할수 있도록 해야 한다. 고시위주의 정부관리 임용제도를 개선, 이공계 전문인력의 특채를 대폭 늘려야 한다.

3. 정체성 상실의 위기, KAIST

'고급 과학기술 연구인력의 산실' KAIST. 하지만 고급 과학두뇌 양성이라는 KAIST의 설립 목적은 차츰 빛을 잃고 있다. 연구 중심 특수교육을 지향했던 과거와 달리 여느 대학과 다름없는 커리큘럼에다 정부의 지원도 줄어들었기 때문이다. 따라서 학생들은 어렵사리 학위를 취득해봐야 원하는 기업에 취업조차 보장되지 않는 처지에 놓이게 됐다. 교수들도 대학원생을 확보하랴, 연구과제를 따내랴 예전에 없던 고민에 빠져 있다.

1971년 KAIST가 탄생할 때만 해도 그 이상과 목표는 분명했다. 과학강국이 되지 않고서는 경제자립, 선진국으로의 도약이 불가능하다고 판단한 당시 박정희 대통령의 특별 지시로 설립된 만큼 정부의 지원과 국민들의 기대는 남달랐다. 그런 기대에 걸맞게 KAIST는 개교 이래 2만 4,000여 명의 고급 두뇌를 배출했다. 이 가운데 박사학위 취득자만 해도

4,800여 명에 이른다. 국내 이공계 대학 교수 중 15% 이상이 KAIST 출신이기도 하다.

그 동안 연구개발을 위해 KAIST에 투자된 돈은 모두 6,526억 원. 그 동안 KAIST는 1만 1,392건의 기술을 개발했고 100조 원 이상의 부가가치를 창출했다고 밝히고 있다.

홍콩에서 발행되는 〈아시아위크(Asia Week)〉지로부터 2000년 아시아 최고의 과학기술교육기관으로 선정됐으며 각종 대학평가에서도 서울대 공대, 포항공대를 제치고 1위를 차지해왔다.

그런 KAIST가 최근 들어 흔들리고 있다. 정체성(identity) 혼란이 가속화되고 있기 때문이다. KAIST는 고급 과학두뇌를 양성하기 위해 설립된 연구중심 특수교육기관이다. 그러나 시간이 지나면서 그와 같은 아젠다는 퇴색됐다. 학생들과 교수, 커리큘럼 면에서 다른 공과대학과의 차이는 점점 줄어들고 있다. 최근에 와서는 서울대 공대 등과 형평성을 맞추면서 정부의 관심과 투자도 소홀해졌다.

여느 대학과는 달리 KAIST는 과학기술부 소관이어서 교육인적자원부의 눈총을 계속 받아왔다. KAIST의 상징이던 20대 박사학위 취득자도 지속적으로 줄어들었다. 1984년 전체 박사학위 취득자 중 20대 비율이 76%에 이르렀던 것이 2002년 초에는 39%로 곤두박질쳤다.

이제 여느 대학과 마찬가지로 박사학위를 받는 데 7~8년이 걸린다. 일부 대학원의 경우 석사학위 과정마저 정원이 미달되는 사태가 발생하고 있다. 이공계 기피현상이 가시화되면서 학생들이 하향 평준화됐다는 지적도 나온다. 교수들은 "예전에 비해 학력 수준이 크게 떨어졌다"고 평가하고 있다.

교수들도 KAIST를 더 이상 '가고 싶은 대학' 1순위로 꼽지 않는다.

생명공학 관련 교수의 경우 모집 정원에 크게 못미쳐 교수 확보율이 5.8%에 그친다. 서울대의 18.9%, 포항공대 8.5%에 훨씬 못미치는 수준이다. KAIST가 다시 한국 과학기술의 요람이자 미래로 태어나려면 변화를 두려워하지 않아야 한다는 지적이 많다. 정부 지원을 바탕으로 온실 속에서 살겠다는 생각을 버려야 한다. 프런티어(frontier) 정신을 가져야 한다. 지금이 바로 리모델링을 해야 할 때다.

연구중심 '흔들', 열정 · 도전정신 '시들'

KAIST. 학생들은 고급두뇌로서의 자부심을 느끼지 못하고 있다. 20대 박사학위 취득자도 갈수록 줄어들고 있다. 교수들도 정체성에 혼란을 느끼기는 마찬가지다. '최고급 과학두뇌 양성'이라는 설립목표가 피부에 와닿지 않는다. 왜 이렇게 됐나? KAIST의 정체성 위기는 설립목표가 흔들리고 있다는 데서 시작한다. 연구중심 교육기관인지, 이공계 인력 양성기관인지 분명치 않다는 이야기다.

KAIST는 '한국의 산업과 연구기관이 필요로 하는 고도의 훈련을 받은 전문가 양성'을 위해 설립됐다. 최고의 두뇌들을 키워 국가 과학기술에 이바지하겠다는 것이다. 이같은 목표 아래 연구과제를 중심으로 교과과정을 운영하고 학생들을 키워왔다. 학생들은 일반대학과는 다른 커리큘럼을 통해 실력을 쌓았다. 산업 현장에서 필요로 하는 이론과 실기를 배웠다.

과학기술원의 정체성은 1990년 과학기술원과 과학기술대학이 합쳐져 학부과정이 개설되면서 흔들리기 시작했다. 연구중심의 대학원 대학이었던 KAIST가 학부생의 참여로 진통을 겪게 된 것이다. 커리큘럼이나 교수진, 시설 등이 학부생들을 중심으로 다시 짜여졌다. 학부생들이 들어오면서 그 열의는 많이 식었다. 특히 KAIST는 학부교육에 치중하는 모습을 보였다.

"예선 홍릉 시절만 해도 학생들에게는 청계천을 헤집더라도 반드시 이루겠다는 강렬한 열정과 도전정신이 있었다. 지금 KAIST는 그 열정이 식어버렸다. 학생들은 주어진 과제만 해결하려 하고 교수들도 안주하려 한다."(K교수)

2002년 KAIST 박사과정 지원자는 정원 450명에 미달한 410명에 불과했다. 학생들도 대학원 진학보다 취직 걱정을 먼저 할 정도다. KAIST의 연구수준은 이래저래 떨어질 수밖에 없다.

따라서 일반대학과의 차별성이 사라지고 있다. KAIST는 30년 간 한국의 공과대학을 이끌어왔다. 교수들의 논문 수에 따른 평가를 비롯해 커리큘럼 과정의 선진화 등을 통해 항상 새로운 것을 추구했다. 서울대 공대 관계자까지 "KAIST 덕택에 서울대 공대가 발전했다"고 털어놓기도 했다.

이같은 차별성이 많이 사라진 것이다. 우선 정부의 파격적인 지원이 크게 줄었다. 설립 당시에는 거의 정부출연금으로 운영을 했다. 지금은 전체 예산 중 정부출연 비중이 35% 수준으로 떨어졌다. 교수 1인당 연구비도 2억 2,700만 원으로 포항공대의 2억 7,200만 원보다 다소 적다.

외부환경 변화에 적응하지 못하고 있는 것도 이유다. 급격하게 변하는 기술·경제환경에 맞추지 못했기 때문이다. 1970년대와 1980년대 우리나라 경제의 견인차 역할을 했던 조선·기계분야 등에는 많은 투자를 했다. 그러나 21세기에 들어와 붐을 이룬 생명공학(BT) 등에선 취약하다는 평가를 받고 있다. 학과 단위의 세부전공형 교육도 문제다. 기술 퓨전 추세를 따라잡지 못하고 있다는 것이 관계자들의 지적이다.

박사 프리미엄 옛말, 취업의 좁은 문

KAIST 재료공학과 박사과정의 K씨(30)는 최근 충격적인 경험을 했다. 2003년 봄 박사학위 취득을 앞두고 대기업 연구소 세 곳에 지원했다가 모두 탈락했기 때문이다.

K씨는 "연구소들이 국내 박사를 기피하는 데다 모집인원도 극소수여서 경쟁이 무척 치열했다고 들었다"면서 "차라리 석사과정만 마치고 일찌감치 취업하는 편이 더 나았을 것"이라며 씁쓸해 했다. 그는 "대학원에 진학할 무렵이던 6~7년 전만 해도 박사학위를 받으면 자신이 원하는 연구소에 거의 100% 취업을 할 수 있었다"며 "그러나 요즘은 상황이 달라졌다"고 털어놓았다.

KAIST 석사과정 2년차인 L씨(25)는 요즘 주말마다 서울행 버스를 탄다. 고시학원에서 변리사 시험에 대비한 주말반 강의를 들은 뒤 스터디 그룹에 참여하기 위해서다. L씨는 "힘들게 학위를 받고도 연구소에서 박봉에 시달리며 고생하는 선배들을 보고 불안감을 느껴, 변리사 시험을 준비하고 있다"며 "대학원생 중에 전공 공부와 변리사 준비를 동시에 하는 학생들이 종종 눈에 띈다"고 밝혔다.

자연과학·공학 분야에서 국내 최고를 자부해온 KAIST 학생들이 방황하고 있다. 가장 중요한 이유는 바로 '불투명한 진로' 때문이다. 박사학위를 받고도 자리를 구하지 못해 '떠도는' 선배들의 모습이 남의 일 같지 않다. "왜 힘들게 과학기술 공부를 해야 하는지 모르겠다"며 회의에 빠지기 일쑤다.

밤 10시가 넘은 시각, KAIST 도서관 내 흡연실. 건설·환경공학과 박사과정의 J씨(30)가 길게 담배연기를 내뿜는다. 그는 "박사학위를 받고 건설회사에 취직한 선배의 연봉이 2,000만 원대라는 소식을 듣고 깜짝 놀랐다"며 "이런 상황에서 박사학위를 받으려고 연구에 전념할 사람이 얼마나 되겠냐?"고 되물었다.

2002년 초 KAIST 테크노경영대학원 석사과정에 입학한 C씨(27)는 전산학과 출신이다. 그가 자신의 전공을 버리고 경영대학원으로 진로를 바꾼 이유 또한 '불안한 미래' 때문이다. C씨는 "힘들게 박사학위를 받고 연구소나 기업으로 진출해도 급여나 보상이 기대수준에 미치지 못하고 언제 해고될지 모른다는 생각이 학생들 사이에 퍼져 있다"고 전했다. C씨는 인생의 목표를 종전 전산 전문가에서 경영 컨설턴트로 바꾸었다.

박사과정 4년차인 또다른 J씨(28)는 같은 연구실 후배와 논쟁을 벌였던 얘기를 들려줬다. 그가 "공학도로서 전공 공부와 연구에 전념해야 한다"고 주장하자 그 후배는 "공학자 출신도 다양한 사회분야에 관심을 가져야 한다"고 목소리를 높였다는 것이다. 정씨는 "몇 년 전만 해도 KAIST 학생들은 과학기술 연구에 몰두하는 것을 당연하게 여겼기 때문에 이같은 논쟁이 벌어질 수 없었다"며 달라진 학교 분위기를 설명했다. 그는 "대부분의 학생들은 여전히 전공에 매진하고 있지만 한편에서는 과학기술 연구가 이른바 3D 업종이라는 자조 섞인 말들이 나오고 있는 것도 사실"이라고 말했다.

연구중심 교육기관임을 자부해온 KAIST. 최근 들어 그러한 정체성이 흔들리고 있다. 한국 최고의 과학두뇌들이 'KAIST' 이념에 의문을 던지고 있는 것이다.

과학지식의 '편식' 심각

KAIST 물리학과 박사과정에 다니는 정우성(26)씨는 '카오스 이론'을 금융에 접목시킨 새로운 금융공학 분야를 연구하고 있다. 물리학에 대해 누구 못지않은 실력을 갖췄다고 자신하는 정씨지만 금융이론을 거의 독학하다시피 하고 있다.

그는 "경제학이나 경영학 전공자들과 잦은 교류가 필요하지만 KAIST 주변에선 적합한 사람을 찾기가 쉽지 않다"며 "어쩔 수 없이 서울행 기차에 자주 몸을 싣게 된다"고 어려움을 털어놨다.

KAIST는 원래 미국 MIT를 모델로 만들어졌다. 학부생을 선발할 때 학과를 구별하지 않는 무(無)학과제도, 커리큘럼 편성방법 등 교육 시스템의 많은 부분을 모방했다. 또 학부생이 원하면 대학원 실험실에 들어가서 연구할 수 있는 '개별연구제도' 등도 도입했다.

하지만 MIT와는 크게 달랐다. MIT 주변엔 하버드대, 보스턴대, 터프츠대 등이 들어서 있다. 이들 대학은 MIT에 인문·사회과학 등의 학문적 기반을 제공, MIT가 세계적인 공대로 성장하는 데 결정적인 역할을 했다. 하지만 KAIST 주변엔 충남대를 빼고 나면 대학이 거의 없다. 정부출연 연구소와 기업부설 연구소에 둘러싸여 있다. 그나마 충남대와도 학문적인 교류가 별로 없다. KAIST가 '고립된 섬'처럼 돼버린 것이다.

지식의 편식현상도 심각하다. 그러나 모든 학문이 융합하는 '퓨전 시대'인 21세기 세계 과학계를 이끌어가기에는 한정된 전공지식만으로는 부족하다는 지적이 많다. 특히 창의성이 강조되는 최근에는, 이같은 특성은 결정적인 흠집이 될 수도 있다. 인문·사회과학을 모르면 전공도, 학문도 제대로 하기가 어렵다. 그런데도 KAIST 학생들은 이를 외면하고 있다.

 학부과정 총학생회장을 맡고 있는 안상현(물리학과)씨는 "학교 측이 주말마다 인문·예술 분야의 강연회나 콘서트를 열지만 객석엔 빈 자리가 많다"며 "학생들 스스로가 아직 필요성을 느끼지 못하는 것 같아 안타깝다"고 말했다.

 생물과학과의 한 교수는 최근 과학고 출신이 주류를 이루면서 과학분야 말고는 흥미를 갖지 않는 분위기가 확산되고 있다고 지적했다. 고교과정을 2년 만에 속성으로 마치고 곧바로 대학생활을 시작하다 보니 학생들이 '한쪽 길'로만 빠지기 쉽다는 것이다. 그는 "설립 초기 일반대학 출신 대학원생들이 대부분이던 시절에 학생들이 적극적으로 연구활동에 참여했던 것과 비교하면, 요즘 학생들은 교수가 시키는 일만 하는 수동적인 태도를 보인다"고 밝혔다.

 전인(全人)교육을 위한 학교 측의 노력도 아직은 미흡하다. 교양과정부를 지난 1997년 인문·사회과학부로 바꾸고 강좌를 늘렸지만 역부족이다. 인문·사회과학부의 한 교수는 "인간과 사회에 대한 포괄적인 이해없이 과학기술 전공에만 매달릴 경우 한계에 부딪힐 수밖에 없다"며 "과학기술 분야에서 세계 수준에 근접한 KAIST의 연구력을 한 단계 더 도약시키기 위해서는 인문·사회 지식을 보충하는 것이 시급하다"고 강조했다.

 학부 및 석사 과정 도중에 해외로 유학을 떠나는 학생들이 꾸준히 늘고 있는 것도 이같은 배경과 무관치 않다. 학부 학생과 석사과정을 밟던 중 유학을 떠난 대학원생은 2002년 8월 현재 22명에 이르고 있다. 이는 2001년 한 해 동안의 14명에 비해 60%가 늘어난 것이다.

특별대우는 옛말

당초 KAIST 학생은 병역특례, 장학금 지원 등에서 특별한 대우를 받았다. 그 가운데 가장 중요한 것이 병역특례였다. 3년 간 국내 연구소나 산업체에 의무적으로 근무해야 하지만 군대에 가지 않고 공부를 계속할 수 있다는 것은 엄청난 혜택이었다.

경제적 혜택도 빼놓을 수 없었다. 설립 당시의 '5개년 사업계획서'에 따라 학비를 면제받았으며 월 2만~3만 원의 장학금도 받았다. 당시 연세대나 고려대 등 사립 명문대학의 등록금도 10만 원 수준이었음을 감안하면 적지 않은 것이었다.

그러나 인재 유치에 도움을 줬던 특혜조치들은 점차 빛을 잃어갔다. 과학원에게만 주어지던 병역특례가 1980년대 들어 석사장교제도가 신설되면서 일반대학에도 확대 적용되기 시작했다.

1989년에는 병역법 개정으로 과기원 학생들에 대한 특례제도가 폐지됐다. 전액 면제됐던 학비도 2001년부터는 석·박사과정에 대해 10만 원을 받기 시작했으며 2002년부터 20만 원으로 올랐다.

간판뿐인 연구센터 난립

"고급 과학기술 연구인력의 산실." "아시아 최고의 과학기술 교육기관." KAIST를 상징해온 이같은 표현들이 빛을 바래고 있다. KAIST에는 노벨상을 탈 만한 스타가 없다. 세계 10대 공과대학이라는 목표가 무색할 정도다. 세계 10대에 오르기 위해선 각 학과별로 2~3개의 선도그룹이 있어야 하고 노벨상을 노릴 만한 스타가 3명 정도는 나와야 한다는 게 교수들의 평가다.

그뿐만이 아니다. 20대 박사학위 취득자도 급격히 줄어들고 있다. 전체 박사학위 취득자 중 20대 비중은 지난 1984년 76%를 정점으로 계속해서 줄어들고 있다. 2002년 초에는 40%에도 못미쳤다.

20대 박사 배출은 KAIST를 평가하는 단골 메뉴였다. 영재교육기관임을 평가하는 잣대였기 때문이다. 그러나 이젠 옛말이 됐다. 박사학위를 취득하는 데도 평균 7~8년이 걸린다.

하물며 노벨상 얘기는 꺼내기조차 어렵다. 도대체 무엇 때문에 이같은 문제가 나타났는가? 과학두뇌 양성이라는 본래의 기능을 회복하는 데 걸림돌이 되고 있는 것은 무엇인가?

1989년 한국과학기술대학(KIT)을 통합, 석·박사중심 특수대학원에서 이공계 대학으로 탈바꿈하면서 '연구냐, 교육이냐' 하는 문제가 제기됐다. "학부과정인 과기대를 흡수했기 때문에 그만큼 부담을 추가로 떠안을 수밖에 없었다"고 한 보직교수는 설명하고 있다. 대학원에서 함께 연구하고 가르쳐야 할 학생들이기 때문에 학부과정에서부터 '준비된 인력'으로 키워야 했다는 얘기다.

문제는 한정된 자원을 어느 쪽에 집중하느냐는 것이었다. 설립 당시 KAIST는 연구와 교육이라는 두 가지 목표를 동시에 갖고 있었지만 '연구' 분야에 무게가 실렸었다. 그러나 1980년대 들어 산업계 고급인력 수요가 늘어나면서 교육 방면을 중시하기 시작했다. 서울대 공대, 포항공대 등과의 형평성을 감안, KAIST에 제한됐던 병역특례 등이 사라지면서 무게중심이 '연구'에서 '교육' 쪽으로 옮겨가고 말았다.

KAIST엔 연구기관이 많다. 과학재단(ERC)이 지원하는 16개의 연구센터를 포함, 부원장 직속의 30개에 이르는 연구센터가 있다. 또 12개 연구소 산하에 64개 연구센터가 있다. 연구센터 소장인 모 교수는 "연구센터는 많지만 솔직히 역할은 미흡하다"며 "일부 연구센터는 정부지원이 끝나면서 흐지부지돼버린 곳도 있다"고 밝혔다. 한 보직교수는 "100개에 육박하는 이들 연구소 중엔 제역할을 다한 게 많지만 스스로 간판을 내린 곳은 거의 없다"고 말했다. 그는 "연간 10억 원의 연구비를 조달해야 연구센터를 세울 수 있는데, 지원기관의 지원이 끝나도 연구센터에 참여한 교수들이 다른 목적으로 조달한 연구비를 합쳐 10억 원의 요건을 충족시켜 연구센터를 유지하면서, 본래 연구목적과는 상관없이 교수들 나름대로 '마이 웨이'를 가는 경우도 많다"고 지적했다.

수명이 다한 연구센터의 문을 닫는 것과 함께 수많은 연구센터, 연구소, 연구실 등이 서로 시너지 효과를 낼 수 있게 통합·정비하는 작업도 제대로 이뤄지지 못했다. 연구센터 등에서 연구할 대학원생(연구원)의 장학금 문제, 교수 확보권한 등이 워낙 학과를 중심으로 짜여져 있기 때문이다.

예산문제는 KAIST에 대한 외부기관의 SWOT(강점·약점·위협·기회 요인) 분석에서 항상 약점과 위협요인으로 꼽힌다. KAIST의 특수한 지위가 재정적 취약성의 원인이 되고 있다. KAIST에 대한 정부예산은 교육인적자원부가 아닌 과학기술부가 매년 예산당국을 설득해서 확보해야 하는 구조다. 누군가가 확실히 밀어주지 않으면 예산확보에 어려움을 겪을 수밖에 없다.

예산구조를 보면 취약성은 그대로 드러난다. 2001년 예산은 2,090억 원. 정부 640억 원(31%), 연구비 930억 원(45%), BK21 사업비 250억 원(12%), 자체수익 250억 원(12%) 등이다. 이 가운데 가장 안정적인 것은 정부예산이다. 연구비나 BK21 사업비 등도 정부 프로젝트이긴 하지만 경쟁을 통해 얻은 것이기 때문에 결국 69%는 불안정한 것으로 봐야 한다. 이같은 재정구조는 연구만을 수행하는 정부출연 연구소로서도 감당하기 어렵다. 교육만을 전담하는 곳이라면 생존 자체를 어렵게 만들 수도 있다. 자칫 연구도 교육도 파행

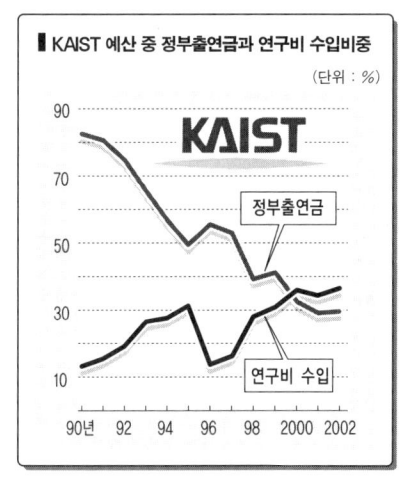

을 불러올 수 있다. 스스로 방향을 설정하고 전략을 수립하기는 더욱 어려운 구조다. KAIST가 '연구'로 무게중심을 옮기면서 교육기관의 기능까지 수행하기 위해서는 안정적으로 확보할 수 있는 예산이 최소 50%는 돼야 한다는 지적이다.

과학영재 교육기관으로 '리모델링' 해야

KAIST가 '고급 과학두뇌 산실'로서의 기능을 잃어가고 있다. 노벨 과학상에 도전할 만한 스타를 만들어내기엔 한 마디로 역부족이다. 노벨 상급뿐만 아니다. 20대 박사 배출도 갈수록 줄어들고 있다. 영재 양성에서도 한계를 드러내고 있는 것이다.

이공계 분야 국내 최고 교육기관이란 명성을 지켜나가기 위해 KAIST는 무엇을 어떻게 해야 하는가? 시각에 따라 여러가지 해법이 나올 수

있다. 그러나 한 가지만은 분명하다. 이대로 가다가는 평범한 '대학'의 하나로 전락할 수밖에 없다는 것이다. KAIST가 '변하지 않으면 안 된다'는 이유가 바로 여기에 있다. 지금이 리모델링을 해야 할 때다.

우선 과학영재 교육기관으로 거듭나야 한다. 이를 위해 과학영재 양성을 위한 교육혁신 시스템을 도입해야 한다. 과학영재학교(과학고)에서 KAIST 학·석·박사과정으로 연계되는 체계를 갖춰야 한다. 학사과정에서부터 연구과제에 참여하는 것을 의무화할 필요도 있다. 전문적이고 창의적인 영재를 선발하고 교육 콘텐츠를 제공하는 것도 시급하다. 일부에서는 KAIST가 아예 과학기술 중심의 종합대학으로 다시 출발해야 한다는 의견도 내놓고 있다.

선진국형 커리큘럼을 도입해야 한다. 지금처럼 학과단위의 세부 전공형 교육에서 벗어나야 한다. 학문 간 융합이 되지 않고는 우수한 연구결과를 내기가 어렵다. 나노과학기술 분야에서는 물리·화학·생물·기계·원자력·재료·바이오시스템 등 관련학과 간 협조체제가 필수적이다. 인접분야 학과 간 융합은 초일류 대학이라는 목표 실현을 위해 가장 시급한 과제다. 미래 전략산업인 바이오기술(BT), 나노기술(NT) 분야에서도 학과 간 기술결합이 필요함은 물론이다.

글로벌화도 서둘러야 한다. KAIST는 국내는 물론 아시아를 벗어나 전 세계를 상대로 하는 대학으로 성장하지 못했다. 국내에서 필요로 하는 인력양성은 다른 대학에 맡기고 KAIST는 글로벌화에 앞장서야 한다. 이 사회에 외국인도 참여시키는 방안도 국제화에 도움을 줄 수 있다.

산·학·연 협력에도 적극적으로 나서야 한다. KAIST는 대덕연구단지 내 다른 연구소들과의 연계를 소홀히 해왔다는 지적을 받고 있다. 대덕과 KAIST는 그 동안 따로 놀았다. 대덕은 연구단지이고 KAIST는 교육기관으로 통해왔다. 이는 20세기 모델이다. 지난 시대의 패러다임을 고집하지 말아야 한다. 연구소들과 힘을 합친다면 KAIST는 세계적인 대학으로 거듭날 수 있다. 또 연구소들의 침체도 막을 수 있다.

KAIST의 역대 원장

KAIST에는 모두 12명의 원장이 거쳐갔다. 평균 재임기간은 2.5년. 과학기술계 인사들에 따르면 'KAIST 원장'은 당시 대통령과 과학기술처 장관의 연줄에 따라 결정되는 자리였다. 정치적인 고려에 의해 원장이 임명돼왔다는 뜻이다.

그래서인지 KAIST 역대 원장은 대부분 전형적인 학자 출신이며 행정가로서의 능력은 전반적으로 부족했다는 평가를 받고 있다.

이상수 초대 원장은 정통 물리학자 출신. 당시 원자력청장으로 재직하면서 KAIST 설립에 주도적인 역할을 해오다 원장을 맡았다. 그러나 얼마 후 과학기술처 장관이 KIST 출신의 최형섭 박사로 바뀌면서, 이 원장은 임기를 2년이나 남겨놓고 물러났다. 그러나 이상수 원장은 KAIST 역대 원장 가운데서는 1980년대의 전학제 박사와 함께 두 차례나 원장에 오르는 행운을 누렸다.

KAIST가 우여곡절을 거쳐 안정기에 접어들게 된 데는 제4대 조순탁 원장의 역할이 컸다. 조 원장은 박정희 전 대통령의 전폭적인 지원을 받아 KAIST 도약에 결정적인 기여를 했다. 이같은 공로로 조 원장은 연임에 성공, KAIST 역사상 가장 오랫동안(6년) 원장직을 맡았다.

1980년 전두환 정부가 들어서면서 KAIST는 정부출연 연구소의 통폐합 조치에 따라 격동기를 맞는다. 1987년까지 8년 간 원장이 다섯 차례나 바뀌었고 1990년 대전으로 내려갈 때까지도 혼란이 지속됐다.

1991년 취임한 천성순 원장은 대외적인 활동을 가장 활발히 벌였던 인물이다. 예산을 따내기 위해 로비를 마다하지 않았고 교직원의 후생복지를 향상시키는 데도 앞장섰다. 천 원장은 그러나 워낙 성격이 직선적이고 강해 학교 내부에서는 인기가 그리 높지 않았다.

천 원장에 이어 1994년 취임한 심상철 박사는 교수들의 전폭적인 지지를 받으며 이사회에서 총장으로 선임된 최초의 선출직 원장이었다.

대통령과 KAIST

대통령을 빼놓고 KAIST의 역사를 얘기할 수 없다. 특히 KAIST의 전신인 한국과학원(KAIS)은 설립자인 박정희 대통령과 특별한 인연을 갖고 있다.

1970년 4월 6일 과학기술처는 박 대통령에게 한국과학원 설립 계획을 보고했다. 문교부는 기존 대학들의 입장을 대변, 과학원 설립의 부당성을 강력히 제기했지만 대통령은 이를 일축했다. 이듬해 2월 설립자로 추대된 박 대통령은 "1960년대부터 본격적으로 추진한 경제개발 계획에 따라 수요가 늘어난 과학기술 인력을 우리 힘으로 길러내겠다"며 과학원 프로젝트를 밀어붙였다.

이공계 대학 졸업생들이 해외유학을 떠나 돌아오지 않는 '두뇌유출(Brain Drain) 현상'을 막기 위해 박 대통령은 한국과학원 진학생들에게 여러 가지 특혜를 베풀었다. 그 가운데 가장 중요한 것이 병역혜택이었다. 반공 이념을 내건 박정희 정부에서 약 3주 정도의 군사훈련만으로 병역을 면제해준 것은 엄청난 특혜였다. 박 대통령은 또 과학원 학생들의 학비를 전액 면제해주었고 매월 2만~3만 원의 장학금을 지급했다. 학생 전원에게 기숙사도 제공했다.

박 대통령은 과학원을 과학기술을 통해 산업발전에 이바지할 국가 엘리트를

심 원장은 특히 재임기간(1년 2개월) 중 KAIST 발전기금 조성사업을 의욕적으로 추진했다. "2004년까지 10년 간 1조 원을 모금하겠다"는 내용의 1조 원 발전기금조성 사업은 다른 대학을 깜짝 놀라게 했다. 그러나 정부의 의존에서 벗어나 독자적인 재원을 확보하겠다는 심 원장의 순수한 의도는 안팎의 음해를 받으면서 결국 1995년 5월 말 사퇴 파동으로 이어졌다.

키우는 '과학기술 사관학교'로 중시했던 것이다.

1981년 1월 5일, 전두환 대통령이 박 대통령에 이어 두번째로 KAIST의 설립자가 됐다. 신군부가 추진한 정부출연 연구기관들에 대한 개혁작업의 하나로 한국과학원과 한국과학기술연구소(KIST)를 통합해 한국과학기술원(KAIST)을 발족시킨 것. 나아가 전 대통령은 1980년대 들어 가속화된 경제성장을 뒷받침할 고급 과학기술인력을 배출하기 위해, 1984년 말 한국과학기술대학(KIT)을 세웠다. 제5공화국 출범 이후 석사장교 제도가 도입돼 일반대학의 대학원 학생들에게도 병역혜택을 부여했다.

1970년대 병역특혜를 겨냥해 과학기술원을 선택했던 서울대 등 우수한 이공계 졸업생들이 모교 대학원으로 진학하는 사례가 증가한 것도 KIT의 설립 배경이 됐다. 1985년부터는 한국과학기술원이라는 간판 아래 과학원, 과학기술연구소, 한국과학기술대학 등 세 기관이 모인 '한 지붕 세 가족 시대'가 시작됐다.

KAIST는 노태우 대통령 시절에 접어들어 다시 큰 변화를 맞이한다. 전두환 대통령에 의해 통합된 과학원과 과학기술연구소가 분리된 것. 과학기술연구소는 새로운 이름을 얻어 한국과학기술연구원(영문 명칭은 예전대로 KIST)으로 독립했다. 과학원과 한국과학기술대학은 그대로 남아 현재의 한국과학기술원(KAIST)이 됐다.

| 인터뷰 | 정근모 호서대 총장(전 과학기술부 장관)의 KAIST 회생전략

― *KAIST가 안고 있는 문제점은.*
"KAIST가 지향하는 가장 중요한 가치는 혁신성과 미래지향성이다. 하지만 너무 오랫동안 과거의 모델에 안주했다. 21세기에 걸맞는 새로운 모델을 서둘러 찾아야 한다."

― *설립 당시 KAIST의 목표는 '한국산업에 맞는 인재를 양성한다'는 것이었는데.*
"그렇다. 단순한 교육기관이 아닌 산업과 연계된 특수기관을 생각했기 때문에 설립에 필요한 자금부터 교육예산이 아닌 경제개발 특별예산에서 조달했다. 이같은 목표는 기대 이상으로 잘 달성돼왔다."

― *KAIST의 지난 역사를 어떻게 평가할 수 있나.*
"설립 당시 기존의 고등교육기관을 긍정적인 측면에서 크게 자극할 것이라고 예상했다. 1980년대 후반기부터 실제로 이같은 움직임이 본격화됐다. KAIST는 일반 이공계 대학(원)의 교육과 연구수준을 현대화시킨 공로가 있다고 평가한다. 문제는 이제부터다. 설립 당시의 사명을 다했으니 문을 닫든지, 과학기술 중심의 종합대학교로 재출범(Institute에서 University)하든지 방향을 분명하게 설정하고 나아가야 한다."

― *과학고-과기대-KAIST로 연결되는 인재 양성고리에 대한 의견은.*
"과학고와 과기대 졸업생들은 뛰어난 인재다. 하지만 이들을 이미 정해진 코스로만 달리게 하는 것은 바람직하지 못하다. 이제는 여러 분야가 힘을 모으는 퓨전 시대다. KAIST가 종합대학교로 가야 한다는 것도 이같은 취지와 궤를 같이한다."

― *KAIST를 리모델링할 수 있는 방안은.*
"우선 글로벌화하는 데 힘을 쏟아야 한다. 이사회에 왜 한국인만 참여시키나? 전세계 학계·업계 등에서 필요한 사람을 끌어모아 이사회를 키워야 한다. 원장도 한국인이 꼭 해야 한다는 생각을 버려야 한다. 또 홍릉과 대덕에 이어 해외에도 캠퍼스를 열 수 있다. 두번째로 KAIST의 취약한 부분을 빨리 보완해야 한다. 우선 의료·생명과학 분야를 강화해야 한다. KAIST가 실험의료기술에 대해 관심을 갖게 되면 세계 일류가 될 수 있을 것이다. 마지막으로 대덕연구단지와의 연계를 강화해야 한다. 사실 대덕연구단지와 KAIST가 협력하면 엄청난 시너지 효과를 기대할 수 있다."

4. 홀로서기 시험대에 오른 포항공대

　　국내 대학으로서는 가장 이상적인 산·학 협력모델을 세웠다는 평을 받고 있는 포항공대. 포항공대는 산업기술 이전의 산실로 통해왔다.

　　2002년 상반기 중에만 자체 기술로 개발한 11건을 산업계에 이전했다. 이는 중소기업청이 조사한 20개 국내 대학의 2001년 평균 기술이전 실적(2건)을 훨씬 넘어서는 것이다. 건수로는 기술이전 선두기관으로서 전혀 손색이 없다. 바이오 관련 분야 기술이전이 8건으로 가장 많았다.

　　2002년 5월 바이오샘에 '저에너지 전자빔을 이용한 고정밀 패턴형성 기술'을 이전한데 이어 6월에는 바이오플러스에 '균일하고 입자분포가 좁은 금속-고분자 나노복합체 및 제조기술'을 넘겨줬다. 또 컴퓨터 분야에서 2건, 전자 분야에서 각각 1건의 기술을 이전했다.

　　포항공대가 2001년 이전한 기술 가운데는 이미 상용화 단계에 들어간 사례도 잇따르고 있다. 제이앤에이치 테크놀러지는 전자전기공학과 정홍 교수팀에서 이전받은 기술로 '3D 스테레오 비전칩'을 제작, 상품화를 눈앞에 두고 있다. 회사 측은 이 칩이 국내 자동차회사와 공동 개발하고 있는 자동충돌방지 장치에만 적용되더라도 연간 500억 원 상당의 매출을 올릴 수 있을 것으로 추산하고 있다.

광부품업체인 파인옵틱스도 포항공대로부터 넘겨받은 기술로 플라스틱 가공을 정교하게 할 수 있는 핫엠보싱(고온가압표면가공) 기기의 국산화에 나서고 있다. 1995년 출시된 동아제약의 C형간염 진단시약의 경우, 포항공대 기술이전의 대표적인 성공사례로 꼽힌다.

포항공대는 이처럼 산·학·연 협력체제에 따른 실용적인 학풍을 바탕으로 나름대로 산업기술 이전의 성과를 올려왔다. 그러나 산업체로 이전된 것 가운데 기초 핵심·대형기술은 드물다는 게 관계자들의 분석이다. 기술이전 대상이 중소기업에 한정돼 있는 데다 이미 이전된 기술에 대한 경상로열티 수입까지 부진한 것도 또 다른 요인으로 지적된다.

최근 들어 포항공대는 지나치게 외형적인 실적 위주의 기술이전에 치중한다는 지적을 받고 있다.

지난 1997년에 5건을 이전, 1억 6,000만 원의 로열티를 받았으나 1999년에는 12건에 1억 6,000만 원을, 2001년에는 26건에 1억 8,000만 원을 받는 데 그쳤다.

이는 상품가치가 낮은 기술 이전이 상당부분을 차지하고 있다는 것을 의미한다. 포항공대식 기술이전 사업의 한계가 바로 여기에 있다. 이제 기초적이면서 부가가치가 큰 기술을 개발, 이를 산업계에 이전해야 한다는 지적이 제기된다.

비상! 예산을 확보하라

포항공대 물리학과 이성익 교수는 2002년, 생애에서 가장 바쁜 한 해를 보냈다. 연초부터 이탈리아와 미국에서 열린 각종 물리학회에 초청 강사로 참석하느라 잠 한 번 제대로 자질 못했다고 하소연할 정도다. 매달 2~3건의 해외 강연이 이어졌다. 각국에서 강연해

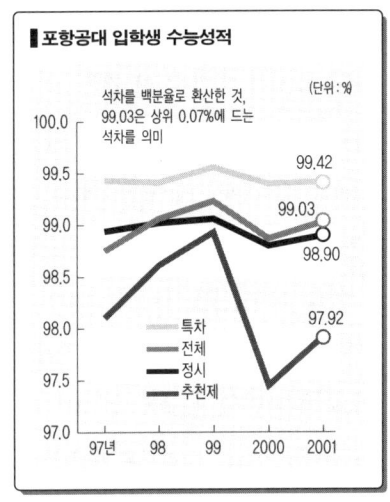

달라는 요청이 쇄도했지만 학교 강의 때문에 꼭 필요한 행사만 골라 참석하고 있다.

이 교수의 인기가 이처럼 치솟고 있는 것은 2001년 디보라이드 마그네슘(MgB2)으로 초전도 기능을 가진 박막을 만드는 데 성공하면서부터다. 그가 개발한 초전도 박막의 특징은 다른 초전도체보다 높은 온도에서 초전도 현상을 보여 냉각비용을 아낄 수 있을 뿐만 아니라, 초전도 상태 또한 안정적으로 유지한다는 것이다.

이 교수의 연구결과가 세계적인 과학 학술지인 〈사이언스(Science)〉에 실리자마자 미국 CIT, 독일 슈투트가르트연구소 등 10여 개 연구소로부터 샘플을 보내달라는 문의가 몰려왔다.

생명과학과 오병하 교수는 헬리코박터 파이로리균이 강산성인 위 속에서 어떻게 살아남을 수 있는지 풀어내면서 스포트라이트를 받았다. 위암 원인균으로 알려진 헬리코박터 파이로리균은 발견된 지 20여 년이 흘렀지만, 강산성인 위액을 견뎌내는 이유는 지금까지 규명되지 못했다.

오 교수 연구팀은 그 생존이유를 밝혀냄으로써 파이로리균을 없앨 수 있는 치료법 개발에 한 걸음 다가서는 발판을 마련했다. 오 교수의 연구 결과는 구조생물학 분야의 권위지인 〈네이처 스트럭처럴 바이올로지(Nature Structural Biology)〉에 실리면서 "파이로리균에 대한 20년 연구역사에 새로운 지평을 열었다"는 평가를 받았다.

이들 교수뿐만 아니다. 2002년 8월에는 신소재공학과 장현명 교수 연구팀이 신물질을 이용해 메모리 소자인 F램용 박막소자를 개발, 국내외의 주목을 받았다. 2001년 10월에는 화학과 김광수 교수의 직경 0.4나노미터(나노미터는 10억분의 1m) 초미세 나노선배열 합성 논문이 〈사이언스〉의 표지 논문에 실렸다. 해외 학자와 협력없이 한국 연구진의 단독 연구 결과로 이 잡지의 표지 논문에 실린 것은 김 교수가 처음이다.

그렇다면 포항공대 교수들이 뛰어난 연구실적을 올릴 수 있는 배경은 무엇일까?

우수한 인력과 최신연구 시설, 연구 환경 등이 한데 어우러진 결과라는 게 전문가들의 분석이다. 학교 측은 설립 초기 미국 등에서 활약하던 고급두뇌를 유치해왔고 지금도 분야별 최고 연구인력을 영입하는 데 온 힘을 쏟고 있다. 교수들의 주당 평균 강의시간도 국내 일반대학의 3분의 1 수준인 3~4시간에 불과하다. 교수들이 깊이 있는 연구에 전념할 수 있도록 한 것이다.

2001년 포항공대 교수들이 SCI에 게재한 논문은 732편. 교수 1인당 3.6편으로 국내 최고 수준이다.

그러나 최근 들어 포항공대의 연구환경이 나빠지고 있다는 지적도 나오고 있다. 2001년 재단에서 인건비 등 학교 운영에 쓸 수 있도록 지원한 경상비 전입금은 261억 원으로, 연간 학교수입금 1,485억 원의 17.6%

에 그쳤다. 수입 중 경상비 전입금 비율은 지난 1991년 30.3%를 기록한 후 1999년에는 23.9%, 2000년에는 20.5%로 계속 떨어지고 있다. 예전에 비해 살림살이가 힘들어졌다는 것이다. 연구진들도 예산 확보를 위해 외부과제에 매달릴 수밖에 없게 된 것이다.

세계 정상급 우수 연구원의 확보도 시급한 과제다. 김만주 화학과 교수는 "재능 있는 연구원을 확보하기 힘들어 연구에 어려움을 겪는 경우가 많다"며 "포항공대의 연구수준을 한 단계 끌어올리기 위해선 해외 우수인력 유치가 불가피하다"고 강조했다.

실종된 'Can Do Spirit'

"최근 신입생들을 보면 자신이 하고 싶은 공부를 마음껏 해보겠다는 생각보다는 포항공대란 이름값만 적당히 누리면서 학교 생활을 하는 것 같다. 반성이 필요하다."(전자전기공학과 4학년 K씨)

포항공대 캠퍼스에서 '도전정신'이 사라지고 있다. 황량하던 포항 벌판을 일궈 '한국의 CIT'를 만들어 보자던 설립 초기의 활기를 찾기가 어렵다.

무엇이든 할 수 있다는 '캔 두 스피릿(Can Do Spirit)'도 실종 상태다. 학교가 문을 열던 당시만 해도 포항공대 교수와 학생들은 도전의식으로 가득 차 있었다. 설립 멤버 출신 교수 중 상당수는 해외 생활을 청산하고 한국행 비행기를 탄 고급두뇌들이었다.

학생들 또한 연구중심 대학에 매료돼 선뜻 포항공대를 택했다. 지리적인 불리함과 짧은 전통이라는 한계를 개의치 않고 과감히 지원서를 낸 소신 있는 학생들이었다. 열의에 찬 교수진과 학생들의 만남은 포항공대 캠퍼스에 활기를 불어넣는 원동력이 됐다.

한 졸업생은 "신생 대학인 만큼 교수와 학생 모두 주위의 우려섞인 시선을 날려버리기 위해 '한번 해보자'는 생각으로 똘똘 뭉쳐 있었다"고 되돌아봤다.

그러나 시간이 흐르면서 포항공대만의 역동적이고 독특한 문화가 사라져가고 있다. 교수도 학생도 이같은 문제의식을 갖고 있다.

장호영 총학생회 부회장(물리학과 4학년)은 "학교가 빠른 속도로 발전해오다 최근 들어 갑자기 정체된 느낌을 받는다"며 "한 단계 업그레이드 할 시점이 된 듯하다"고 지적했다.

캠퍼스에서 활기가 사라지면서 교수와 학생들 사이의 자유로운 토론 분위기도 많이 사라졌다. 2002년 5월에는 학보인 〈포항공대 신문〉의 주간교수가 학교 측의 영어강의 장려책에 문제점을 제기하는 사설을 실었다가, 학교 측이 반발하자 주간직을 사퇴하는 일까지 벌어졌다.

〈포항공대 신문〉 편집장을 지냈던 양승효(전자전기공학과 3학년)씨는 "학내의 다양한 목소리를 수용하려는 학교 측의 의지가 부족함을 보여주는 단적인 사례"라며 "개교 초기의 활력을 되찾기 위해서는 학생뿐 아니라 학교 측의 노력도 절실하다"고 말했다.

한 교수는 "창립 당시만 해도 포항공대가 시설·인력 등에서 다른 대학들보다 앞섰지만 이제는 상황이 달라졌다"고 했다.

포항공대가 새로운 도약을 위해서는 어떻게 해야 하는가? 교수와 학생들이 초심(初心)으로 돌아가야 한다. 그 때 그 시절처럼 도전의식으로 다시 똘똘 뭉쳐야 한다는 것이다.

연구기부금 의존율 49%

"서울대와 포항공대의 신임 교원 채용에서 동시에 합격한다면 10명 중 9명은 서울대 공대로 갈 것이다."(포항공대 L교수)

"신입생의 성적이나 신호도 등을 볼 때 포항공대가 서울대보다 낫다고 보기는 어렵다."(포항공대 출신의 장영태 뉴욕대 교수)

"서울대 공대가 포항공대 인원에 포스코와 같은 후원자가 있었다면 벌써 세계적인 수준의 대학이 됐을 것이다."(서울대 공대 K교수)

포항공대에 대한 전문가들의 평가는 그리 후하지 않다. 국내 최고의 대학으로 평가하는 데 전혀 손색이 없는 포항공대의 각종 지표가 무색할 정도다.

2001년 현재 포항공대의 교수 1인당 학생수는 5.7명(학부생 기준). 서울대 공대의 21.6명보다 적다. 대학원생 1인당 연간 장학금(석사기준)도 708만 원으로 서울대 공대보다 훨씬 많다. 서울대 공대의 1인당 한 학기 장학금은 78만 원에 불과하다.

포항공대 전임교수 210명이 2001년 각종 국내외 학술지와 학술회의(연구보고서 제외)에 발표한 논문은 총 1,176편. 1인당 평균 5.4편에 달한다. 2001년 한 해 동안 미국 SCI에 게재된 논문(CD-ROM 수록 논문 기준)도 총 732편으로 1인당 3.6편에 이른다.

포항공대는 1986년 12월 국내 최초의 연구중심 대학을 내세우며 탄생했다. 포스코가 국가의 백년대계인 교육과 과학기술을 생각하며 세운 대학이다. 포항공대는 포스코의 전폭적인 지원 아래 소수정예주의 원칙을 지키면서 이처럼 급성장했다.

포항공대는 연구비 집행의 투명성을 확보하기 위해 교수 연구비를 대학본부에서 관리하며 학부생들은 3학년 때부터 교수들의 연구에 참여한다. 대학원생이 연구에 더욱 전념할 수 있게끔 석사학위가 없더라도 일정한 자격시험에만 합격하면 곧바로 박사과정에 진학할 수 있다. 학부학생 전원에게 기숙사를, 기혼 대학원생들에게는 15평형 아파트를 제공한다. 석사과정 학생에겐 월 59만 원, 박사과정 학생에겐 71만 원의 조교수당을 지급한다. 이와 함께 매월 지도교수의 재량에 따라 매월 10만~20만 원의 연구근로비도 지급된다. 고교 교육의 정상화를 도모하기 위해 고교 성적을 중시해 학생을 선발해야 한다는 취지에서 지난 1996년부터 고교장 추천입학제도를 시행하고 있다.

그렇지만 전반적인 경쟁력에서는 서울대 공대와 KAIST에 이어 3위 자리를 놓고 연세대와 경쟁하는 수준이라는 것이 일반적인 평가다.

포항공대가 지표상의 수치에 비해 경쟁력이 다소 처지는 이유에 대해서는 여러 가지 견해가 있다. 공통적인 의견은 포스코라는 울타리가 포항공대의 변신을 가로막는 최대 장애물이 되고 있다는 점이다.

포스코를 빼놓고는 포항공대가 존재할 수 없다. 무엇보다도 포스코에 대한 연구비 의존도가 너무 높기 때문이다. 2001년 포항공대의 연구비는 730억 원. 이 중 포스코 관련 연구비는 271억 원으로 전체의 37.1%에 이른다.

2000년에는 연구비 685억 원의 40.7%인 262억 원을 포스코로부터 받았다. 연구비의 포스코 의존도는 지난 1997년 14.2%에서 1998년 20.6%, 1999년 25%로 상승해왔다. 이는 포스코의 지원이 모두 끊길 경우 포항공대 연구의 절반가량은 중단될 수 있다는 것을 의미한다.

포스코가 민영화되면서 포항공대 안팎에서 미래에 대한 불안감도 확산되고 있다. 공기업 시절 모자(母子) 관계라는 특성상 지원됐던 연구비의 일부가 줄어들 수도 있다는 우려 때문이다.

포항공대가 위기감을 느끼는 데에는 지역적 위치도 한몫을 한다. 포항공대는 나노기술(NT) 개발을 위한 나노종합 팹(Fab)센터 유치에 나섰다가 접근성이 나쁘다는 이유 등으로 좌절됐다. 나노종합 팹센터가 들어서게 된 KAIST는 물론 성균관대 컨소시엄에서도 밀려 3위에 그쳤다.

리더십의 약화도 문제다. 지난 1986년 개교 이후 처음으로 총장 공백 상태를 맞고 있다. 정성기 총장이 2002년 8월 16일 물러난 뒤 재단이사회는 후임자를 임명하지 못했다. 박찬모 대학원장이 총장 직무를 대행하고 있다.

교수들의 연구부담이 한계에 이르렀다는 지적도 있다. 포항공대는 교수들의 연구활동으로 운영된다고 해도 지나치지 않다. 등록금 수입에 의존하는 사립대학과는 딴판이다. 2001년 포항공대 전체수입 1,485억 원의 48.8%인 724억 원이 연구기부금이었다. 1999년만 해도 전체 수입에서 연구기부금이 차지하는 비율은 38.3%에 불과했다. 일부에서는 교수 1인당 연구비가 2년 만에 44%나 급증한 일에 대해서도 우려하고 있다. 교수들이 강의와 논문 작성, 기존 연구과제 수행 외에 신규 프로젝트 유치까지 떠맡고 있다.

포항공대는 일반 종합대학에 비해 너무 작아 다양한 연구성과를 내는 데 한계가 있다는 지적을 듣고 있다. 최근 들어 포항공대가 금과옥조로 삼아왔던 소수정예주의마저 흔들리는 조짐을 보이고 있다. 포항공대는 1990년 수립한 제1차 장기발전계획에서 대학원생을 1995년 464명에서 2010년에는 980명으로 늘리기로 했다. 실제는 달랐다. 대학원생은 지난 95년에 이미 1,055명에 이른 데 이어 2000년에는 1,428명에 이르렀다.

연구처의 한 직원은 당장 연구인력이 모자라 계획보다 많이 선발한 측면이 있다며 대학 발전을 위해 고급두뇌를 서둘러 확보해야 한다고 말했다.

포스코와 새로운 상생(相生)관계

"이 법인은…산·학 협동연구를 통하여 고등교육을 실시함을 목적으로 한다(학교법인 포항공대 정관 제1장 제1조)." "포항공대는…산·학·연의 협동으로 국가산업 발전을 도모하고…(포항공대 학칙 제1장 제1조)." "포항공대는…산·학·연 협동의 구체적인 실현을 통하여…사회와 인류에 봉사할 목적으로 설립되었습니다(포항공대 건학이념)."

포항공대 정관·학칙·건학이념은 '산·학·연'으로 시작된다. '산·학·연 협동'을 빼놓고는 포항공대를 얘기할 수 없다. 1986년 당시 제철학원 이사장이었던 박태준 전 포스코 회장은 포스코 기술연구소를 산업과학기술연구원(RIST)에 합치고 포항공대를 설립했다. 이들과 포스코를 묶는 산·학·연 협력체제를 만들었다.

이는 국내에서는 물론 세계 어디에서도 찾아볼 수가 없다. 철저한 포항공대만의 고유한 방식이다. 1994년에는 RIST에서 철강 분야를 다시 떼어내 사내 기술연구소를 세우고, RIST에는 철강 관련 장기 연구 프로젝트와 계측 제어 환경 등 주변기술을 맡겼다. 연구개발(R&D) 체제를 또 한번 교통정리한 것이다.

이에 따라 포항공대는 기초 및 선도기술의 개발을, RIST는 대학과 기업을 연결시키는 역할을, 포스코 사내 기술연구소는 현장에서 제기되는 단기성 연구를 각각 맡게 됐다. 3개 기관을 학·연체제의 골격으로 자리잡게 한 것이다. 2001년 포스코는 1,804억 원을 R&D에 투자했다. 이 가운데 약 271억 원이 포항공대에, 673억 원은 RIST에 투입됐다. 전체 연구개발비의 절반 이상이 포항공대와 RIST에 집중 투입됐다.

지난 5년 동안 포항공대의 연구비 가운데 포스코에서 지원한 연구비가 차지하는 비중은 14%에서 40% 수준으로 높아졌다. 또 RIST는 70~80%를 유지하고 있다. 이는 포스코가 포항공대와 RIST의 연구개발을 지원하는 핵심역할을 하고 있음을 보여주는 것이다.

"30인치 컬러 TV 세대를 뛰어넘는 첨단 50인치 벽걸이 TV 개발로 매출과 수익이 얼마나 늘었는지는 어렵지 않게 계산할 수 있습니다. 그러나 철강은 소재산업이기 때문에 연구개발 결과를 손쉽게 계산해낼 수 없습니다." 포스코 기술연구소 김재은 연구기획그룹장은 "R&D 부문에서 투입(input) 대비 산출(output)을 즉시 수량화할 수는 없지만 포항공대와 RIST 지원으로 포스코는 큰 성과를 거뒀다"고 말했다. "포항공대 식 산·학·연 협동 모델은 성공적"이라는 평가다.

장수영 포항공대 전자전기공학과 교수(전 총장)는 "철강의 품질개선에서부터 석탄더미에서 나오는 먼지를 최소화하는 연구에 이르기까지, 지난 15년 간 포항공대 연구팀은 포스코의 기술력 향상을 위해 크게 기여했다"며 "포스코의 세계적인 경쟁력 확보에 한몫을 단단히 했다"고 강조했다.

포항공대 식 모델에 대한 평가가 일치하는 것은 물론 아니다. 김주한 산업연구원 선임연구위원은 "그 동안 포스코가 포항공대를 키워온 것은 높이 평가할 만하지만 이제는 기회비용 차원에서 포항공대에 집중 지원하는 문제를 재고해야 할 때"라고 지적한다. "다른 대학이나 연구소와 완전한 자유 경쟁형식을 통해 지원하는 게 바람직하다"는 것이다. 일부에서는 포항공대가 RIST에 비해 포스코의 기술개발 기여도에서 크게 밀린다고 지적한다. "앞으로 포스코의 사업다각화나 고부가가치화에 포항공대가 기여할 수 있도록 유도해야 한다"는 주장이다. 포항공대 고유의 협동 모델이 나름대로의 성과를 올린 것은 분명하다. 짧은 기간에 포스코가 일본의 신일본제철(新日本製鐵)과 세계최고 자리를 놓고 경쟁을 벌일 수 있게 만든 요소 중 하나임에 틀림없다. 그러나 더 이상 기존의 방식으로는 곤란하다는 평가다. 지금이 바로 미래를 겨냥해 개혁을 해야 할 때다.

새로운 성장엔진을 찾아라

포항공대는 산·학·연 협력체제를 바탕으로 개교 이후 지난 15년 간 국제 수준의 연구중심 대학으로 자리잡기 위해 나름대로 힘써왔다. 교수 1인당 학생 수, 학생 1인당 장학금 등 지표로는 국내 최고 수준이다. 서울대 공대, KAIST 등 이공계 대학 선두주자에게 바짝 다가섰다고 평가할 만하다.

그러나 질적인 측면에선 여전히 만족할 만한 수준에 이르지 못했다. 앞으로가 더 문제다. 포항공대의 오늘을 만들어준 포스코 사정이 만만치 않다. 민영화 이후에도 포스코가 지난날처럼 계속해서 든든한 후원자가 될지는 의문이다. 외부 환경도 나빠지고 있다. BK21 사업 이후 우수한 교수와 학생을 유치하기가 점점 더 어려워지고 있다.

이대로 가면 지금까지 쌓아올린 실적이 무너져버릴 수 있다. 변신을 서둘러야 할 때다.

2002년 5월 확정한 제3차 장기발전계획에 따르면, 포항공대가 2010년까지 30개 과제를 실천하기 위해 매년 평균 써야 할 돈은 무려 1,430억 원. 2001년 포항공대 전체 수입과 비슷한 금액이다. 이같이 많은 자금을 조달하려면 발상의 전환과 재원의 다양화에 성공해야 한다.

무엇보다도 기업체에 고급 기술을 넘겨주면서 로열티를 받는 선순환 고리를 만들어야 한다. 이를 위해 직무발명제도를 활성화, 연구자에 대한 보상을 강화할 필요성이 크다. 지난 1999년부터 운영 중인 기술이전센터의 강화도 시급하다.

포스코의 그늘에서 실질적으로 벗어나는 것도 중요하다. 포스코에 대한 재정의존도를 중·장기적으로 낮추는 것이 바람직하다. 건학이념이나 지리적 위치를 감안할 때 포스코에 실질적인 연구성과를 제공해야 한다. 포항공대의 도움으로 포스코의 기업가치가 높아졌다는 평가가 나와야만, 포항공대에 프로젝트를 맡기거나 기부금을 주겠다는 기업들이 늘어날 것이기 때문이다. 동문과의 긴밀한 네트워크 구축 등을 통해 현재 117억 원에 불과한 대학발전기금을 대폭 늘려야 한다.

포항공대가 미국 MIT나 CIT처럼 세계 일류 공대가 되려면 최고의 연구집단을 갖고 있어야 한다. 우수 교수진의 확보는 가장 핵심이 되는 기본이다. 포항공대의 앞날을 책임질 젊은 인재의 발굴에도 좀더 관심을 기울여야 한다.

포항공대는 소규모 대학의 특성을 살려 선택과 집중의 원칙을 충실히 따라야 한다. 이같은 측면에서 바이오가 돌파구가 될 수 있다. 바이오가 포항공대의 성장 엔진이 되어야 할 이유는 많다.

우선 생명과학과는 자타가 공인하는 포항공대의 간판이다. 대학원의 분자생명과학부는 교육부의 BK21 사업에서 생명공학 분야 1위로 선정됐다. 미국 특허전문업체의 컨설팅 결과, 미국 상위권 대학 수준에 도달한 것으로 나타났다.

인프라도 양호하다. 신약 개발에 필수적인 방사광 가속기를 국내에서 유일하게 갖추고 있다. 2003년 내에는 국내 최대 규모의 생명공학연구센터가 완공될 예정이다. 바이오 산업의 특성상 특허기술을 넘겨받은 기업이 상품화 과정에서 대박을 터뜨릴 경우, 대학 측도 엄청난 수입을 챙길 수 있다. 더구나 KAIST가 나노종합 팹센터를 유치하는 바람에 바이오 산업에 승부를 걸 수밖에 없다.

포항공대의 벤치마킹 대상인 CIT는 이미 수 년 전부터 노벨 생리·의학상 수상자인 데이비드 볼티모어 총장의 지휘 아래 생명과학을 중점분야로 육성하고 있다.

생명공학연구센터의 채치범 소장은 2~3년 내에 벼연구센터 같은 전문연구소를, 5~10년 뒤에는 암·유전자치료 클리닉 등 전문병원을 설립해 바이오 산업의 중심지로 육성해나가겠다고 말했다.

그러나 세계 유수대학에 비해 열악한 연구여건은 여전히 발전의 걸림돌이다. 하버드대학의 바이오 관련 분야 교수는 500여 명에 이르는 반면, 포항공대 교수진은 관련 분야를 모두 합쳐도 34명에 불과하다. 그만큼 인력 보충이 시급하다는 얘기다.

'포항의 실리콘 밸리'를 꿈꾼다

포항공대 생명과학과에는 유난히 스타 교수들이 많다. 식물의 꽃피는 시기를 조절하는 유전자를 찾아내 세계의 관심을 끌었던 남홍길 교수도 그 중 한 명이다.

　이 학교 창업보육센터에 입주한 제노마인은 남 교수의 연구를 바탕으로 유용유전자를 대량 발굴하는 바이오 벤처기업이다. 포항공대 창업보육센터는 대학내의 신기술을 상용화하는 산파역을 맡고 있다. 창업보육센터장을 맡고 있는 이전영 교수는 "다른 대학 창업보육센터에는 주로 외부기업이 입주해 있지만 포항공대는 대학 내에서 실험실 창업을 했거나 기술이전을 받은 업체들로 입주자격을 제한시켰다"고 강조했다. 보육센터를 기술이전 등을 뒷받침하는 산학협력의 연결고리로 활용하고 있다는 얘기다.

　현재 창업보육센터에 입주해 있는 기업은 모두 15개. 보육센터를 이미 졸업한 기업도 11개에 이른다. 보육센터를 거쳐간 기업 중 가장 활약상이 두드러진 곳은 산업공학과 출신 현석진 사장(88학번)이 이끌고 있는 사이버다임. 2000년에 창업보육센터를 졸업한 이 업체는 네트워크상에서 데이터베이스, 음악, 동영상 등의 각종 정보를 통합적으로 관리하는 프로그램을 개발, 2001년 34억 원의 매출을 올렸다. 2000년에 비해 2배 이상 늘어난 것이다.

　전자상거래업체인 심플렉스인터넷과 환경벤처기업인 그린케미칼 등도 성공사례로 꼽힌다. 이 센터를 거쳐간 11개 기업이 2001년에 올린 총매출은 540억 원에 이른다. 2002년 초에는 창업보육센터에 입주한 벤처기업과 교수들이 주식을 기부하고 장학금을 기증하는 사례가 잇따르면서 산학협력의 모델로 주목받기도 했다.

　이 교수는 "2~3년 간 창업보육센터에서 보육과정을 거친 뒤 테크노파크에 입주하면 생산라인까지 만들 수 있는 혜택이 주어진다"며 "연구소나 공장은 포항, 본사나 마케팅부서는 서울에 둔다면 포항이라는 지역적 한계를 극복할 수 있을 것"이라고 말했다.

일부에서는 창업보육센터와 테크노파크 등을 주축으로 한 벤처단지 '포항 밸리'가 급부상할 것으로 점치고 있다. 포항공대와 각종 연구소에서 쏟아지는 신기술을 상용화한다면 실리콘 밸리에 못지 않은 기술중심지로 부상할 수 있다는 얘기다. 포항테크노파크는 앞으로 연구결과물의 기업화 지원을 통해 1,434명의 고용을 창출하고 연간 717억 원의 매출을 올릴 수 있을 것으로 전망된다.

박태준과 포항공대

포항공대 캠퍼스 한 가운데에는 분수대가 있다. 이 분수대를 기준으

 고(故) 김호길 초대 총장

포항공대를 얘기할 때 빼놓을 수 없는 사람이 있다. 포항공대를 설립한 박태준 전 포스코 회장과 초대 총장 고 김호길 박사다.

박 전 회장이 '한국의 CIT'를 꿈꾸며 포항공대 프로젝트를 밀어붙인 '아버지' 라면 김 총장은 포항공대를 탄생시키고 키운 '어머니'에 비유할 수 있다.

김 총장은 한국인으로는 처음으로 미국 대학에서 정교수에 오른 저명한 물리학자다. 서울대 물리학과를 졸업하고 영국 버밍험 대학에서 박사학위를 받았다. 그는 30년 가까이 외국에서 살면서 시민권을 한 번도 요청하지 않았다. 언젠가는 한국으로 돌아가 조국을 위해 일하겠다는 신념 때문이었다.

박 전 회장이 초대 총장감을 물색하고 있던 1985년, 김 총장은 당시 럭키금성

로 오른쪽에는 포항공대 건물이, 왼쪽에는 RIST 건물이 들어서 있다.

분수대 앞 기념비엔 "제철학원 이사장 박태준"이란 글씨가 또렷하게 새겨져 있다. 박태준 전 포스코 회장은 CIT와 같은 대학을 한국에 만들겠다며 포항공대 설립에 나섰다. 그는 산·학·연 협동을 위해 카네기멜론대의 모델을 따르기로 하고, 포스코 및 포항공대와 협조체제를 구축할 RIST도 함께 만들었다.

1984년 포스코가 확보하고 있던 박사급 인력은 고작 14명이었다. 그나마 10명은 자체에서 양성한 사람들이었다. 박 회장은 대학을 세워 교수를 초빙하고 연구비를 지원, 인재유치에 나선 것이다. 1985년 2월 대학설립추진본부를 발족시키고 1986년 12월 개교식을 할 때까지 박 회장은 포스코에 이어 또 하나의 신화를 창조하기 위해 뛰었다.

이 과정에서 그는 수많은 난관과 부딪혔다. 문교부로부터 대학 설립

이 세운 연암공업전문대학의 초대 학장을 맡고 있었다. 세계적인 명문 공과대학을 만들고 싶어하던 그의 꿈은, 그러나 정부가 연암공전의 공대 인가를 차일피일 미루면서 흔들리고 있었다.

이 소식을 들은 포스코 측은 김 학장이 초대 총장으로 적격이라고 판단, 삼고초려 끝에 영입하는 데 성공했다. 김 총장은 교수 확보를 위해 한 달 동안 미국 15개 대학과 영국 4개 대학을 비롯, 22개 대학을 방문하고 450명의 교수를 만나면서 무려 열다섯 차례나 설명회를 열었다. 박 전 회장은 학교 조직·개설학과·교수 숫자·교수 수준 등을 김 총장이 결정할 수 있도록 힘을 실어줬다.

지난 1994년 4월 한국은 아까운 물리학자를 잃었고 포항공대는 '어머니'를 여의었다. 제철학원 공동 체육대회에서 발야구를 하며 달리던 김 총장은 중심을 잃고 벽에 부딪혀 뇌출혈로 숨졌다.

인가를 받지 못한 상태에서, 포항시 효자동 산 31번지 일대 44만 6,000평에 대해 도시계획 시설결정과 형질변경을 인가해줄 수 없다고 건설부가 제동을 걸고 나왔다. 박 회장은 당시 건설부 장관을 설득, 첫번째 위기를 넘겼다. 두번째 위기는 토지 보상가에 불만을 품은 주민들의 반발이었다. 박 회장은 공사현장에 주민들이 쌓아놓은 바리케이드를 뚫고 공사를 진행시켰다. 그러나 이것으로 끝나지 않았다.

잔디와 나무심기를 마치지 못한 것. 동원할 수 있는 모든 사람을 모아 하룻밤 사이에 조경공사를 끝냈다. 개교일 아침 학교 정문을 들어선 사람들은 누렇게 깔린 잔디와 곳곳에 심어진 나무를 보고 눈에 휘둥그레졌다. 이 날 심어진 나무는 개교 15년을 맞은 지금 포항공대 캠퍼스를 푸르게 물들이고 있다.

| 인터뷰 | **1회 졸업생 4명의 한마디**

장영태 미국 뉴욕대 화학과 교수

지난 2000년부터 미국 뉴욕대 화학과에서 조교수로 활동하고 있는 장영태(34) 교수는 포항공대 제1회 입학생 중 학계에서 두드러진 활약을 보이고 있는 선두주자다. 〈케미스트리 앤드 바이올로지(Chemistry and Biology)〉, 〈네이처 바이오테크놀로지(Nature Biotechnology)〉 등 학술지에 30여 편의 논문을 싣는 등 국내외 화학계의 주목을 받고 있다.

장 교수는 "포항공대는 서울대와 KAIST에 이어 3위 정도를 놓고 다른 학교들과 경쟁하는 수준"이라며 "솔직한 자기평가를 통해 새로운 발전방안을 모색해야 한다"고 지적했다.

그는 "교육의 질을 높이기 위해 매년 학부생을 300명만 모집하고 있지만 포항공대의 힘을 키우기 위해선 학부생 모집정원을 현재의 두 배 정도로 늘릴 필요가 있다"고 조언했다.

박찬범 미국 애리조나 주립대 교수

최근 미국 애리조나 주립대 화학·재료공학과 조교수로 부임한 박찬범(34) 박사. 화학공학과에 입학해 석·박사학위를 받은 '토종' 박사다. 박 교수의 주요 연구분야는 극한미생물 응용기술과 유전자칩 응용기술이다. 2001년 6월에는 그의 연구물이 생물·화학공학 분야의 권위 있는 학술지인 〈바이오테크놀로지 앤드 바이오엔지니어링(Biotechnology and Bioengineering)〉에 표지논문으로 실리기도 했다.

박 교수는 "요즘 들어 포항공대가 매너리즘에 빠진 듯한 느낌이 든다"며 "경쟁력을 되찾기 위해서는 진취적인 분위기와 활력을 유지하는 것이 필요하다"고 지적했다. 그는 "젊고 의욕 있는 연구인력을 적극 영입해 학교 분위기를 바꿔야 한다"고 강조했다.

박 교수는 "포항공대의 연구여건은 미국의 10대 대학과 비교해도 전혀 손색이 없다"며 "학생들이 자긍심을 갖고 열심히 공부할 수 있도록 유도해야 한다"고 말했다.

Interview

변동호 서울대 수리과학부 교수

2001년 서울대 수리과학부 조교수로 부임한 변동호(34) 교수는 포항공대에서 학·석·박사학위를 받고 서울대 교수로 자리잡았다. 1987년 수학과에 입학했던 20명의 동기생 가운데 가장 먼저 대학교수가 됐다. 전공 분야는 정수론이다. 변 교수는 "학생 수가 적어 당시 교수님 댁에 자주 찾아갈 정도로 교수와 학생들이 친밀했다"고 되돌아봤다. 그는 "수학은 인문·사회과학과 달리 재능 있는 학생을 어릴 때부터 발굴해 집중적으로 교육시키면 10대나 20대에도 세계 최고의 대가로 성장할 수 있는 학문"이라며 "따라서 초·중학생을 위한 영재교육에 관심을 가져야 한다"고 말했다.

변 교수는 "응용과학의 발전을 위해서는 수학과 같은 기초학문의 뒷받침이 필수적"이라며 "학교 측이 연구여건과 혜택을 확대해주길 바란다"고 당부했다.

이석우 펜타시큐리티시스템 사장

인터넷 보안업체인 펜타시큐리티시스템의 이석우(34) 사장은 산업공학과 첫 졸업생이다. 포항공대 출신의 벤처기업 CEO 모임인 지곡클럽 회장을 맡고 있다. 인터넷 기업에 전문적으로 투자하는 미국 H&Q사로부터 800만 달러의 자금을 유치해 기술력을 인정받기도 했다.

이 사장은 "포항공대가 아직 세계적으로 최고 수준의 학교라고는 말할 수 없다"며 "단지 괜찮은 공대 중 하나라는 인식을 뛰어넘으려면 학교의 색깔을 더욱 뚜렷이 해야 한다"고 충고했다. 그는 "학생들의 해외유학 프로그램을 활성화하는 동시에 외국 우수학생을 적극 유치해, 학교를 국제화할 필요가 있다"고 주장했다.

이 사장은 "포스코가 민영화됨으로써 과거와 같은 재정지원을 기대하기 어렵다"며 "연구활동을 활발히 하고 산·학 협력을 통해 연구비를 확충해야 장기적으로 안정적인 재정을 확보할 수 있다"고 덧붙였다.

5. 빛바랜 '엔지니어 사관학교' 한양대 공대

산업현장 엔지니어의 산실로 한국 사립 공과대학의 간판 역할을 해온 한양대 공대가 방황하고 있다. 교수 1인당 학생 수(대학원 포함)는 49.5명으로 포항공대의 3.8배에 이른다. 2001년 교수 1인당 SCI 게재 논문은 1.8편으로 고려대 공대(2.17편)보다도 뒤진다. 2002년 1학기 학생 1명당 장학금은 26만 원으로 서울대 공대의 78만 원에 훨씬 못미친다.

그 동안 한양대 공대는 서울대 공대와 더불어 이공계 분야에서 쌍벽을 이루면서 '산업현장의 엔지니어 사관학교'라는 평가를 받아왔다. 1960년대 경제개발이 본격화되면서 수요가 크게 늘어난 엔지니어를 양성하는 데 앞장서왔다. 송창섭 교무처장(기계공학부 교수)은 "1960년대 화학공학과를 중심으로 한양대 공대의 영광이 시작됐다"며 "1970년대 말과 1980년대 초반엔 인기가 절정에 달했다"고 회고했다.

이같은 한양대 공대의 명성이 흔들리고 있다. 위상 변화는 졸업생들의 취업률에서 단적으로 나타난다. 1990년대 초반까지 취업 의뢰는 취업희망자의 150%에 이르렀다. 한 학생이 하나 이상의 업체에 복수합격한 뒤 골라서 다닐 수 있었던 것이다. "당시엔 우수한 인력을 입도선매하려는 기업들 때문에 3학년 때부터 입사할 회사를 결정하고 장학금을 받는 경우가 많았다."(박종완 학술연구처장, 신소재공학부 교수)

그러나 1998년부터 상황이 크게 달라지기 시작했다. 1998년에 86.5%였던 취업률이 1999년엔 73.1%로 곤두박질쳤다. 2000년엔 다소 회복되기는 했지만 83.2%에 그쳤다. 2001년엔 다시 80.8%로 뒷걸음질쳤다. 골라서 취업하던 시절은 이제 옛 추억으로 남게 된 것이다.

물론 취업 부진은 한양대 공대만의 문제는 아니다. 1990년대 중반부터 국내 제조업들이 중국 등 동남아로 옮겨가면서 현장 엔지니어 수요가 전반적으로 줄어들었다. 1997년 말에 닥친 IMF 외환위기는 이공계 취업 전선에 또 한번 충격을 줬다. 졸업생들의 산업계 진출이 종전 90%선에서 50%선으로 급격하게 낮아졌다. 대학원 진학이나 유학 등 산업현장이 아닌 곳을 택한 것도 원인이 됐다. 그러나 취업 부진에 따른 충격의 강도는 다른 대학과 비교할 수 없었다. 취업에서만큼은 국내 선두라는 인식이 흔들리게 된 것이다.

방황하는 한양대 공대

대외적 위상의 동요뿐만 아니다. 학교 안에서도 나쁜 조짐들이 나타나고 있다. 국내 사립대학이 안고 있는 전형적인 고민에서 한양대 공대 또한 자유롭지 못하다. 2001년 총수입 3,109억 원 중 등록금은 1,766억 원으로 전체의 56.8%에 달했다. 반면 국고보조금(106억 원)은 3.4%, 연구비 수입(516억 원)은 16.6%에 각각 그쳤다. 전체 수입에서 등록금이 차지하는 비중이 8%에 불과하고 연구비 수입이 48.8%에 이르는 포항공대와 너무도 대조적이다. 등록금이 계속 인상되는 것도 바로 이같은 구조적 취약성과 관련이 깊다. 지난 1997~99년까지 242만 1,000원으로 동결됐던 공대 등록금은 2000년 269만 6,000원, 2001년 287만 6,000원으로, 2002년에는 다시 306만 8,000원으로 늘어났다. 대학 입장에선 질 높은 공대 교육을 위해 등록금을 인상, 투자비를 확보할 수밖에 없다. 그러나 등록금을 뜻대로 인상하기가 쉽지 않다. 그렇다고 다른 뾰족한 재원 마련 방안이 있는 것도 아니다. "한양대 공대 최대의 고민거리가 바로 재정 자립의 문제"라는 게 관계자들의 분석이다.

최근 들어 한양대 공대는 엔지니어 사관학교라는 옛 영광을 되찾기 위해 다시 뛰기 시작했다. 산업체 관계자들의 의견을 반영한 커리큘럼을 만들어 운영 중이다. 미래 공학도인 청소년들이 공학과 과학에 관심을 가질 수 있는 프로그램과 교과목을 개발해 가르치고 있다. 문제는 이 정도로는 다른 공과대학들과 차별화하기가 쉽지 않다는 점이다. 한양대 공대가 다시 살아나기 위해서는 재정자립도 제고, 연구기능 강화 등 개혁이 뒤따라야 한다는 게 전문가들의 지적이다.

과감한 투자 없이 도약은 없다

한양대 공대가 현장 엔지니어 산실이 되려면 어떻게 변해야 하는가?

가장 시급한 과제는 재정의 자립이다. 과감한 투자 없이 한양대 공대가 다시 한번 도약하기란 쉽지 않다. 그러나 대부분의 수입을 등록금에 의존하고 있는 현재 구조로는 살림을 꾸려가는 데 한계가 있다. 따라서 단계적으로 재정 자립도를 높여나가야 한다고 관계자들은 지적하고 있다. 한양대 출신인 강남대 최정상 교수(산업공학)는 "서울대는 연간 예산 4,800억 원 가운데 등록금 충당비율이 20%에 불과하지만, 한양대는 등록금 의존율이 56%에 달한다"며 "사립대에 대한 정부 지원을 늘려야 한다"고 강조했다. 한 관계자는 "기부금입학제 등 각종 제도를 허용해야 한다"고 밝혔다.

교육의 내용 측면에서는 문제 해결과 신기술 개발 능력을 갖춘 고급 엔지니어를 양성하는 데 치중해야 한다는 지적도 많다. 리서치 능력을 확보한 엔지니어 양성을 위해선 교육연구의 질을 강화해야 한다. 이를 위해 우선 교수의 1인당 학생 수를 대폭 줄여 강의부담을 낮춰야 한다. 현재 교수의 주당 평균 강의시간은 7.2시간에 이르고 있다. 천성순 국가과학기술자문회의 위원장(자원공학과 졸업)은 "교수 1인당 학생 수가 10명 정도로 낮아져야 한다"고 설명했다.

서울과 안산, 두 곳으로 나뉘어 운영되는 캠퍼스를 저마다 장점을 키워 차별화해야 한다는 의견도 있다. 이를 위해서는 두 캠퍼스의 중복된 학과를 정리, 특성화에 나서야 한다. 당초 안산캠퍼스는 안산·시화공단의 인력공급을 위해 건립됐지만 서울캠퍼스와 중복된 학과가 많아 비효율적이라는 문제가 지적되고 있다. 이에 따라 일부에서는 기계관련학과를 서울에, IT 부문을 안산캠퍼스에 집중시킬 필요가 있다고 얘기한다.

학생 복지시설도 중요한 요소로 지적된다. 지금의 복지시설로는 우수 연구인력을 확보하는 데 무리가 있다는 의견이 많다. 2002년 1학기 기준으로 공대 학부생 5,900명 가운데 불과 179명만이 기숙사에 입주하고 있다. 학부생의 기숙사 수용률이 3%에 그치고 있는 셈이다. 이는 국내 대학의 평균인 9.9%에 훨씬 못미치는 수준이다. 공대 대학원생의 기숙사 입주비율은 고작 1.9%에 머물고 있다.

한양대 설립자 김연준 이사장

한양대를 얘기할 때 빼놓을 수 없는 인물이 백남(白南) 김연준 재단 이사장이다.

김 이사장은 경성고등보통학교를 거쳐 연희전문학교를 졸업한 1939년, 한양대의 전신인 동아공과학원을 세웠다. 26세 무렵이었다. 재미있는 대목은 그가 문과생이었다는 점이다.

그는 연희전문학교에서 문과를 전공한 다음 일본으로 건너가 성악가인 현제명, 김자경씨 등과 함께 음반을 냈다. 가곡 〈청산에 살리라〉를 작사·작곡하기도 했다. 1938년에 서울 부민관에서 국내 첫 바리톤 독창회를 가졌다. 국내외 대학으로부터 문학·법학·음악 부문에서 명예박사 학위를 받았다. 지금도 한국음악협회의 명예이사장을 맡고 있다.

그런 그가 공과대학 운영자가 된 데는 당시 국내상황이 결정적인 영향을 미쳤다. 일제의 황국 신민화 바람이 불어닥치고 농공병진 정책이 본격화됐다. 그는 덴마크 농촌개혁가 엔리코 달가스(Enriko Dalgas)에 빠져들면서 "미국에 유학해 뛰어난 성악가가 되겠다"는 꿈을 접고 말았다.

학교 설립의 종자돈은 유학을 위해 모은 300원. 당시로서는 거금이었지만 이것만으로 턱없이 모자랐다. 그래서 함경도 명천의 거상(巨商)이었던 아버지(김병완씨)로부터 한 번에 500원씩, 3,000원 정도를 받았다. "도대체 얼마나 갖다 쓸 작정이냐?"는 아버지의 성화에 "우리집 재산의 절반은 써야 될 겁니다"라고 답했다고 한다. 그는 상과학교에 근무하던 김규삼, 일본 센다이 제국대학 토목과를 졸업한 김해림 등과 학교설립 문제를 협의했다. 일본인 당국자들을 설득하느라 고량주를 과음, 한동안 위장병으로 고생하기도 했다.

동아공과학원은 운현궁 맞은편 천도교 기념관 자리에 첫 터를 잡았다. 1947년 한양야간공업대학을 거쳐 이듬해 한양공과대학으로 태어났다. 1953년 서울 수복 후 현 위치로 옮겨왔다. 한양대 본관 건물 초석에는 그가 쓴 "愛之實踐(사랑의 실천)"이 새겨져 있다.

6. 찬밥 신세 지방명문, 경북대 공대

경북대 전자·전기공학부 최평 교수는 최근 수도권의 모 대기업 연구소를 찾아갔다. 산·학 공동연구 프로젝트를 제안하기 위해서였다. 그러나 담당자의 반응은 차갑기 그지 없었다. "가까운 수도권 지역에도 대학이 많은데, 왜 하필 지방대와 하느냐?"는 말을 듣고 발길을 돌려야 했다. 최 교수는 "경북대 공대가 지방 국립대 공과대학 중에서는 최고라고 자부하지만 서울로 올라가면 여지없이 찬밥 신세"라며 불만을 털어놨다.

1970~80년대 특성화 대학으로 성공, "서울대 공대 못가면 경북대 전자과에 가겠다"는 게 지방학생들의 일반적인 인식이 될 정도로 주목받았던 경북대 공대. 그러나 지방대라는 한계로 인해 '최고'라는 명성도 빛이 바래고 있다. 학생·연구비·사기 등 세 가지가 없다는 '3무(無) 현상'으로 몸살을 앓고 있기는 지방 공대의 대표격인 경북대 공대도 마찬

가지인 셈이다.

지역 한계로 빛바랜 명성

입학생들의 수준은 해가 갈수록 떨어지고 있고 취업률도 예전 같지 않다. 정부 지원은 더 이상 기대하기 어렵고 마지막으로 의지할 곳으로 여겼던 기업들의 반응도 신통치 않다. 최근에도 각종 대학 평가지표에서 지방 공대로는 유일하게 10위권 안에 들었지만 내부 연구현실을 들여다보면 불안하기 짝이 없다.

예산은 60억 원으로, 국립 서울대 공대 1년 예산의 10분의 1 수준에 불과하다. 교수 1인당 연구비(2002년)는 2,400만 원 정도로 포항공대(2억 7,000만 원)의 15%에도 못미친다. 서울의 상위권 대학(5,000만 원대)과 비교해도 절반 수준이다.

교수 1인당 학생 수는 더욱 형편없다. 경북대 공대에서 가장 여건이 좋다는 전자·전기·컴퓨터공학부의 경우 교수 70명에 학생은 무려 2,582명에 달한다(대학원 포함). 교수 1인당 학생 수는 36.8명. 서울대 공대 28.5명, KAIST 18명, 포항공대의 12.9명에 비해 턱없는 수준이다. 그나마 이같은 '고민' 마저도 다른 지방 공대에게는 '배부른 소리'로 치부된다.

열악한 연구여건 속에서도 옛 명성을 유지하려는 교수들의 몸부림은 눈물겨울 정도다. 외국에서 유치한 우수 유학생을 붙잡기 위해 지도교수는 사비를 털어 월 40만 원씩 생활비를 지원해주고 있다. 연구지원비는 수도권 명문대에 비해 턱없이 부족하지만 국제 저명학술지 논문발표

수(1인당 연평균 2편)에서는 결코 뒤지지 않는다.

그러나 교수들의 열의도 이제는 조금씩 식고 있다. "당장 학생들이 떠나고 있다는 것이 문제"(공대 한 교수)다. 재학생들의 휴학 등 학업중단율이 높아지고 있다. 전자·전기·컴퓨터공학부의 경우 학부생 중 3분의 1이 군입대나 취업준비를 이유로 휴학 중이다.

대학원의 경우는 더욱 심각하다. 학부 졸업자의 대학원 진학률은 20~30%대에 불과하다. 더구나 우수 학생들의 상당수가 KAIST나 서울대 공대 등으로 빠져나가고 있다.

교수들은 "정부의 BK21 사업 이후 지방대가 더욱 위축되고 있다"고 입을 모은다. BK21 사업의 지원을 받은 우수 대학원의 경우 진학자 50%를 다른 학교 출신으로 채우도록 정부가 의무화하면서 수도권 대학원으로 진학자가 늘어났다는 설명이다.

공대 K교수는 "BK21 사업이 시작되기 전만 하더라도 학생들과 똘똘 뭉치면 서울대 공대 못지않은 수준을 만들 수 있다는 꿈이 있었다"며 "그러나 BK21 사업 이후 우수 학생들을 빼앗기면서 이같은 희망을 접은 상태"라고 털어놓았다.

이동호 공대 학장은 "정부는 1970~80년대에는 지방대 육성을 위해 특성화 대학을 선정해 집중 지원하는 등 비전과 희망을 제시했다"며 "그러나 이제는 정부의 무대책에다 수도권 집중현상, 대학서열화까지 겹쳐 지방대의 위상이 흔들리고 있다"고 지적했다.

그는 "산업계에서 필요한 연구인력의 절반 이상을 배출해내는 지방 공대가 활성화되기 위해서는 무엇보다 정부의 대책 마련이 시급하다"고 강조했다.

경북대 공대의 '간판'을 육성하라

'전자·전기' 하면 경북대 공대를 떠올리는 사람이 많다. 경북대 전자·전기·컴퓨터공학부는 30여 년 동안 국내 전자산업계 인력의 산실로 자리잡으며 지방 공대의 위상을 지켜내는 '자존심'이 되어왔다.

1973년 정부는 전자·기계·화공 등 당시 급성장하고 있던 분야의 산업인력을 양성하기 위해 경북대(전자)·부산대(기계)·전남대(화공)·충남대(공업교육) 등 전국 4개 대학에 특성화 학과를 지정, 집중적인 육성에 나섰다. 30여 년이 흐른 지금, 경북대는 이들 가운데 유일하게 성공한 사례로 꼽힌다. 다른 대학들은 특성화 분야로 지정받은 학과에 다른 학과 과정들을 흡수하며 규모 확대에 치중하는 등 제대로 특성화의 기회를 살리지 못했다.

반면 경북대는 전자공학을 공대의 간판으로 육성시키며 전자분야에서 승부를 걸 수 있는 환경을 제공했다. 물론 전자 분야가 가전에서부터 IT에 이르기까지 이른바 '뜨는' 산업과 연장선상에 있다는 점도 성공의 요인으로 작용했다.

그러나 특성화 학과 지원이 끊긴 1980년대 이후에도 전자 분야에 대한 특수성을 지속적으로 강화한 것은 특화된 분야 육성에 실패한 다른 지방 대학들과 차별화되는 부분임에 틀림없다. 지방거점 육성학과 지정(1983년), 국책 지원학부 지정(1994년) 등 정부 정책이 결정적인 역할을 했다.

이뿐만 아니었다. 지방대 공대로는 유일하게 BK21 사업에 학부 및 대학원이 동시에 선정(1999년)되는 등 특성화 대학으로 살아남기 위한 학교 측의 지원도 빼놓을 수 없다. 경북대 전자·전기·컴퓨터공학부는 지속적인 성장에 힘입어 현재 61명의 교수진에 학부생만 1,700명이 넘는다. 웬만한 단과대학을 능가하고 있다. 전자공학과와 전기공학과로 나눠진 대학원생들까지 합하면 2,000명이 넘는다. 역대 졸업자 수도 학부 1만여 명, 석사 2,300여 명, 박사 280여 명을 합해 1만 3,400여 명에 이른다. 단일 학과로는 국내 최대규모다. 이들은 지난 30여 년 간 국내 전자산업 성장에 견인차 역할을 했다. 국내 전자산업의 메카인 구미전자산업단지에 자리한 삼성과 LG 등 대기업들의 과장급 이상 임원 중 80%가 바로 이 학과 출신이다.

경북대 전자·전기·컴퓨터공학부의 사례는 지방 국립대가 가야 할 방향을 제시하는 모범사례로 평가된다.

Chapter 2

국가경쟁력의 열쇠, 연구소를 살려라

대덕을 초창기부터 지켜온 고참 연구원들의 고민은 또 다른 데 있다. 25년 경력의 모 연구소 H연구부장은 "마흔이 넘으면 퇴물 신세가 되는 풍토가 빠르게 확산되고 있다"고 전했다. 정부가 연구원들의 정년을 낮추고 연구소들도 연구비를 따내기 위해 간부급 연구원들을 밖으로 내모는 데서 비롯된 문제라는 게 그의 설명이다.

1. 찬바람 이는 대덕연구단지

한밭벌 서쪽에 자리잡은 대덕연구단지. 거의 모든 이공계 정부출연 연구기관이 들어서 있는 이 곳은 한국 과학기술의 상징이며 산실이다.

대덕연구단지를 건설하기 위해 지난 1973년부터 지금까지 투자된 돈은 자그마치 4조 4,000억 원에 이른다. 정부출연 연구소 등의 연구개발을 위해 투자된 비용은 더 엄청나다. 설비투자의 10배에 이를 것이라는 얘기도 있다.

이러한 투자로 설립목표인 기술 자립을 앞당기는 성공사례를 수없이 만들어냈다. 정부출연 연구소의 하나인 한국전자통신연구원(ETRI)은 국산 전전자교환기(TDX)를 개발, 통신혁명의 기반을 다졌다.

반도체 신화 창출의 바탕이 된 1MD램과 16MD램도 ETRI에서 첫 선을 보였다. 화학연구원의 경우 무공해 미생물 농약과 신약 등을 잇따라

개발, 선진국으로 역수출하기도 했다. 이들이 개발한 기술로써 창출된 상품의 경제적 가치를 따진다면 어림잡아 1,000조 원 이상에 이를 것이라고 전문가들은 분석하고 있다.

대덕이 살아야 '과학한국'이 산다

이뿐만 아니다. 대덕연구단지는 선진국에 절대적으로 의존해온 과학기술의 자립을 실현할 수 있는 기틀을 다졌다.

이러한 대덕연구단지가 요즘 들어 활력을 잃고 있다. 연구원들의 사기도 예전같지 않다. 정부의 지원이나 관심도 줄어들어 연구개발에 뜨거웠던 열정이 사라지고 있다. 연구원들에 대한 처우가 예전보다 뒤떨어지며 전도양양한 엘리트 연구원들의 유입도 줄고 있다. 최근 연구원들을 대상으로 실시한 설문조사 결과, "기회가 되면 대학이나 다른 직장으로 옮기겠다"고 답한 경우가 60%에 달했다.

실제로도 최근 2~3년 간 연구원들의 30%가량이 대덕을 떠났다. 대우문제도 그렇지만 수익성 연구과제로 내모는 대덕의 현실에 대한 불안이 가장 큰 원인이다. "지금 대덕은 연구개발의 효율성만이 강조되고 있습니다. 경제 논리의 잣대로 실적을 평가한 게 결국 연구원들의 창의성과 자존심을 잃게 한 셈입니다."(A연구원 K원장)

대덕연구단지는 박정희 대통령 시절인 지난 1973년 연구학원도시로 출범했다. 국내외 연구기관을 한데 모아 기술자립을 이룩한다는 목표였다. 정부의 전폭적인 지원과 민간기업의 관심 속에 대덕은 한국 과학기술의 메카로 자리잡았다. 그러나 정부의 과학기술 정책이 수시로 바뀌면서 대덕은 잔병을 치르기 시작했다. 지난 30년 동안 무려 17번이나 정부출연 연구소와 관련된 각종 법령과 제도가 바뀌었다.

한때 국책과제 연구기관이 될 것을 종용받았던 연구소가 어떤 때는 산·학·연 중심으로 그 역할이 바뀌기도 했다. 벤처붐이 일어나면서는 한국형 실리콘 밸리로 탈바꿈하겠다는 움직임도 있었다.

그러다 보니 일부에서는 "제2의 새로운 대덕을 만들어야 한다"는 의견을 내놓고 있다. 기존 대덕연구단지의 시스템으로는 21세기 한국 과학기술의 중심역할을 하기에 너무 혼란스러운 측면이 많다는 것이다. 그러나 지금까지 쏟아부은 투자비와 인프라를 감안하면 대덕만큼 경쟁력 있는 단지를 만들기가 쉽지 않다는 게 중론이다.

대덕연구단지는 박사급만 4,634명이 연구에 몰입하고 있는 한국 고급 두뇌의 집결지다. 이들의 사기가 꺾이면 한국 과학기술의 미래도 보장되지 않는다. 대덕을 살려야 하고 지켜야 하는 이유가 바로 여기에 있다.

40세 넘으면 흔들, 연구 책임자가 없다

"대덕연구단지 연구원들 마음의 절반은 이미 대덕을 떠나 있습니다. 누구나 최소한 한두 개의 원서는 책상 서랍 안에 두고 있을 것입니다."

대덕의 한 연구소에 근무 중인 L씨. 10여 년 경력의 일선 연구원으로서 최고 자리인 책임연구원 자리까지 올랐지만 그의 고민은 '떠날 것인가, 더 남아 있을 것인가' 이다. 2~3년 전 구조조정 속에서 많은 동료 연구원들이 자의반 타의반 곁을 떠나갔을 때만 해도, 그는 연구원을 천직으로 알고 버텨왔다. 그러나 최근 모 지방대학에서 교수 자리를 의뢰받고 마음이 흔들리고 있다.

"이번에는 뭔가 결정을 내려야 할 때가 왔다는 느낌이 들어요. 그 동안 묵묵히 연구에만 매달려왔지만 요즘 들어 삶에 대해 자꾸 회의만 듭니다."

L씨는 "2년 전 연구소에서 받았던 월급의 3분의 1 수준을 제의받고 이름도 낯선 지방대 교수로 옮긴 선배 연구원에 비하면, 이번에 내가 제의받은 조건은 그래도 나은 편"이라고 말했다.

꿈과 희망은 사라지고 허무와 냉소주의에 빠져 있는 연구원들. 국내 최고 과학기술연구단지인 대덕의 현주소다.

대덕연구단지는 1997년 IMF 외환위기 이후 연구비가 줄어들고 상당수의 연구인력이 현장을 떠나면서 발생한 인력구조의 왜곡현상으로 신음하고 있다. 어느 연구소를 둘러봐도 중간 간부급 연구원 수가 충분한 곳을 찾기가 어렵다. 연구단지 구조조정 이후 유능한 책임급 연구원들의 상당수가 벤처기업이나 대학 등으로 빠져나갔기 때문이다.

한 연구원은 "최근 젊은 인력이 대거 신규 채용되고 있지만 연구과제를 지휘할 핵심 멤버들이 빠져 연구 프로젝트를 수주하더라도 제대로 진행되지 않아 애먹는 경우도 있다"고 말했다. 대덕을 초창기부터 지켜온 고참 연구원들의 고민은 또 다른 데 있다. 25년 경력의 모 연구소 H연구부장 은 "마흔이 넘으면 퇴물 신세가 되는 풍토가 빠르게 확산되고 있다"고 전했다. 정부가 연구원들의 정년을 낮추고 연구소들도 연구비를 따내기 위해 간부급 연구원들을 밖으로 내모는 데서 비롯된 문제라는 게 그의 설명이다.

H부장은 "박사학위를 마치면 보통 32~34세부터 연구를 시작하지만 지금 같으면 10년도 채 안 돼 연구현장에서 떠나야 된다"며 "이런 상황

에서 대덕단지의 경쟁력을 기대하기는 어렵다"고 말했다.

기업에 뒤떨어지고 있는 것도 연구원들의 자존심을 상하게 하는 요인의 하나다. 한 연구원은 "산업의 근간이 되는 기초기반 기술을 개발한다는 정부출연 연구소의 연구원으로서의 사명감이 유명무실해지고 있다"며 "이제는 각종 프로젝트 수주 확률을 높이기 위해

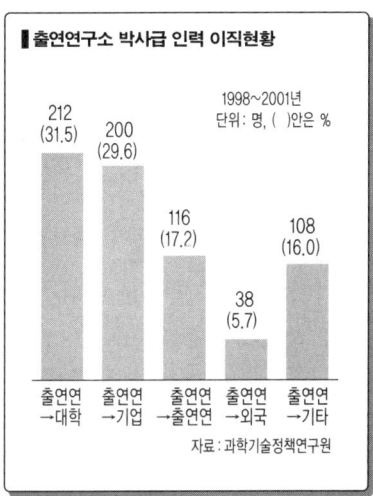

기업에까지 공동연구기관으로 참여하자고 제의하고 있다"고 설명했다. 그는 "이러다 보니 단기간에 개발해 팔 수 있는 기술들이 프로젝트의 상당 부분을 차지하고 있다"고 털어놓았다.

낮은 보수도 문제다. 1980년대 초 대기업 연구소에서 정부출연 연구소로 자리를 옮긴 한 연구부장은 "당시만 하더라도 정부출연 연구소 월급이 민간기업보다 훨씬 많았지만, 20여 년이 지난 지금은 오히려 역전됐다"고 밝혔다. 연구원들의 사기가 이처럼 떨어져 있는 상황에서는 대덕연구단지도 활기를 찾기가 쉽지 않을 것이라는 게 관계자들의 한결같은 지적이다.

"기회만 닿으면 언제든지 떠나겠다."

IMF 관리체제에 들어선 1998년부터 2년 간 대덕연구단지는 30년 역

사상 가장 큰 시련기를 맞았다. 대대적인 구조조정의 광풍(狂風)이 대덕을 휘감으면서 30%에 달하는 연구인력이 현장을 떠났다. 가장 규모가 큰 ETRI의 경우 전체 인력의 절반 이상인 900여 명의 석·박사급 연구원들이 대학이나 벤처기업 등으로 빠져나갔다.

최근 들어 연구원들의 이직률은 크게 둔화된 상태지만 '탈(脫)대덕단지' 현상이 사라진 것은 아니라는 게 연구단지 관리본부 관계자의 설명이다. 일부에서는 대덕연구단지의 중추역할을 하는 고급 박사인력의 유출이 이어지고 있는 데 대해 우려하고 있다.

과학기술정책연구원의 조사에 따르면, 1998~2001년까지 대덕연구단지에 근무하는 박사급 인력의 이직자는 모두 674명. 이들 중 상당수가 유능한 30~40대 젊은 박사들로 좀더 안정적이고 전망 있는 직장을 찾아 스스로 연구소를 떠났다.

구조조정으로 강제퇴직당한 연구원들도 50여 명에 달했다. 해외로 빠져나간 연구원도 적지 않았다. "해외박사 출신자들 중 외국대학이나 연구소, 기업에서 제의만 오면 조건을 꼼꼼하게 따지지 않고 옮겨가고 있다"는 게 한 연구원의 설명이다.

다행히 2001년부터 정부 및 산업계의 지원이 서서히 되살아나면서 대덕 연구소들이 신규 연구인력 채용을 늘리는 추세다. 그러나 석·박사과정을 마친 지 얼마 안 된 신입 연구원들이 대부분을 차지하고 있다. 특히 경력자 채용은 하늘의 별따기다.

정부출연 연구소의 한 관계자는 "벤처 열풍이 잠잠해지면서 당시 벤처 등으로 나간 중견 연구인력을 대상으로 복귀 의사를 묻기도 한다"며 "그러나 자존심 때문인지 다시 연구소로 돌아오는 경우는 거의 없다"고 말했다.

보따리장사꾼 신세로 전락

대덕연구단지는 한국의 과학기술을 짊어지고 나갈 싱크탱크임에 틀림없다. 국내 최고 수준의 과학기술 두뇌들이 이 곳에 몰려 있다. 이뿐만 아니다. 국내에서 대덕연구단지만큼 산·학·연 협력체제를 갖춘 곳도 없다. 대덕단지를 대체할 만한 조직을 다시 만들기도 쉽지 않다. 그런 대덕연구단지가 왜 연구성과 문제를 둘러싸고 여론의 도마 위에 오르고 있는가? 도대체 어떤 문제를 안고 있는 것인가? 당초의 기대를 만족시키지 못하고 있는 까닭은 어디에 있는가?

첫번째 원인은 PBS 제도(Project Base System: 목적기반사업)에 있다. 1990년대 초반 정부출연 연구소에 도입된 PBS 제도는 연구소의 분위기를 확연하게 바꿔놓았다. 그 동안 정부 출연금을 통해 연구소의 인건비 등을 지원해주던 데서 벗어나 연구원들이 정부 및 민간의 연구과제를 통해 인건비를 확보하도록 한 것이 이 제도의 취지였다. 이 제도는 연구원들의 경쟁력을 높이는 긍정적인 효과를 가져왔다.

하지만 연구에 몰두해야 할 연구원들을, 자신의 인건비를 벌어들이기 위해 연구계획서를 싸들고 과학기술부·산업자원부·정보통신부 등 정부부처와 기업들을 좇아다녀야 하는 '보따리 장사꾼'으로 만들었다. 생명공학연구원의 경우 연구원들에게 2001년 한 해 동안 전체 인건비의 15%밖에 지원해주지 못했다. 나머지는 연구원들이 알아서 챙겼다는 얘기다. 이 때문에 연구소의 정체성이 크게 흔들리고 있다. 연구소들이 어디로 나아가야 할지 방향조차 제대로 잡지 못하고 있는 것이다. 같은 연구소의 연구원이라도 분야에 따라 달라진다. 오히려 다른 연구소의 같은 분야 연구원과 더 친밀하다. 연구원들은 '자신의 밥그릇을 자신이 채우고 있다'는 생각에 '마이 웨이'를 고집하는 경우가 많다. '연구소 따로, 연구원 따로'가 오늘의 현실인 것이다.

두번째 원인은 복잡한 연구비의 지원 시스템이다. 현재 정부에서 지원하는 연구개발 사업에는 특정 연구개발사업과 기초과학 연구사업 등이 있다. 대체로 특정 연구개발사업에만 6,000억 원, 기초과학 연구사업에 2,000억 원을 투자한다. 이같은 국가 프로젝트는 매년 3월경 신문에 공고를 낸 뒤 신청을 받고 평가해 선정한다. 물론 여기에는 연구소·대학·기업이 같은 자격으로 응모한다.

문제는 이 신청이 한 해에 한 번만 이뤄지는 데 있다. 신청에서 떨어지면 1년을 기다려야 한다. 기술이 빨리 변하는 특정 연구과제의 경우 1년은 짧지 않은 기간이다. 자칫하면 외국과의 경쟁에서 뒤질 수 있다. 평가기간도 길어 신청한 뒤 선정될 때까지 3개월 이상 기다려야 한다. 과제에 선정되면 다시 수행계획서를 제출하고 협약을 체결한다. 협약이 완료돼야 돈이 지원된다. 이 때까지 걸리는 시간도 만만치 않다. 당장 연구장비나 자료가 필요하지만 참아야 한다. 행정업무 처리가 늦어지면 늦어질수록 연구원들은 초조해지고 속이 탄다.

세번째 원인은 정년 문제다. 김대중 정부가 들어서면서 이뤄진 정부 출연 연구소의 구조조정으로 연구원의 정년이 종전 65세에서 61세로 낮아졌다. 더 큰 문제는 획일성이다. 모든 연구원에게 이것이 적용되므로 연구할 수 있는 능력을 갖추었다 해도 61세가 되면 연구직을 그만두어야 한다. 연륜이 필요한 기초기술 연구에서도 마찬가지다. 외국에서는 나이 많은 연구원들이 노벨상을 타는 경우가 수두룩하지만 국내에선 이와 같은 사례를 찾을 수가 없다.

반대로 능력 없는 연구원의 퇴출제도도 없다. 연구원들이 상대적으로 낮은 월급에도 불구하고 대학을 찾는 이유가 여기에 있다. 이같은 정년 문제는 연구원들이 대덕을 떠나게 만드는 불씨가 되고 있는 것이다.

인사, 예산 등 '정부 뜻대로'

정부출연 연구소들은 지난 40년 동안 부침을 거듭해왔다. 정부 산하 기관이라는 특성 때문에 외풍을 타기 일쑤였다. 연구소가 본래의 기능인 연구개발에 온 힘을 쏟지 못하고 외부의 눈치를 살피는 풍토가 조성된 것도 바로 이 때문이다.

KIST가 설립된 1960년대부터 1970년대까지는 정부가 나서 출연 연구소를 대대적으로 지원했다. 당시 정부는 감사원 감사 등 규제를 피하면서 안정적인 연구를 보장해주기 위해 '보조' 대신 '출연'이라는 명칭을 붙였다.

이같은 위상은 1980년대 전두환 대통령이 취임하면서 크게 흔들리고 말았다. 정부는 연구소 통폐합 조치를 통해 연구소 중심에서 국책 연구개발사업 중심으로 정책의 큰 틀을 바꿔버렸다. 연구과제 결정권이 정부쪽으로 넘어가기 시작한 것이다.

1990년대 들어 정부출연 연구소의 위상은 또 추락하게 된다. "연구비가 어떻게 사용되는지를 알아보라"는 대통령의 말 한 마디가 또다시 연구소를 소용돌이로 몰아넣은 것이다.

외풍은 이것으로 끝나지 않았다. 1990년대 말 김대중 정부가 들어선 이후 연구소는 공공부문 개혁의 첫번째 대상이 됐다. 연구소 인력이 대규모로 줄어드는 수모를 겪었다. 이 과정을 거치면서 연구소장 자리도 점점 더 정치바람을 타기 시작했다. 일부에서는 정부출연 연구소에 대한 예산 배정이 공정한 평가보다는 '외부의 힘'에 따라 좌우된다는 의혹을 제기하고 있다. 김대중 정부는 개혁이란 이름으로 관련법률과 연구소 체제에 칼을 댔다. 이공계 연구소들이 '정부출연 연구기관 등의 설립·운영 및 육성에 관한 법률'에 따라 총리실의 관리 감독을 받게 된 것이다. 연구소들은 기초기술·공공기술·산업기술 등 3개 연구회로 각각 편입됐다. 지난 1999년 설립된 이들 3개 연구회는 연구기관에 대한 주무부처의 간섭을 배제하고 자율성 및 책임경영 체제를 강화하는 게 목적이었다.

소관 기관을 총리실로 이관한 것도 개별 부처의 간섭에서 벗어나 독립성을 확보하자는 취지였다. 하지만 이 또한 실패했다는 비판을 받고 있다. 과거에는 소속 부처가 간섭하는 데 그쳤다. "지금은 연합이사회·총리실·기획예산처는 물론 과거 소관 부처까지도 '상전'으로 모셔야 한다"고 관계자들은 지적하고 있다.

다시 뛰는 과학기술 심장부

대덕연구단지는 지난 30년 동안 한국 과학기술의 자립에 앞장서왔다. 한국 과학기술 개발의 본거지로 나름대로의 역할을 해온 것으로 평가받고 있다. 그러나 대덕연구단지가 당초 기대한 만큼의 성과를 올렸는지에 대해서는 논란이 있다. 일부에서는 투자의 효율성이 떨어진다고 지적하고 있다. 또 다른 일부에서는 산·학·연 협력체제가 한계를 드러내고 있다고 분석한다.

이대로 가면 대덕이 평범한 연구단지의 하나로 전락할 수도 있다는 평가까지 나오고 있다. 대덕단지가 명실상부한 '한국 과학기술의 요람'으로 뿌리내리려면 어떻게 해야 할까?

전문가들이 제시하는 첫번째 해법은 '조속한 글로벌화'이다. 2001년 현재 대덕에 있는 외국인 과학자는 124명. 2000년보다 40명이 늘어난 것이다. 기업체 연구소들의 연구인력 다양화 방침에 따라 외국인 수는 계속 증가할 전망이다. 그러나 대덕단지 안에는 아직 외국 연구업체가 한 곳도 없다. 이는 연구단지의 글로벌화가 부진하다는 것을 의미한다.

반면에 외국 연구집적단지의 경우는 판이하다. 미국의 대표적 연구단지인 리서치 트라이앵글 파크에는 연방정부의 연구기관 외에도 일본·유럽 등 외국계 연구기관이 들어서 있다. 영국의 첨단 과학기술 집적단지인 케임브리지 사이언스 파크에도 다국적 기업의 부속연구기관들이 입주해 있다. 대덕연구단지가 발전하려면 국제화가 필수적이다.

국가 간 기술개발 협력의 활성화를 위해 국제 업무지구도 만들어야 한다. 이를 위해 대덕연구단지를 과학기술 국제화 시범단지로 지정, 관련 정부부처의 적극적인 지원을 유도해야 한다.

두번째 해법은 '벤처의 요람으로 키우기'이다. 2000년 9월 설립된 대덕밸리는 대덕연구단지의 새로운 실험대로 떠올랐다. 대덕연구단지와 과학산업단지, 신탄진공단, 엑스포과학공원 및 정부 대전청사를 한데 묶는 대덕밸리가 만들어진 것이다. 물론 이 모델은 미국 실리콘 밸리를 벤치마킹한 것이다.

현재 대덕밸리에는 800개의 벤처기업(등록기업 500개)이 있다. 대덕연구단지 내 입주업체만도 281개에 이른다. ETRI에서만 150여 개의 벤처기업이 창업됐다. 이는 연구단지의 기술산물들이 벤처로 나올 수 있다는 증거다. 대덕이 벤처의 요람으로 되기 위해서는 기술과 아이디어만 있으면 맨손으로도 창업할 수 있는 여건이 마련돼야 한다.

'분야별 단지 특화'가 세번째 해법이다. 오덕성 충남대 교수는 최근 '대덕연구단지 중장기 발전방향'이란 보고서에서 대덕연구단지를 생명공학·정보기술·정밀화학·신소재 등 4대 특화분야로 중점 육성시켜야 한다고 주장했다. 21세기 신기술이 생명공학과 정보기술로 향하는 만큼 단지의 중점 육성이 가장 중요하다는 것이다. 물론 이에 대한 반론도 만만찮다. 특성화에 따라 기계연구원 등 기존의 연구원들이 불이익을 받게 되면서 대덕단지의 고른 성장을 기대할 수 없게 된다는 논리다.

 연구소장직은 장관으로 가는 필수 코스

"과학기술부와 정보통신부 장관이 되려면 우선 정부출연 연구소장부터 노려라." 장관이 되는 경로에는 여러 가지가 있다. 직업관료·정치인·군인·교수·문학인·체육인 등등 정부부처별로 나름대로 특성이 있을 수 있다. 기술이 중시되는 과학기술부와 정보통신부도 마찬가지다.

정부출연 연구소장이 장관 후보 1순위라는 게 가장 큰 특징이다. 과학기술부의 경우 2002년까지 21명의 장관 가운데 3분의 1인 7명이 연구소장 또는 부소장 출신이다.

전두환 정부 시절에는 김성진(6대), 이태섭(8대) 장관을 제외하고는 모두 연구소장을 거쳤다. 성좌경(4대)·이정오(5대)·전학제(7대)·박긍식(8대) 장관이 바로 그들이다.

KAIST에서 기계연구소 등으로 장관의 출신 연구소가 바뀌면서 대덕단지 연구소 간에는 희비가 크게 엇갈리기도 했다. 이정오 장관은 KAIST 원장을, 박긍

한 연구원은 "대덕이 정보기술과 생명공학기술의 중심지로 되면 다른 분야가 소홀해진다"고 지적했다.

네번째 해법은 '인력 저수지 기능의 강화'다. 대덕 연구원들의 유출입이 많아짐에 따라 연구소에 활력을 불어넣기 위해 대덕의 인력 저수지 역할이 강화돼야 한다. 정부출연 연구소가 국가의 대형 연구개발과제를 현재보다 더 많이 수행할 수 있도록 해야 한다. 이를 통해 박사급 우수인력들을 대거 양성, 산업계 등으로 배출해야 한다. 중장기적이고 원천적인 연구를 통해 벤처기업들이 자연스럽게 생성될 수 있도록 해야 한다.

식 장관은 표준과학연구원장으로 근무하다가 장관직에 올랐다. 전학제 장관은 임기를 마친 다음 KAIST 원장을 맡은 특이한 사례다.

전두환 정부 시절 출연연구소장이란 자리는 언론의 스포트라이트를 받는 대표적인 자리의 하나로 꼽혔다. 연구소장 출신으로 첫 장관에 오른 인물은 2대 최형섭 장관. 그는 KIST 원장으로 일하다가 1971년 6월 장관으로 발령받아 7년 6개월을 근무했다. 역대 과학기술부 장관 가운데 최장수였다. 4대 성좌경 장관(작고)도 초대 화학연구소장 출신이다.

정근모 장관은 KAIST 부원장 출신으로 12대와 15대, 두 번에 걸쳐 장관을 맡았다. 서정욱(20대) 장관은 KIST 원장 시절 "연구하지 않는 연구원은 그만두라"고 강조하는 등 호랑이 원장으로도 이름을 날렸다. 22대 채영복 장관도 화학연구소장을 거친 이후 14년 만에 과학기술분야 행정사령탑에 올라 화제를 모으기도 했다. 그는 국내에서 가장 많은 논문을 낸 연구원으로도 유명하다.

정보통신부에서도 전자통신연구원장 출신의 경상현씨가 초대 장관에 올랐다. 양승택 장관(6대)도 전자통신연구원장을 거쳤다. 이에 앞서 최순달 전 체신부 장관(32대)도 전자통신연구원의 전신인 전자기술연구소장을 거쳤다.

| 인터뷰 | 연구원장들의 제언

김충섭 화학연구원장

대덕연구단지를 활성화하려면 첫째 연구원들이 장기 비전을 갖고 모든 역량을 발휘할 수 있도록 안정된 연구비가 확보돼야 한다. 정부연구비와 과제를 대형화시켜 출연기관의 장기 비전에 맞도록 조정해야 한다. 산·관·학·연의 긴밀한 협력체제도 필요하다.

둘째는 첨단기술 분야의 우수인력 유치가 활발하게 이뤄질 수 있게 정부와 민간기업의 연구비 투자가 확대돼야 한다.

셋째는 선택과 집중에 의한 경쟁원리를 강화, 우수 연구원을 우대해 생산성을 높여야 한다. 출연기관 연구비의 대부분이 정부 연구비임에도 불구하고 선택과 집중이 어려운 것은 부처마다 다른 연구 프로그램을 운영해 연구과제가 세분화되어 있기 때문이다.

양규환 생명공학연구원장

고인 물은 썩는다. 융합(fusion)과 변화의 시대를 맞이한 대덕단지는 연구기관 간 협력연구와 첨단 벤처를 활성화시킴으로써 기술개발의 견인차가 돼야 한다.

그 동안 대덕단지 내 다양한 연구분야의 전문기관들에서는 서로의 영역을 이해하고 협력하려는 시도가 제대로 이루어지지 않았다. 같은 장소에 모여 있는 이점을 살리지도 못했고 유기적인 협력도 미흡했다. 하지만 새로운 시대에 대비한 대책이 정부에 대한 제도 여건 조성요구 등 넋두리에 그쳐서는 안 된다. 스스로가 협력 프로그램 추진을 위한 재원을 조달하고 공동기획을 하는 등 협력전략을 개발하고 실천해야 한다.

Interview

오길록 전자통신연구원장

정부출연 연구소에 대해 연구 예산지원과 역할 수행을 위한 결정권을 부여해야 한다. 우리나라 전체 연구개발비에서 정부부담 비율은 25%에 불과하다. 그나마 연구 프로젝트를 통해 예산이 지원되고 있어 연구책임자들이 해마다 프로젝트 수주에 나서야 한다.

벤처업계가 기업의 활발한 진입과 퇴출을 통해 첨단기술의 가능성을 끊임없이 검증해나간다면, 국가적 경쟁 에너지를 분출하는 원천이 될 것이다. 연구단지의 구성원들이 자유롭게 이용할 수 있는 공동연구 인프라 구축 또한 연구단지 활성화에 기여할 것이다. 과학기술인이 자부심을 느낄 수 있는 풍토도 조성돼야 한다.

2. 대표적인 성공모델, 한국전자통신연구원(ETRI)

ETRI는 정부출연 연구소 가운데 대표적인 성공모델로 꼽힌다. 우수한 인재들이 한데 모여 수많은 첨단기술을 내놓았다. 한국을 정보통신 강국으로 만드는 데 일등공신 역할을 했다. 투자 효율이란 면에서 논란을 일으키고 있는 다른 연구소들과는 대조적이다. ETRI의 성공요인은 무엇일까?

첫째, 상용화 기술 전략이 적중했다는 것을 꼽을 수 있다. ETRI가 출범한 1970년대 후반 국내 기술수준은 선진국에 비해 보잘것 없었다. 특히 원천기술의 경우 그 수준이 형편없었다.

이같은 상황에서 상용화 기술에 승부를 걸었다. "원천기술은 못 갖더라도 해외에서 원천기술을 도입해 가장 먼저 상용화하면 충분히 승산이 있다"는 계산에서였다. 이같은 전략이 세계 최초의 CDMA 상용화, 반도체 강국의 신화를 일궈냈다.

둘째는 목숨 걸고 시작한 TDX(전전자교환기) 개발에 있었다. 국산 전자교환기는 ETRI의 대표적 기술개발 성공사례라고 할 수 있다. 이 사업은 지난 1976년 240억 원의 연구개발비가 투입된 대형 국책과제였다. 실패하면 앞으로 다른 국책사업에도 막대한 영향을 미칠 게 뻔했다. 연구원들은 사업을 시작하면서 "신명을 바쳐 최선을 다할 것이며 실패하면 어떠한 처벌도 감수하겠다"는 내용의 각서에 서명했다. 이같은 비장한 각오가 백지상태에서 세계 최첨단 전자교환기 개발을 성공으로 이끈 원동력이 됐다.

상용화 기술에 승부를 걸어라

세번째는 세계정상 정복을 위한 발상의 전환에 있다. 후발국인 우리나라의 반도체기술 수준이 미국과 일본을 1~2년 격차로 따라잡기 시작한 지난 1988년, ETRI의 이효진 박사(현 벤처기업 RF세미 대표)는 반도체 세계 1위 정복을 위해 집념을 불태우고 있었다. 그로부터 3년이 지난 1991년 4월, 이 박사는 세계 최초로 수직구조를 갖는 새로운 개념의 반도체 셀(cell) 구조를 개발했다. 기존 반도체는 셀을 평면에 나란히 배열했는데, 이 박사는 이를 수직구조로 재배치해 셀 면적을 3분의 1로 줄이고 동작속도는 3배가 빨라진 획기적인 원천기술을 개발한 것이다.

네번째는 최고 수준의 연구원 집단에 있다. ETRI에는 1,000명 이상의 핵심연구 인력이 모여 있다. 국내 출연연구소 및 민간 연구소를 통틀어 최대 규모. 이들은 석·박사 인력으로서 대부분 대형 연구개발 사업을 수행해본 경험을 갖고 있다. "연구원 개개인을 세계 어디에 내놓아도 경쟁력에서 뒤지지 않을 것"이라는 게 안팎의 평가다. ETRI 연구원들이 만드는 영문 학술지 〈ETRI 저널〉이 국내 전자·정보통신 분야 학술지로는 유일하게 세계적인 과학기술논문색인인 SCI에 등록된 것도 연구원들의 경쟁력이 어느 정도인지를 보여주는 사례다.

단기과제에 몰두, 기초연구 '소홀'

대덕연구단지 한가운데 자리잡은 ETRI의 12개 연구동은 새벽까지도 불이 꺼지지 않는다. 통신반도체·컴퓨터·인터넷 등 한국 IT 산업을 일궈낸 핵심기술들이 대부분 이 곳에서 나왔다. 석·박사급 고급 연구원만도 1,722명에 이른다. 이공계 분야 국내 최대·최고 국책연구기관으로서 손색이 없다.

ETRI는 지난 25년 간 엄청난 연구성과를 쏟아냈다. 그 동안 개발한 기술은 상용화된 것만도 1만여 건을 넘는다. ETRI가 국책과제로 개발한 신산업 분야 주요기술을 시장가치로 따지면 무려 168조 원에 이른다는 자체 분석 결과도 나와 있다. TDX 상용화로 5조 3,800억 원, 초고집적 D램 반도체 개발로 107조 8,000억 원, CDMA 기술개발로 51조 3,000억 원 등의 시장 창출효과를 냈다.

ETRI는 미국 퀄컴(Qualcomm)사와 10여 년에 걸친 소송 끝에 1억 달러의 CDMA 기술료를 되돌려받았다. 이는 외국으로부터 받은 기술료 가운데 최고 액수다. 퀄컴에 승소한 ETRI 사례는 '국산 기술력의 승리'로 평가받고 있다. ETRI는 이번 승소로 이미 받은 1억 달러 외에 2008년까지 1억 2,000만 달러를 추가로 지급받을 예정이다.

그러나 이같은 ETRI도 IMF 관리체제 이후 몰아닥친 1998년의 출연연구소 구조조정 한파를 벗어나지 못했다. 1998년 이래 3년 동안 전체 연구원의 절반 이상인 900여 명이 연구실을 떠났다. 연구 시스템도 제기능을 찾지 못했다.

왜 이렇게 됐는가? 우선 연구개발 능력의 한계를 꼽을 수 있다. "앞만 보고 달려온 ETRI가 허약한 체질의 한계를 드러낸 것"이라고 관계자들은 지적한다. ETRI는 오랫동안 민간 통신기업들과 호흡을 같이해왔다. 상용화에 필요한 응용기술을 개발, 기업에 이전하는 데 힘을 쏟아왔다.

그러나 이같은 역할이 한계에 봉착했다는 비판이 일고 있다. ETRI와 함께 10여 년 간을 연구개발해온 통신업체의 한 관계자는 "기업보다 앞서가는 선행연구가 부족하다"고 진단한다. 또 다른 업체 관계자는 "ETRI에서 진행하고 있는 연구과제의 90% 이상이 외국에서는 이미 결과물(output)까지 나온 것"이라고 꼬집었다. 실제 ETRI가 지난 몇 년 간 수행해온 연구과제의 대부분은 단기과제였다. 이들 과제는 당장 결과물을 내놓을 수 있는 것이 주류를 이루었다. IMF 관리체제 이후 연구자금 확보를 위한 일시적 방편이었다. 따라서 일부에서는 "기초연구에 몰두해야 할 ETRI가 돈을 벌기 위해 기업과 경쟁하는 것 아니냐?"고 지적하고 있다. 따라서 ETRI가 국내 최고 연구기관의 명성을 유지하기 위해선 연구 시스템을 수술하는 등 개혁이 필요하다는 것이다.

재원구조를 바꾸는 것도 필요하다. ETRI의 연간 예산은 3,585억원(2002년 기준). 이 가운데 정부 출연금은 133억 원으로 3.7%에 그치고 있다. 나머지는 정보화촉진기금으로 지원되는 국책사업비에다 민간기업에서 프로젝트를 따내 얻은 응용연구 사업비다. ETRI 관계자는 "다른 출연연구기관들은 정부 출연금 비율이 평균 50% 이상인데, ETRI만 턱없

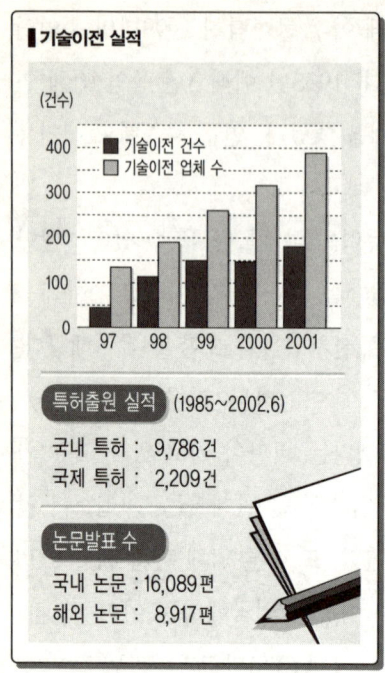

이 낮다"며 "안정적인 연구수행을 위해 출연금을 늘려야 한다"고 주장했다.

외부에서의 시각은 다르다. ETRI는 이미 연구예산의 절반 이상을 정보화촉진기금으로 충당하고 있다는 것이다. 문제는 갈수록 바닥나는 정보화촉진기금을 대체할 연구비를 어떻게 확보하느냐에 있다는 게 한 연구원의 지적이다.

기초연구 투자도 늘려야 한다. 현재 ETRI의 연간 연구예산 중 기초연구비 비중은 13%에 불과하다. 미국 AT&T연구소나 일본 NTT연구소 등의 30~40%에 비해 훨씬 떨어진다. 따라서 선행연구기관으로서의 역할을 하기 위해선 기초연구비 비중이 20%는 돼야 한다는 것이다.

PBS 제도도 개선돼야 한다. ETRI는 '스스로 벌어서 사는 연구원', '1인당 기술료 세계 최고를 실현하는 연구기관'을 모토로 출연연구기관으로는 PBS 제도를 가장 먼저 도입, 실시해왔다. ETRI가 'IT 기술의 산실'이 된 데는 이같은 성과주의 제도가 결정적인 역할을 했다. 그러나 외부에서 충당하는 연구비가 전체의 98%를 차지해서는 세계적인 연구소로 도약하기 어렵다는 것이다. 미래기술을 남보다 앞서 발굴, 초기 투자하는 모험정신도 필요하다. 세계 인터넷 환경을 뒤바꾼 디지털가입자망(DSL) 기술은 ETRI가 초기투자에 실패한 대표적인 사례로 꼽힌다. ETRI

는 단기사업에만 치중한 결과, DSL 기술확보 타이밍을 놓치고 DSL이 외국에서 이미 뜨기 시작할 때 뛰어드는 실수를 했다.

ETRI는 DSL의 전철을 밟지 않기 위해 2001년 미래기반기술 분야 5대 대형과제를 선정, 투자에 나서고 있다. 4세대 이동통신 기술, 차세대 인터넷 서버기술, 차세대 능동형 네트워크시스템, 초고속 광가입자망기술, 지능형 통합정보방송(스마트 TV) 기술 개발 등이 그것이다. TDX와 CDMA의 뒤를 이어갈 세계적 연구성과물을 과연 몇 개나 내놓을 수 있을까. ETRI의 미래가 바로 여기에 달려 있다.

 ETRI 탄생의 '숨은 공신', 이스칸더 세계은행 고문

ETRI의 오늘을 있게 한 데는 한 외국인 박사의 공이 컸다. 세계은행 아시아담당 경제개발국장을 지낸 이집트 출신 마그디 이스칸더(Magdi Iskandar, 61) 박사가 그 주인공이다.

지난 1976년 정부는 ETRI의 전신인 한국전자기술연구소의 설립자금으로 세계은행에 2,900만 달러 규모의 차관을 요청했으나 이사국의 반대로 난항을 겪고 있었다. 이스칸더 박사는 당시 연구소 설립의 타당성 검토를 위해 평가조사단장 자격으로 방한했다. 이집트 출신인 이스칸더 박사는 후진국에서도 반도체와 컴퓨터를 개발, 선진국 독점상태를 해소해야 한다는 철학에 따라 한국의 전자산업 육성의지와 기술력을 홍보하는 데 앞장서, 차관을 도입할 수 있게 했다. 그 후에도 이스칸더 박사는 설비도입 및 외국 전문가 초빙, 기술자 해외파견 등 여러 부문에서 지원을 아끼지 않았다.

정부는 이같은 이스칸더 박사의 공적을 인정, 26년 만인 2002년 4월 22일 정보통신의 날에 외국인으로는 드물게 산업포장을 수여했다. 이스칸더 박사는 현재 세계은행 중동지역의 경제관리 고문을 맡고 있다.

3. 한국 과학기술의 산 역사, 한국과학기술연구원(KIST)

KIST를 빼놓고는 한국 과학기술의 역사를 얘기할 수 없다. 설립부터가 파격적이었다. 1965년 5월 박정희 전 대통령과 존슨 미국 대통령이 정상회담을 통해 KIST를 설립키로 했다. KIST가 맡은 임무도 독특했다. 바로 한국 산업의 밑그림을 만드는 것이었다.

김재관 박사팀은 포항종합제철 건설안을 만들었고, 최형섭 박사팀은 외제 자동차의 국산화를 추진했다. 김완희 박사팀은 전자공업진흥 보고서를 만들었다. 기계산업과 조선산업의 기반 마련도 KIST 과제 중 하나였다.

최형섭 초대 원장은 해외에서 활동하는 우리나라 과학자 유치에 나섰다. 1970년까지 해외에서 29명을 유치했다. 1970년에는 산업기술 개발에 앞장섰다. 홍삼 가공시설은 전매청에 기술이전됐다. 폴리에스테르 필름도 이 때 개발됐다. 선경화학(현 SK)은 이 기술을 이전받아 양산체제를 구축, 우리나라가 세계 시장의 40%를 차지할 수 있게 하는 데 결정적 역할을 했다. 냉장고의 냉매로 쓰이는 프레온가스 생산 기술도 선보였다.

KIST 부설 한국선박연구소가 1976년 한국선박연구소로 분리·독립되는 것을 시발로 주물기술센터·정밀기계기술센터·전자통신연구소·전자기술연구소 등이 잇따라 분리되어 나갔다. 이 때부터 외형이 줄어들면서 위상에도 변화가 일어나기 시작했다.

고급 과학두뇌의 산실

1980년에는 KAIST와 통합되면서 전환기를 맞았다. 연구기관에 교육기능까지 합쳐지면서 홍역을 치러야 했다. 그러나 기술개발에서는 명성을 이어갔다.

인조 다이아몬드, 결핵치료제 '리파마이신', 간·폐디스토마 구충제 등이 바로 그것이다. 인조 다이아몬드 생산기술은 일진에 의해 산업화돼 연간 수백억 원의 수입대체 효과를 거뒀다. 귀밑에 붙이는 멀미약은 대일화학공업에 의해 상품화됨으로써 커다란 인기를 끌기도 했다. 1990년대 들어 KAIST가 다시 분리되면서 KIST는 연구기관으로서의 모습을 되찾는 듯했다.

그러나 예전과는 상황이 너무도 달라져 있었다. 대덕의 다른 출연연구소들과 기업체 연구소들이 몰라보게 달라졌던 것이다. 연구개발·인력·재정 면에서 이들 연구소와 차별화할 수가 없었다. 결국 연구소의 맏형으로서 얼굴 역할을 하는 데 머물러야 했다. 그러나 아직까지도

KIST의 인맥은 살아 있다. 김충섭 화학연구원장·오길록 전자통신연구원장·박호군 과학기술부 장관(전 KIST 원장) 등이 바로 KIST 출신이다.

10년 앞을 내다보라

서울 불암산 자락의 홍릉에 자리잡은 KIST. 우리나라 과학기술의 역사를 고스란히 간직한 곳이다. 지난 1966년 한국 최초의 종합연구소로 태어난 이래 지금까지 과학기술 연구소의 맏형 역할을 해왔다. 현재의 정부출연 연구소들은 대부분 KIST에서 떨어져나온 것이다.

과학기술분야 고급두뇌의 공급기관으로도 한몫을 했다. 출연연구원장은 대부분 KIST 출신이다. 철강·자동차 등 산업계에 필요한 기술개발에도 앞장서왔다. 우리나라 간판산업의 오늘이 있게 한 주역의 하나였다. 그러나 정부출연 연구소가 잇따라 태어나면서 위상이 흔들리기 시작했다. 나아가 KAIST와 통합되면서 정체성 위기를 맞고 말았다.

요즘에는 다른 공공연구원과 별반 차이가 없다. 연구과제를 따내느라 전자통신연구원, 화학연구원 등과도 경쟁하기도 한다. 우리나라 최고의 두뇌로 평가받던 KIST가 연구 과제를 따내는 데 안간힘을 쏟고 있다. KIST가 왜 이렇게 변했는가? 어떤 문제가 있었는가?

우선 핵심역량이 분산됐다는 것을 지적할 수 있다. 기계연구원·화학연구원·전자통신연구원 등 대덕에 있는 대부분의 출연연구소들이 KIST에서 분리된 것이다. 현 KIST에는 재료, 시스템, 환경공정, 생체과학 분야뿐이다. 핵심으로 내세울 만한 분야도 딱히 찾기가 어렵다. 전문가들은 "수탁과제 중심의 개별적인 연구가 핵심역량을 분산시켰다"고 분석한다.

　최근 KIST는 나노와 생명공학 분야를 차세대 주력사업으로 내세웠다. 그러나 사업 추진전망이 밝지는 않다. 나노 분야 기술개발을 위한 시설인 나노종합 팹센터를 대덕연구단지의 KAIST에서 유치했기 때문이다. 연구 인력확보도 만만치 않다.

　독특한 색깔이 없다는 것도 문제로 지적되고 있다. 다른 출연연구소들과 겹치는 분야가 너무 많다. 시스템 분야는 전자통신연구원과 겹치고, 재료분야는 기계연구원 및 화학연구원 등과 많은 부분에서 겹친다. 따라서 수탁과제를 따내기 위해 다른 연구소와 치열하게 경쟁할 수밖에 없다. 1980년대 이후 전문분야별 출연연구소들이 자리를 잡게 되면서 연구분야 중복성 논란이 끊임없이 일어났다.

　그뿐만이 아니다. 수탁과제를 따내기 위해 외부 전문가들을 데려와 용역을 맡기기도 했다. 국가 중점 연구기관이 개별 연구과제로만 승부를 거는 연구소가 되어버린 것이다. 이러한 '개별 프로젝트 베이스' 로는 '단기', '단일', '응용 개발' 패턴에서 벗어날 수 없다. '장기', '융합', '기초 원천' 은 꿈도 꾸기가 어렵다는 얘기다.

　재원 구조도 취약하다. 현재 KIST의 고유 사업비는 전체 수행과제의 36%에 불과하다. 나머지 63%는 외부에서 유치해온 수탁과제다. 연구소 스스로 10년 앞을 내다보고 프로젝트를 기획·추진할 수 있는 '연구소 베이스' 의 예산확보가 필요하다는 것이 전문가들의 공통된 지적이다.

　연구인력도 역피라미드 구조를 보이고 있다. 연구인력의 경우 책임급이 197명으로 선임급(78명)에 비해 두 배 이상 많다. 특히 환경공정 분야의 경우 책임급 36명에 선임급은 고작 6명이다. 인력의 역피라미드 구조가 심각한 수준이다. 부족한 인력을 대부분 파트타임이나 포스트 닥

(Post-Doc., 박사후 과정)으로 채우고 있다. 이같은 인력구조 문제가 KIST의 위상변화와 결코 무관하지 않다.

KIST는 원래 미래형 기초원천 연구수행을 목표로 설립됐다. 지금도 이같은 방향은 그대로 유지돼야 한다. 새로운 영역을 연구하면서 혁신적 원천기술과 아이디어의 공급원 역할을 함으로써 전문 출연연구소는 물론 대학 및 기업연구소와 차별화·특성화해야 한다.

최근 들어 10년 앞을 내다본 미래형 원천기술 개발의 필요성이 갈수록 높아지고 있다. 기술융합으로 복합연구 수요도 크게 늘어가고 있다. 그러나 이같은 역할을 할 수 있는 출연연구소를 찾기가 쉽지 않다. 기초과학지원연구원이 있지만 이같은 수요를 충족시키기엔 역부족이다. 대학이 이런 역할을 하는 것도 기대하기 어렵다. 바로 KIST가 최적의 조건을 갖추고 있다.

과학기술부의 한 관계자는 일본의 이화학연구소 모델을 거론한다. "만약 KIST가 기초 원천연구에 특화하겠다고 나선다면 적어도 향후 10~20년 간은 그 존재이유가 확고할 것"이라고 설명했다.

4. 글로벌시대를 준비한다, 민간기업연구소

국내 민간기업연구소 1만 개 시대가 눈앞에 다가왔다. 민간기업연구소는 2003년 1월 말 9,766개를 기록한데 이어 6월까지 1만 개를 넘어설 것으로 전망된다. 국내 민간기업연구소는 1981년 과학기술부의 인가를 받아 46개가 첫 선을 보였다. 10여 년 만에 1,000개를 넘어선데 이어 지난 2000년에는 5,000개를 돌파했다. 또다시 2년 만에 두 배 가까이 증가한 셈이다. 이는 1999년 하반기부터 불기 시작한 '벤처 열풍'에 따른 것으로 풀이된다.

한국산업기술진흥협회에 따르면, 전체 기업연구소에서 중소·벤처기업연구소가 차지하는 비중은 1998년 78.7%에서 1999년 83.4%로, 2000년에는 88.7%로, 2001년에는 다시 90.6%로 높아졌다. 2002년 7월 말에는 91.3%에 이르렀다.

민간기업연구소 1만 개 시대

　기업연구소는 한국의 R&D 및 기술발전에 나름대로의 역할을 해왔다. 그러나 양적인 성장에 비해 질적으로는 적잖은 문제를 갖고 있다.

　기업이 산기협에 연구소를 등록하면 병역특례와 세제 혜택을 받을 수 있다. 이를 노리고 연구소를 설립하는 경우가 많다. 한 중소기업 사장은 "세제 혜택도 도움이 되지만 대기업에 비해 우수한 인력을 얻기 힘든 중소·벤처기업의 입장에선 병역특례제도가 양질의 인력 확보에 큰 도움이 된다"고 말했다.

　기업연구소로 등록하려면 물적·인적 조건을 갖춰야 한다. 우선 물적 조건으로는 독립된 연구소 공간을 마련해야 한다. 인적 조건은 규모에 따라 다르다. 대기업은 전담 연구인력 10명 이상, 중소기업은 5명 이상, 창업 5년 이내의 벤처기업은 2명 이상, 창업한 지 5년이 지난 벤처기업은 5명 이상을 확보해야 한다.

　대기업 연구원을 그만두고 IT 관련 벤처기업을 창업한 어떤 사장은 "마음만 먹으면 어느 기업이나 연구소를 세울 수 있는 상황"이라며 "상당수 벤처기업들이 유지할 만한 능력도 없으면서 기획이나 마케팅 인력까지 전담 연구인력으로 등록해 연구소를 앞다퉈 설립하고 있다"고 밝혔다.

　기술을 개발하려면 정부출연 연구소, 다른 기업연구소, 대학 등과 산·학·연 협력체제를 갖춰야 한다. 이를 통해 서로에게 부족한 부분을 보완할 수 있기 때문이다. 하지만 많은 기업연구소들은 기초기술보다는 응용기술 방면에 주력, 산·학·연 협력을 외면하기 일쑤다. 특히 연구계획서를 만들고 인건비를 벌기 위해 뛰는 정부출연 연구소의 연구원들과는 더욱 다르다.

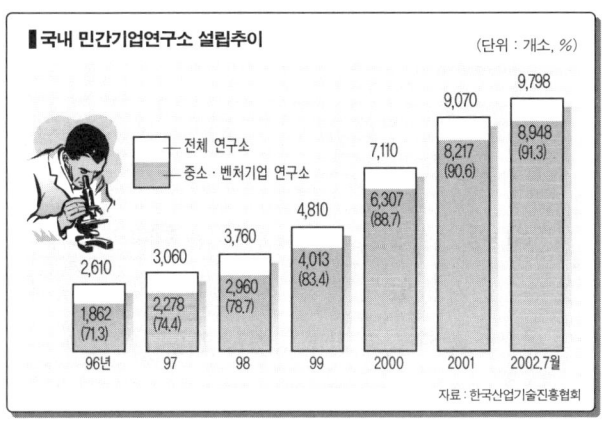

사정이 이렇다 보니 고급 두뇌들이 기업연구소를 떠나는 경우가 많다. 수원의 삼성전자 통신연구소는 IMF 관리체제 이후 1998년부터 CDMA 관련 고급인력이 대거 빠져나갔다.

삼성전자는 엔지니어 유출을 막기 위해 내부단속을 강화하는 것은 물론, 벤처기업들과 소송을 벌이기도 했다. 엔지니어들에게 퇴직 이후 1년간 동종업계에 취업하지 않겠다는 각서를 받기도 했다. 삼성전자에서 '애니콜 신화'를 만들었던 한 임원은 벤처기업 CEO로 옮기면서 삼성전자와 법정소송을 치르기도 했다.

삼성전자뿐 아니다. 대기업 연구소의 많은 우수 연구인력들이 IMF 외환위기를 전후로 벤처기업과 해외로 빠져나갔다. LG화학 기술연구원의 바이오텍 연구소장을 그만두고 2000년에 바이오 벤처기업인 크리스탈지노믹스를 창업한 조중명 사장은 "당장 눈앞의 성과에만 매달리는 대기업에서 미래기술을 연구하는 데는 한계가 있다"며 "고급두뇌들을 붙잡아두기 위해선 대기업 연구소들이 획기적인 보상 시스템을 제시하고 연구원들에게 비전을 제시해야 한다"고 강조했다.

해외 연구소로 돌파구를 찾아라

"해외 연구소를 설립, 이공계 인력난도 해결하고 글로벌화도 꾀한다."

삼성전자·현대자동차·LG전자 등이 해외에 설립한 연구소를 거점으로 R&D에 본격 나서고 있다. 이들은 현지의 고급두뇌들을 활용, 경쟁력을 끌어올리고 있다. 삼성전자는 미국·영국·중국·인도 등 10개 지역의 연구소를 활용, 나라별 장점을 활용하는 특화전략을 펼치고 있다.

영국에서는 유럽형 휴대전화와 디지털 TV 개발, 인도에서는 소프트웨어, 러시아에서는 알고리듬 등의 기술을 각각 집중적으로 연구하고 있다.

해외인력을 국내로 데려오기보다는 현지에서 직접 채용해 신기술과 신제품을 개발하는 편이 더 효율적이라는 게 회사 측 설명이다. 2003년 말까지 미국과 인도 등 연구인력 700여 명에게 1억 달러의 연구비를 지원할 예정이다.

LG전자도 미국·일본·러시아 등 8개국에 연구소를 열고 기술개발에 나서고 있다. 인도에서는 250여 명의 현지 인력으로 구성된 소프트웨어 연구소를 운영하고 있다.

현대자동차도 미국에 설립한 현지 연구소를 활용, 수출용 신차 개발을 본격화하고 있다.

SK는 중국 내 IT 시장을 선점하기 위해 중국의 후단(復旦) 대학 등과 벤처인큐베이션 센터를 설립해 기술개발 및 현지투자에 활용하고 있다. 2001년에는 솔루션과 게임 업체 등에 100만 달러를 투자했다.

중외제약은 일본의 쥬가이제약과 합작 설립한 C&C신약연구소, 미국 서북부 및 캐나다 인근의 공익연구재단인 PNRI와 합작한 CGen연구센터를 운영하고 있다.

특히 지난 2000년에 설립된 CGen연구센터는 미국의 주목받는 케모지노믹스(Chemo-genomics) 연구자인 마이클 칸 박사를 초대 소장으로 영입, 암·당뇨병 치료 신약후보 물질을 찾고 있다.

오세정 서울대 물리학과 교수는 "다른 기업이 흉내내기 힘든 핵심기술은 자체적으로 개발해 고유기술로 보유하고 그 밖의 기술분야는 전세계에서 지식 기술·인력·시설 등을 가장 효율적으로 활용할 수 있는 곳을 찾아 외부협력 방식으로 확보하는 것이 바람직하다"고 설명했다.

기업연구소장의 평균 모습

"공학을 전공한 학사 출신으로 연구개발을 수행한 경험이 있는 40대 임원."
"소장 경력 3년 미만."

한국산업기술진흥협회가 2001년 5월 대기업(70개사)과 벤처기업(463개사), 중소기업(453개사)의 연구소장들을 대상으로 실시한 설문조사 결과에 따른 연구소장의 평균적인 모습이다. 기업 규모가 작을수록 대표이사가 연구소장을 겸임하는 비율이 높았다.

대기업(4.4%)에 비해 중소기업(21.6%)과 벤처기업(33.8%)의 겸임비율이 높은 것으로 나타났다. 또 연구소장의 연령은 대기업의 경우 40~50대가 92.4%를 차지한데 비해 중소기업과 벤처기업은 30~40대가 각각 77.6%, 81.6%를 기록했다.

2년 전보다 학사가 52.5%에서 46.6%로 줄어든 반면 석·박사는 42.9%에서 46.7%로 증가했다. 또 소장 재임기간의 경우 3년 미만이 61.8%에서 72.4%로 늘었지만 5년 이상은 19.0%에서 15.0%로 줄었다.

| 인터뷰 | 민간기업연구소, 이렇게 바꾸자

오 길 록 한국전자통신연구원 원장

기업 간 R&D 클러스터(집적단지)가 형성되어야 한다. 기술 분야 및 품목별로 동질성을 지닌 10개 이상의 기업연구소를 한데 묶어 기업 간 기술정보 교류, 공통 애로기술의 발굴과 연구개발 등을 공동으로 추진하기 위한 일종의 기업 간 협의체를 구성하자는 것이다.

또 정부출연 연구기관 및 대학 등과 핵심 원천기술의 공동연구, 기술이전 등 산·연 유대를 통해 과잉 중복투자를 방지하고 기술개발의 효율성을 극대화해야 한다. 세계 표준을 만들어가는 데 기업연구소가 주도적인 역할을 담당해야 한다.

장 경 철 산업기술진흥협회 부회장

민간기업의 R&D 투자를 유인하기 위한 정부의 환경 마련이 무엇보다 중요하다. 가령 기업의 연구 및 인력개발에 대한 조세 지원을 대폭 강화할 필요가 있다. 또 연구인력의 수급불균형을 해소하기 위해 산업체를 대상으로 필요한 분야의 연구인력 수요조사를 정례적으로 실시하고, 이를 대학 및 대학원의 정원 조정에 반영할 수 있도록 자율권을 확대해야 한다.

지식재산권 제도의 국제적인 통일화가 이루어지고 있는 만큼 국제상품출원제도에 대비하고, 특히 지식재산권 분야의 분쟁에 대비한 대응 방안도 마련돼야 한다.

Interview

주우진 서울대 경영학과 교수

한국의 민간기업연구소가 한 단계 도약하려면 다국적 기술연구소를 많이 유치해야 한다. 그 방법에는 합작투자 등 여러가지가 있다. 한국은 그 동안 주요 산업 생산의 중심지 역할을 해왔지만, 앞으로 전세계적인 R&D의 중심지가 돼야 한다. 이를 위해 다국적 기업의 R&D 노하우를 적극 활용해야 한다.

우수한 이공계 인력을 외국에서도 영입할 수 있는 시스템도 만들어야 한다. 엔지니어를 존중하는 기업문화를 만들어나가는 것이 무엇보다 중요하다. 불황이 닥쳐도 엔지니어만큼은 장기적인 시각에서 투자한다는 인식을 가져야 한다. 임금을 올려주는 것도 중요하지만 이보다 장기적으로 우대해주는 문화를 조성하는 것이 가장 시급하다.

Chapter 3

이공계가 대우받는 세상

'엔지니어들이 한 우물을 파면서 평생을 한 직장에서 근무할 수 있는 사회.' 이공계 출신들이 살고 싶은 세계는 바로 이같은 모습일 것이다. 기술직이나 연구직은 천직이 되어야 한다. 그러나 우리나라의 현실은 이와는 다르다. 급여나 근무지, 수당, 승진, 보직 등에서 '찬밥' 대접을 받기 일쑤다.

1. 산업현장
— 전문가형 엔지니어를 육성하라

쓸 만한 이공계 인력이 줄어들고 있다. 석유화학·정유 등 중화학산업의 생산현장은 물론 전자·정보기술(IT) 등에서조차 고급기술을 갖고 있는 엔지니어를 구하지 못해 애태우고 있다. 대체로 우수한 공대 졸업생들은 취직보다는 유학을 꿈꾼다. 엔지니어로 취업할 경우에도 수도권 내 기업을 고집한다. 지방에 공장이 있는 제조업체는 '기피 영순위'다.

화학업체인 A사. 지난 1999년 플라스틱 사업본부에 배치된 70명 중 1명만이 3년째 근무하고 있다. 2002년 초 원료사업부에 발령받은 엔지니어 5명 중 4명은 공장에서 일하다가 몇 개월 만에 사표를 냈다. 잦은 교대 근무로 일하기 힘든 데다 비전도 없다는 것이 공통된 이직 사유였다.

조선업체인 B사도 현장에 당장 투입할 만한 엔지니어를 찾지 못해 고심하고 있다. 극심한 공장 근무 기피현상으로 수도권 대학 출신 엔지니어들이 잇따라 그만둔 뒤, 최근에는 인근지역 대학 졸업자가 전체 신입사원의 80%를 차지하고 있다.

인사담당 관계자는 "조선업에 대한 인기가 예전보다 하락하면서 대졸 신입사원의 수준도 갈수록 떨어지고 있다"며 "이같은 현상이 지속된다면 우리나라가 조선업계 1위를 고수하기 힘들 것"이라고 우려했다.

우량 정유업체인 C사조차 엔지니어들의 수도권 선호 경향에 따라 인력난에 시달리고 있다. 지난 1998년 초 채용한 엔지니어 가운데 공장에 배치된 23명 중 10명이 그만뒀다. 일부는 지방에서 '탈출'하기 위해 보험사에 생활설계사로 입사했다.

젊은이들로부터 인기를 모으고 있는 IT 분야 또한 인력난에서 예외가 아니다. 대전시 대덕구 데이콤종합연구소의 경우 지난 1999년 217명에 이르렀던 연구원이 2002년 상반기 현재 80명으로 줄었다. 포털 업체인 NHN은 대졸 신입사원을 재교육하기 위해 연간 매출의 1% 수준인 5억원을 투입하고 있다. NHN의 김영호 최고운영책임자(COO)는 "최소한 2년 정도는 가르쳐야 쓸 수 있다"고 털어놓았다.

벤처기업도 인력난으로 몸살을 앓고 있다. 전자부품을 생산하는 벤처기업 코아텍의 경우 대전 대덕 본사엔 생산부문만을 남겨두고 연구 등 다른 기능은 분당으로 옮겼다. 코아텍 관계자는 "KAIST 출신들은 대부분 수도권 대기업을 선호하고 있다"고 설명했다.

반도체장비 벤처기업인 블루코드테크놀러지 관계자는 "2001년 어렵게 4명을 뽑았는데 1명만 남고 모두 그만뒀다"고 밝혔다.

외국계 연구소일지라도 별반 다를 게 없다. 한국산업기술진흥협회가 55개 주한 외국기업연구소를 대상으로 조사한 결과를 보면, 전체의 41.8%가 기술개발에서 가장 큰 애로점이 "우수 연구원 확보"라고 응답했다. 자금 조달이나 예산 확보는 각각 10.9%에 불과했다.

김태완 삼성종합기술원 전문연구원은 "해마다 많은 공대생이 배출되지만 정작 쓸 만한 인재는 드물다"며 "첨단분야에서 일할 수 있는 창조적인 사고능력을 갖춘 엔지니어는 찾아보기 힘들다"고 말했다.

지방근무 기피로 홍역 앓는 산업계

연구원과 엔지니어들의 지방근무 기피현상으로 제조업체마다 홍역을 앓고 있다.

현대자동차 경영진은 2000년 인수한 기아자동차의 연구인력 수준이 당초 예상보다 뛰어난 것에 놀랐다. 즉각 이유 분석에 들어갔다. 결과는 간단했다. 기아자동차 연구소가 서울에서 가까운 경기도 소하리에 있는데 비해 현대차의 주력 연구소는 울산에 있기 때문이었다. 문화생활과 자녀 교육 등을 위해 수입 등에서 다소 불이익이 있더라도 서울이나 수도권에 살고 싶어하는 연구원이 많았던 것이다.

이에 따라 현대차는 기아자동차와 R&D 부문을 통합하면서 울산연구소 인력의 3분의 2 정도를 지난 1996년 설립된 경기도 화성군 남양종합기술연구소로 옮겼다. 이로써 1984년 설립된 울산연구소는 경차와 소형차 연구를 맡게 됐다. 이에 비해 남양연구소는 중·대형차를 연구 개발하는 주력 연구소로서 그 위상이 높아졌다.

상장 화학업체인 A사는 2001년, 수도권 건물 총량규제 등으로 경기도에 있는 공장 설비의 증설이 어려워지자 충남으로 옮기는 방안을 한때 검토했다. 이 경우 공장 옆에 있는 연구소의 이전도 불가피했다. 그러나 충남지역으로 연구소가 이전하면 우수인력을 뽑기가 어렵다는 지적에 따라 이를 백지화했다. 이 회사는 사상 최초로 2002년 대졸 신입사원을 경영지원직·영업직·기술직·연구개발직·상품기획직으로 구분해 선발했다. 종전까지는 이공계와 인문계로 구분해 뽑았다. 대외적인 명분은 직군별로 관리해 전문성을 키워준다는 것. 실질적인 이유는 지방 공장에서 근무할 엔지니어를 안정적으로 확보하자는 것이었다. 그러나 이같은 전략은 성공하지 못했다. 엔지니어가 되는 조건으로 선발된 기술직 5명은 당초 약속을 지키지 않겠다고 버텼다. 결국 회사 측은 3명을 연구직으로 바꿔주고 말았다.

포스코 인사담당자들도 신입사원과 면담할 때마다 똑같은 질문을 받는다. "기술계도 서울에서 근무할 수 있습니까?"

포스코는 입사한 뒤 포항이나 광양으로 발령받은 신입사원 중 상당수가 서울 근무를 요청함에 따라 2002년부터 입사 지원을 받을 때 근무지역을 미리 적어내도록 채용제도를 바꿔버렸다. B화학 관계자는 "최근 입사한 대졸 신입사원 중 대구와 부산에서 대학을 졸업한 사람조차 서울 근무를 희망했다"며 "지방으로 발령이 나면 그만두기 일쑤"라고 전했다.

지방근무를 기피하는 원인으로는 자기계발 기회가 부족하고 여건이 나쁘다는 점을 꼽을 수 있다. 원하는 대학원이나 학원에 다니기가 힘들고 변리사나 MBA 관련 정보나 자료를 얻기도 쉽지 않다는 것이다.

본사와 공장 간의 순환근무제도가 현실적으로 지켜지지 않는 것도 문제다. 장기간의 공장 근무 생활에 염증을 느낀 엔지니어들은 수도권 전자업체로의 이직이나 변리사 등 자격증 취득을 통해 산업현장에서 '탈출'하고 있다.

기간산업, 인력수급 비상

산업연구원이 내놓은 '전공별 인력수급 전망'에 따르면 2002년 에너지·자원·원자력을 제외한 모든 분야에서 이공계 출신의 공급이 수요를 넘어서고 있다. 그런데도 정작 산업계에서는 필요한 인력을 확보하지 못해 어려움을 겪고 있다.

최근 인기를 끌고 있는 정보·통신·컴퓨터 분야에서도 공급(전문대졸업자 포함)이 7만 4,000명으로 수요보다 9배나 많다. 그러나 고급두뇌는 오히려 크게 부족한 것으로 나타났다. 정보통신정책연구원의 조사결과, IT 분야에서는 석·박사급을 포함, 3만 3,000명이 모자랄 것으로 전망됐다. '풍요 속의 빈곤' 현상이 일어나고 있는 것이다.

문제는 이공계인력 수급이 앞으로 어떻게 될 것이냐는 점이다. 이공계 기피현상 등에 따라 5년 안에 거의 모든 산업에서 인력부족 현상이 발생할 것이라는 전망이다. 양적인 면에서는 전부문에 걸쳐 공급이 수요를 초과하고 있으나 질적인 면에서는 필요한 인력이 항상 부족한 '미스매치(mismatch)' 현상이 심해지고 있다. 2001년 이공계 대학졸업생은 8만 5,000명. 이 가운데 취업자는 절반에 불과하다. 그런데도 산업현장에선 엔지니어가 모자라고 있다. 한국산업단지공단이 2002년 전국 주요 국가산업단지에 입주해 있는 2,000개 회사를 대상으로 조사한 결과, 3만 3,000여 명의 기술인력(기능직 제외)이 부족한 것으로 나타났다.

직종별로는 생산기술직이 현재 인력보다 33.5%, 전문기술직과 연구직은 각각 25.6%와 9.7%의 인력이 더 필요한 것으로 조사됐다. 업종별로는 기계 6.1%, 섬유·의복 4.2%, 전기·전자 3.7%, 음·식료 3.5% 등으로 나타났다. 특히 중소기업들은 쓸 만한 전문기술직을 좀처럼 구하기 어려운 상황이다. 중소기업청에 따르면 2001년 말 현재 중소기업들에 부족한 전문직은 3,000명, 기술직은 6,300명에 달하고 있다.

산업자원부가 2010년까지 기계·자동차·조선·섬유·철강·화학·반도체·전자·에너지 등 7개 산업의 기술인력수급을 전망한 결과, 2006년 이후에는 질적 수준은 말할 것도 없고 절대적인 수치에서도 연 1만 8,000명 이상 부족할 것으로 나타났다. 기계·자동차 분야에서는 학사급 인력만 연 1만 명가량 모자라고 석·박사급도 각각 1,600명, 300명가량 부족할 것으로 조사됐다.

반도체·전자분야는 고급기술인력의 부족이 가장 심각할 것으로 전망됐다. 학사급 인력은 수요에 비해 공급이 많지만 석·박사급은 연 5,600명이나 모자랄 것으로 추정됐다. 박사급 인력은 전체 업종에 걸쳐 부족할 전망이다.

산업자원부 관계자는 "주력 기간산업의 혁신은 무엇보다 세계적 수준의 산업기술인력 확보여부가 관건"이라며 "주력산업 관련학과에 대한 기피현상에 대응하지 않으면 세계 일류 산업강국을 목표로 하는 2010년 산업발전비전 달성은 불가능하다"고 말했다. 미래유망 신기술분야인 IT·BT(바이오기술)·NT(나노기술)·ST(항공우주기술)·ET(환경기술)·CT(콘텐츠기술) 등 '6T'에서는 이미 인력이 크게 부족한 상황이다.

과학기술부가 산업계 수요조사를 바탕으로 2006년까지 신기술 분야별 인력수급을 추정한 결과, 6T 분야에서 학사 이상의 인력이 모두 20만 8,000명가량 부족할 것으로 나타났다. 특히 전산업에 걸쳐 인력수요가 증가하고 있는 IT 분야에서는 15만 6,000명이 부족할 것으로 추정됐다.

1960년대 이후 우리나라에서는 일반적인 기술·기능 중심의 현장 인력이 대거 양성돼 고도경제성장에 기여해왔다. 그러나 1980년대 중반

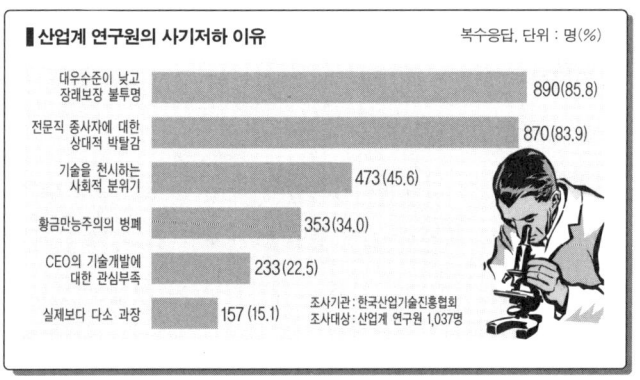

이후 산업구조의 발전과 노동시장 구조의 변화, 개인의 직업능력 개발 욕구를 수용하지 못해 산업현장과 기술인력들이 유리되는 상황이 벌어지기 시작했다.

급변하는 시장환경에 대응하는 정부의 기술인력 정책이 미흡하고, 대학 등의 기술교육이 산업현장의 수요와 동떨어진 채 이뤄지면서 양적·질적인 수급의 불균형이 심화됐다는 설명이다. 기업들도 대학 등 교육기관과의 연계노력이 부족했고, 시장상황 변화에 따른 인력양성과 관리를 소홀히 해 필요한 인력 수요에 적절히 대처하지 못했다는 지적을 받고 있다.

퇴출 영순위, 비전 없는 기술직

산업현장에서 쓸 만한 엔지니어가 줄어드는 이유는 무엇일까? 우선 장기간 근무해본들 별 볼일 없다는 인식이 확산됐기 때문이다. 지난 IMF 외환위기 당시 R&D 부문 인력이 우선적으로 감원됐다. 현재도 경기가 나빠지면 또다시 해고될지 모른다는 인식이 엔지니어 사이에 팽배해 있다. 이같은 '학습효과' 때문에 사장이나 공장장이 되고 싶다는 엔지니어를 찾기가 결코 쉽지 않다.

더구나 화학·정유 등 기간산업의 경우 성숙기에 접어들면서 엔지니어가 임원으로 승진할 가능성도 낮아지고 있다. 종합기계업체 A사의 K대리는 "기능직 직원들은 정년까지 근무가 보장된 반면, 엔지니어들은 정년까지 일하기는커녕 부장되기조차 어렵다"고 털어놓았다.

S대 조선공학과 출신으로 2001년 조선업체인 B사에 입사한 P씨는 "기술인력이나 연구인력으로 계속 커나가더라도 최고경영자가 된다는 비전을 갖기 힘들다"며 "병역특례기간이 끝나는 대로 해외 유명대학에서 경영학을 공부하겠다"고 말했다.

둘째는 업무 부담이 크다는 점이다. IMF 외환위기 후 3~4년 간 사원 채용이 사실상 중단되면서 인력구조가 다이아몬드나 역삼각형으로 바뀌고 있다. 정유업체 C사 공장의 경우 대졸 엔지니어 220명 중 부장급이 50명인데 비해 대리 및 사원은 30명이다. 나머지 140명은 차·과장급이다. H대리는 입사한 지 4년 6개월이 지나도록 직속 후배가 들어오지 않아 '막내' 역할을 하고 있다.

건설회사도 사정은 비슷하다. D건설 토목현장의 기술직 사원 수가 10명이라면 평균적으로 부장 2명, 차장 3명, 과장 3명, 대리 1명, 사원 1명 등으로 구성된다. IMF 외환위기 이전만 해도 사원과 대리가 전체의 절반을 차지했다. 이젠 과장이 작업일보를 써서 발주처 감독에게 보고하고 복사 등 잡무까지 맡고 있다.

이에 따라 고령화 현상이 나타나고 있다. 포스코 대졸사원의 평균연령은 지난 1991년 34.3세에서 2001년 40.3세로 10년 간 6세가량 높아졌다. 두산중공업 대졸 기술직 사원들의 평균연령도 지난 1991년 34.9세에서 20001년 37.1세로 상승했다.

셋째 상대적 박탈감을 꼽을 수 있다. 공장에서 일하는 중견 엔지니어들의 상당수는 고졸 기능직 사원과 자신들을 비교할 때 상대적 빈곤감을 느끼고 있다. 책임과 의무만 있을 뿐 보상과 권한은 없다는 것이다. 입사한 지 17년에 이른 E사 생산팀장의 연수입은 기능직 사원과 계장, 대리 등으로 구성된 팀원 60명 중 중간 수준에 불과하다. 노동조합에 가입된 기능직 직원은 시간외수당·심야수당 등 각종 수당을 받을 수 있지만 엔지니어들은 밤늦게까지 일하거나 휴일에 출근하더라도 수당을 받지 못하기 때문이다. 포스코의 한 공장장은 "공장장보다 수입이 더 많은 기능직 사원도 상당수 있다"고 설명했다. F자동차 K상무는 "다른 전문직과는 비교하는 것조차 의미가 없을 정도로 수입에서 차이가 난다고 느끼고 있다. 진로를 잘못 선택했다고 느끼는 엔지니어들이 너무 많다"고 말했다.

넷째는 지방근무다. 서울을 중심으로 하는 한국적 풍토에서 지방근무 문제를 빼놓을 수 없다. G화학 L부장은 "공장이 주로 지방에 있기 때문에 자녀들이 어느 정도 성장하면 교육 때문에 별거하는 엔지니어들이 많다"고 전했다.

전문가형 엔지니어를 육성하라

'엔지니어들이 한 우물을 파면서 평생을 한 직장에서 근무할 수 있는 사회.'

이공계 출신들이 살고 싶은 세계는 바로 이같은 모습일 것이다. 기술직이나 연구직은 천직이 되어야 한다. 그러나 우리나라의 현실은 이와는 다르다. 인문계보다 취업은 상대적으로 덜 어렵다지만 급여나 근무지 수당, 승진, 보직 등에서 '찬밥' 대접을 받기 일쑤다.

기업에서 연구원으로 정년까지 일하기란 하늘의 별따기다. 이공계 출신에 대한 사회적인 편견도 여전하다. 엔지니어가 평생 할 만한 직업이 되지 않고는 이공계 기피현상도 결코 해결될 수 없다.

쓸 만한 엔지니어를 확보하려면 어떻게 해야 할까?

우선 전문가형 엔지니어를 키우는 시스템을 만들어야 한다. 대부분의 제조업체에서 40대 엔지니어는 관리자 업무를 맡게 된다. 이 때문에 기술 축적은 멈추게 된다. A자동차의 한 상무는 "입사 10년 정도 된 과장급 엔지니어가 실무에 가장 밝다"며 "부장급 이상으로 승진하면 현장에서 자연히 멀어지게 된다"고 말했다. 정년 이후까지도 현장에서 뛸 수 있는 선진국 제조업체의 사례는 꿈같은 얘기일 뿐이다.

기술직은 사무직에 비해 프로젝트 해결건수 등으로 능력을 평가받기가 쉽다. 장기간 잘 해오더라도 한 번만 실수하면 승진 누락 등 엄청난 불이익을 받기 쉽다.

적성과 희망, 능력 등을 감안해 엔지니어를 관리자와 전문가로 구분, 육성하는 게 바람직하다. 전문가형 엔지니어의 경우 제역할을 수행하면 최소한 정년까지는 일할 수 있도록 보장하는 것이 시급하다. 이를 위해 엔지니어에게 선임위원·수석위원·전문위원 등의 차별화된 직책을 부여할 필요가 있다. 과장 첫 호봉까지는 관리자형과 전문가형 엔지니어를 같이 대우한 뒤 실적에 따라 보상하면 된다.

엔지니어들의 능력을 키워주는 것도 중요하다. 대기업을 제외하고는 엔지니어를 위한 교육 프로그램을 운영하는 곳은 찾아보기 힘들다. 그나마 특정 직무를 맡기기 위해 사내외 교육을 시키거나 생산성 또는 품질, 경영혁신 등 전사적인 필요에 의해 운영되는 경우가 대부분이다. 이 때문에 공장에서 근무하는 엔지니어들은 대부분 자기계발에 어려움을 겪고 있다. 유능한 엔지니어에 대해 해외기술 연수, MBA 취득 등을 지원해줘야 한다. 직위와 경력에 맞는 다양한 교육 프로그램을 만들어 시행할 필요가 있다. 회사가 요구하는 기술 개발이나 수익성 제고에 기여한 정도에 따라 자격증을 등급화한 뒤 승진과정 등에서 혜택을 줄 수도 있다.

공대 교수를 채용할 때 현장 경험이 있는 박사학위 취득자를 우대하는 방안도 도입돼야 한다. 이같은 점에서 우리나라도 '산업 석·박사과정'을 개설할 필요가 있다. 이미 유럽과 일본에서는 연구 위주의 학위과정과 논문박사제도가 시행되고 있다. 이 과정은 일정 기간 기업체에서 일한 엔지니어가 산업현장의 문제를 대학에서 심층적으로 연구한 뒤 그 결과를 논문으로 제출, 학위를 취득할 수 있도록 하는 제도다. 한국공학한림원은 이 제도를 활용할 경우 현실 적응능력을 갖춘 고급 엔지니어를 양성할 수 있으며 산·학 협동도 활성화될 수 있다고 분석하고 있다.

엔지니어에 대한 인센티브도 확대해야 한다. 기능직 사원들은 잔업을 할 경우 수당을 받지만 엔지니어들은 관리자라는 이유로 시간외수당을 받지 못한다. 품질이나 안전, 공해문제 등이 발생하면 먼저 문책을 받게 된다. 엔지니어가 직무 중 개발한 지적 재산권에 대한 보상부터 강화해야 한다. 연구수당이나 공장근무수당, 성과급 등으로 받는 금액에 대해 세제 혜택을 주고, 장기 근속한 엔지니어에 대해 공무원 수준의 연금을 주는 방안도 검토할 필요가 있다. 엔지니어 등 과학기술인의 복리 증진을 위해 '과학기술인 공제회'를 설립하는 것도 한 가지 방안이다.

더불어 근무의욕을 제고할 수 있는 제도를 마련해야 한다. 철강·화학·정유업체의 공장은 대부분 해안에 있다. A사의 경우 규정상 공장에서 2년 간 근무하면 본사에 올라갈 수 있다. 그러나 이같은 원칙은 무시되기 일쑤다. 효율적인 인사관리를 통해 공장과 본사 엔지니어 간의 순환근무를 보장함으로써 사기를 높여주는 것이 중요하다. 수도권에 연구소를 설립한 뒤 일정 기간 공장에서 근무한 엔지니어를 발령낼 수도 있다.

주력 기간산업에 취업하기로 약속한 고교생과 공대생들에게 장학금을 지급하는 방안도 추진할 만하다. 화학·철강 등 업종단체와 기업·정부가 분담해 장학기금을 조성하면 된다.

공대 교육의 혁신이 절실히 요구된다. 현장맞춤형 석·박사급 인력을 양성하기 위해 프로젝트 수행 결과로 학위논문을 대체하는 전문대학원을 신설해야 한다. 공대 교과과정을 산업 수요에 맞게 개편하는 것도 시급하다. 이와 관련, 주요 산업별로 공대에서 반드시 가르쳐야 할 과목을 매년 발표하는 것도 시급하다.

기술인력 기반 강화도 중요하다. 러시아 및 동구권 국가, 일본, 독일 등에서 산업기술인력이나 퇴직기술자를 초청, 기업연구소나 중소 벤처기업에서 활용하는 사업을 활성화해야 한다.

시장을 읽을 수 있는 신(新) 기술인력

기술변화가 빨라지고 소비자 욕구가 급속히 변화하면서 기업들의 연구개발 인력 요구가 달라지고 있다. 특히 기술이 급속도로 변화하는 첨단업체들에게는 시장 상황이 절대적으로 영향을 미친다.

미국의 윌리엄 밀러(William Miller) 박사는 이같은 최근의 경향을 고객

요구와 기술적 역량이 동시에 고려돼야 하는 '테크놀로지 마케팅' 시대라고 정의하고 있다. 1980년대에만 해도 세계경제에서 공급이 수요를 못따라갔으나 1990년대에 들어서는 그 패턴이 완전히 뒤바뀌었다.

자동화가 이뤄지고 생산성이 증가하면서 공급이 수요를 앞지른 상황이다. 이제 기업 스스로 수요를 창출하려면 소비자들의 잠재적인 기호와 욕구를 잘 알아야 하는 시대가 도래한 것이다. 인텔에서 18년 간 R&D 담당을 맡았던 밀러 박사는 "대부분의 기업 마케팅 조직은 시장에서 현재의 시장수요와 매출에 관심을 가지고 있을 뿐, 5~10년 뒤의 수요를 파악하는 데 관심이 없다"고 지적한다. 그는 첨단기술과 신제품 개발은 갈수록 연구기간이 길어지는 만큼 개발 성과가 나올 때 시장수요와 맞아떨어져야 한다고 강조한다. 시장을 예측하지 못하면 엄청난 위험부담이 따를 수밖에 없다는 것이다. 이에 따라 시장수요를 잘 아는 기술인력이 기업에서 절대적으로 필요하다는 논리다.

국내 첨단분야에서도 이같은 기술인력을 요구하고 있다. 특히 바이오와 IT 분야에서는 기술인력 확보가 절체절명의 과제라고 인식하고 있다. 전문가들은 이 분야가 바로 정부나 대학이 해야 할 일이라고 지적한다. 국내 벤처기업의 인력담당 관계자는 "마케팅을 잘 아는 기술자를 키우려면 기업체에서 몇 년 간 공을 들여야 한다"면서 "대학과 산·학 연계를 통해 이같은 교육을 강화하면 기업체에 도움이 될 것으로 본다"고 밝혔다.

인재육성, 기업이 나선다

국내 일류기업들은 엔지니어 등 이공계 인력의 능력 향상을 위해 각종 교육 프로그램을 운영하고 있다.

삼성SDI는 신입 기술개발 인력을 대상으로 1년 과정의 '조기 정착 프로그램'을 1999년부터 운영하고 있다. 이 프로그램은 기술보고서 작성법과 특허검색법, 연구프로젝트 관리법 등으로 구성된다. 특히 실험을 통해 수집된 데이터를 분석하고 활용하는 능력을 배양하기 위해 6시그마 통계교육에 중점을 두고 있다. 학교에서 배운 내용을 현장에 접목할 수 있는 능력을 키울 수 있도록 해당 분야에서 5년 이상 연구경력을 가진 간부들이 기술을 직접 가르친다.

선배 엔지니어가 신입 엔지니어를 맡아 관리해주는 멘터(mentor) 제도도 지난 1999년부터 운영하고 있다. 엔지니어들은 각자 '자기계발 프로그램'을 작성, 부서장의 결재를 거쳐 교육을 받게 된다. 이 프로그램은 프로젝트 리더십 교육과 해당 관심분야의 직무교육, 어학교육 등으로 구성된다.

과거 집합식 사내교육에서 탈피, 다양한 관심 영역에서 자기계발 프로그램을 짤 수 있는 데다 사이버교육 수강료와 강사 초빙료 등을 회사로부터 지원받을 수도 있다.

삼성SDI는 매년 10명의 학사 및 석사 인력을 포항공대와 KAIST 등 국내 대학을 비롯, 일본·미국 등의 유명대학에 파견하는 '학술연수제도'를 실시하고 있다.

석·박사과정의 경우 각각 2년과 4년에 걸쳐 해당분야에서 전문지식을 습득할 수 있다. 앞으로 1년 간 국내외 대학 및 연구기관에 파견하는 '방문연구제도'를 신설, 재교육 기회도 제공할 방침이다.

LG칼텍스정유는 기술직 사원들이 경영관리자가 되는 데 가장 필요한 요소가 사람과 조직을 관리하는 능력으로 보고, 이 부분을 보완하는 데 주력하고 있다.

 LG칼텍스정유의 여수공장은 2002년 4월, 전남대와 함께 HR(Human Resource) MBA 과정을 마련했다. 현장의 관리자들이 대부분 엔지니어 출신인 것을 감안, 사람과 조직에 대한 전반적인 이해와 지식을 키워주자는 판단에 따른 것이었다. 총 100시간에 걸쳐 매주 토요일에 4시간씩 집중적으로 교육시키고 있다.

 교육과목은 조직전략 및 조직행동 이해, 인사관리, 조직구조 및 과정이해, 노사관계관리 등이다. 국내외 유명교수들이 공장에서 강의를 맡고 있다. 김종천 공무부문 부팀장은 "평소 관심이 있거나 업무상 필요하다고 느꼈지만 너무 바빠 제대로 접하지 못했던 내용을 손쉽게 이해하고 있다"고 말했다. 그는 "현장과 밀접하게 관련된 과목이 많아 관리자로서 조직을 이끌어가는 데 큰 보탬이 될 것"이라고 밝혔다.

 LG칼텍스정유는 엔지니어가 각자의 직무기술을 경영이나 기술과 접목할 수 있도록 2003년 중 테크노 MBA 과정을 도입할 방침이다. 테크노 MBA 과정은 계량의사결정, 생산 및 설비관리, 프로젝트 관리, 과학적 관리기법 등을 중심으로 구성될 예정이다. 이 과정이 도입되면 엔지니어가 이공계 출신의 약점을 극복하여 전문기술과 관리기술, 그리고 사람과 조직의 관리능력 강화라는 3박자를 갖춤으로써 명실공히 경영자로서 성장하는 데 손색이 없을 것으로 기대하고 있다.

 LG전자의 경우 대졸 출신 엔지니어가 입사하면 5년 내에 인텐시브 테크노(Intensive Techno) 과정과 전문가 기술 교육과정, 6시그마 등의 교육 프로그램을 이수해야 한다. 매년 10여 명의 엔지니어나 연구원을 2년 코스인 테크노 MBA 과정에 연수를 보내고 있다. 이와 함께 벤치마킹 연수와 해외 파견 학위과정, 우수사원 해외법인 연수, 해외 전자쇼 참관, 해외 세미나 및 학술대회 참가 등의 기회를 가질 수 있도록 지원하고 있다. 본사를 비롯해 각 사업부별로 관련 대학들과의 다양한 산·학 연계 학습 협약을 체결, 모든 종류의 학위를 취득할 수 있도록 지원한다는 목표를 갖고 있다.

필요한 엔지니어, 해외에서 찾는다

삼성전자, LG화학, 현대자동차 등 대기업은 물론 중견 벤처기업들까지도 외국으로부터 이공계 인력유치에 발벗고 나섰다. 이는 국내에서 쓸 만한 이공계 인력을 구하기가 갈수록 어려워지고 있는 데 따른 것으로 풀이된다. 삼성전자 시스템LSI 사업부의 임형규 사장은 절대적으로 부족한 소프트웨어 개발인력을 확보하기 위해 미국·일본·러시아 등지를 돌며 2002년에만 20여 명의 외국인 박사급 연구인력을 영입했다. 시스템LSI 사업부는 오는 2007년까지 전체 연구인력 5,000명의 25~30%를 해외에서 영입한다는 계획을 갖고 있다.

LG화학 기술연구원의 여종기 원장(사장)도 2002년 5월, 미국으로 '리크루트 투어'에 나서 재미 한국인을 포함해 16명의 박사급 인력을 확보했다. 여 원장은 "LG화학 기술연구원은 매년 박사급 연구인력만 50명 정도를 확보해야 하는데, 양질의 인력을 구하기가 쉽지 않아 직접 해외로 뛰고 있다"고 설명했다. 그는 인재 확보를 위해 1년에 한 달 이상을 해외에서 보낸다.

현대자동차의 김동진 사장도 2002년 6월 20일부터 보름 간 콜럼비아대, 미시간대 등을 돌며 채용상담을 벌여 1차로 100명의 석·박사 인력을 선발했다. 채용분야는 기계·전기·전자·금속·재료·화공 등 이공계가 대부분이었으며 100명 모집에 1,000명 이상이 몰렸다.

포스코도 지난 2000년부터 신규채용 인력의 30%를 해외 출신으로 채우고 있다. 삼성종합기술원도 전체 연구인력의 5%선인 외국인 비중을 2005년까지 10%선으로 늘린다는 계획이다. 삼성종합기술원에는 이미 전자·전기·반도체 등 핵심분야에서 40여 명의 미국·인도·러시아 출신 박사급 연구원들이 활약하고 있다.

삼성은 특히 그룹 차원에서 CEO를 비롯해 IRO(International Recruiting Officer, 국제채용담당임원)까지 나서 해외인력 확보에 열을 올리고 있다. 현지 연구개발 인력을 최대한 활용하기 위한 해외 연구소 설립도 활발하게 진행되고 있다. 삼성전자는 유럽·인도 등지에 각각 통신, 멀티미디어, 소프트웨어 분야에 특화된 연구소를 운영하고 있으며 LG전자도 미국·아일랜드·이스라엘 등지에 연구소를 설립, 운영 중이다.

벤처기업들도 해외 연구인력 확보에 관심을 쏟고 있다. 셋톱박스 업체인 휴맥스는 2000년부터 헤드헌팅 업체를 통해 해외인력을 채용하기 시작, 현재 5명의 연구인력을 확보한 상태다. 휴맥스는 앞으로도 수시로 필요한 연구인력을 해외에서 영입할 방침이다.

이공계 기피현상 등으로 인해 국내에서 쓸 만한 이공계 인력을 확보하기가 어려워짐에 따라 산업계의 해외인력 선발은 크게 늘어날 전망이다.

신입사원 교육비 연 2조 8,000억 원

대기업들이 신입사원 교육을 위해 투입하는 비용은 연간 50억~70억 원에 이른다. LG전자는 신입사원을 대상으로 평균 6주 간 교육을 실시한 다음 이공계 인력만을 따로 모아 또다시 3주일 동안 교육을 시킨다. LG전자 측은 신입사원 1인당 교육비용이 평균 200만 원에 이른다고 밝혔다. 이공계의 경우 3주에 걸친 추가 교육에 100만~150만 원이 더 들어간다. 따라서 2002년 한 해 신입사원(2,700명)에 투입되는 교육비는 줄잡아 60억 원을 넘어선다.

삼성전자도 사정은 비슷하다. 삼성전자는 신입사원들을 4주 동안 조직 구성원으로서의 소양을 가르치고 팀워크를 배양하는 그룹 입문교육에 보낸다. 이어 2주일에 걸쳐 디지털 컨버전스(digital convergence) 등 전자분야 입문교육과 사업부별 교육을 실시한다. 신입사원들을 대상으로 한 기초교육은 두 달에 걸쳐 이뤄진다. 하지만 이공계 인력에 대해선 짧게는 3~4주, 길게는 2~3개월에 걸쳐 추가로 기술입문 교육을 시킨다. 신입사원 1인당 교육비는 260만~300만 원(이공계 포함한 평균)에 이른다고 회사 측은 설명하고 있다.

전국경제인연합회는 2001년 말 '산업기술인력 현황과 과제'란 보고서에서 "삼성전자의 경우 2000년에 대졸 신입사원 2,500명을 3개월 간 교육시키는 데 70억 원을 투입했으며, SK텔레콤은 신입사원을 3개월 간 교육시키는 데 1인당 평균 1,000만 원을 투입했다"고 밝혔다. 전경련은 "국내에서 채용하는 기술인력 7만여 명에게 삼성과 LG 수준의 교육비를 투입할 경우 기업의 신입사원 재교육비는 연간 2조 8,000억 원에 이를 것이다"고 추정했다.

이같은 재계의 주장에 반론이 없는 것은 아니다. 산업계가 현장에서 인력을 활용하기 위해 투입하는 교육비는 마땅히 자체적으로 부담해야 한다는 것이다. 그러나 기업이 산업전반에 적용되는 부분까지 다시 교육시켜야 하는 것은 심각한 문제임에 틀림없다. 이공계 출신에 대한 재교육 부담이 결국 해외인력 확보를 부추기는 요인이 되고 있는 것이다.

2. 최고경영자(CEO)
— 잘 나가는 기업에는 테크노 CEO가 있다

한국상장회사협의회가 2002년 669개 상장회사 CEO 930명을 대상으로 조사한 결과, 이공계 출신은 전체의 25.1%인 233명에 이르렀다. 이는 전년의 24.3%에 비해 소폭 늘어난 것이다. 이에 따라 지난 2000년의 23.2%에서 3년 연속 증가했다.

삼성·LG·SK 등에서는 이공계 CEO들의 활약이 두드러지고 있다. 삼성은 45명의 회장·사장단 가운데 40%인 18명이 이공계 출신이다. 특히 삼성전자의 경우 사장단 9명 중 6명이 공학을 전공했다.

윤종용 부회장을 비롯해 이윤우 사장(반도체), 임형규 사장(시스템LSI사업부), 이상완 사장(AM·LCD사업부) 등이 전자공학과 출신이고 이기태 사장(정보통신)과 황창규 사장(메모리사업부)은 전기공학과를 나왔다. 삼성전자는 1969년 창립 이래 30여 명의 역대 사장급 이상 최고임원 중 약 70%가 이공계 출신이다. 역대 회장, 부회장단 3명(강진구·김광호·윤종용)은 모두 전자공학과 출신이다.

삼성SDI는 역대 CEO 13명 중 11명, 삼성종합화학은 5명 중 3명이 이 공계 출신이다. 삼성석유화학도 설립 이래 지금까지 9명의 CEO 중 3명이 화학공학과와 기계공학을 전공했다. 삼성 관계자는 "다른 그룹에 비해 이공계 출신들을 중용해온 것이 오늘날 삼성을 있게 해준 원동력이 됐다"고 설명했다. 반도체 등의 분야에서 세계적인 경쟁력을 확보할 수 있었던 것도 바로 기술인력 중시경영에 힘입은 것이라는 설명이다.

상장사 CEO 이공계 출신 25%

LG그룹도 이공계 출신 CEO들이 여러 분야에서 두드러진 활약을 하고 있다. 전체 45개 계열사 가운데 44%인 20개 회사의 CEO가 이공계 출신이다. LG는 특히 모회사인 락희화학공업(현 LG화학)의 영향으로 화학공학 전공자들이 두각을 나타내고 있다.

이공계 출신 CEO 가운데 8명이 화학공학과를 졸업했다. 화학·에너지부문 지주사인 LG석유화학 성재갑 회장을 비롯해 LG화학 노기호 사장, LG석유화학 김반석 사장, LG생명과학 양흥준 사장, LG실트론 정두호 사장, LG칼텍스정유 허동수 회장 등이 그 대표적 사례다. LG홈쇼핑의 최영재 사장과 LG MRO의 이견 사장도 화학공학과 출신으로 LG화학에 몸담고 있다가 현직으로 옮겼다.

주력사인 LG화학은 지난 1989년 제7대 최근선 사장이 들어서면서부터 줄곧 화학공학과 출신들이 대표이사를 맡고 있다. 최 사장에 이어 성재갑 사장이 1994년부터 사령탑을 맡았고 현 CEO인 노기호 사장이 지난 2000년 대표에 올랐다. LG석유화학은 아예 역대 4명의 사장이 모두 화학공학과 출신들로 채워졌다. 미국으로부터 기술을 도입하고 본격적인 사업에 나섰던 지난 1989년에 성재갑 사장이 부임한 이래 이정호 사장, 노기호 사장, 현 김반석 사장에 이르기까지 모두 화학공학을 전공했다.

SK는 조정남 SK텔레콤 부회장을 비롯, 6명의 이공계 출신이 CEO로 뛰고 있다. SK케미칼은 창업주인 고 최종건 회장이 기계과 출신이며, 제2대 사장인 고 최종현 회장도 농화학을 전공했다. 제5대 이승동 사장(섬유공학), 제6대 김진웅 사장(화학공학), 현 제8대 홍지호 사장(화학공학) 등도 이공계 출신이다. SKC도 역대 6명의 CEO 중 최준식 사장(화학공학), 장용균 사장(화학공학)과 현 대표인 최동일 사장(기계공학) 등 3명이 공학을 전공했다.

현대자동차 그룹에서는 얼굴기업인 현대자동차와 현대모비스의 사장이 이공계 출신이다. 김동진 현대자동차 사장과 한규환 현대모비스 사장은 서울대 기계공학과를 졸업했다. 화학·전기·전자·자동차 등 제조업에서 이공계 CEO들이 주가를 크게 끌어올리고 있다.

최근에는 백화점·홈쇼핑·호텔·광고대행사 등 서비스 업종에서까지 이공계 출신들이 주목을 받고 있다. 전공지식을 바탕으로 경영능력과 리더십을 갖춘 이공계 CEO들이 '미래형 경영자'로 부상하고 있는 것이다.

유화업계 CEO 절반 화학공학과 출신

이공계 출신들이 아니고는 CEO 자리를 넘보기가 어려운 업종 가운데 대표적인 것이 바로 석유화학이다. 한국석유화학공업협회의 39개 회원사 중 화학공학과 출신 CEO는 16개사 20명에 이른다. 단일 학과로 이처럼 많은 CEO(대기업 기준)를 배출한 사례는 지금까지 거의 없다.

출신학교별로는 서울대 화학공학과가 절반인 10명에 이른다. 서울대 화학공학과 출신들의 활약이 두드러진 분야가 바로 석유화학업계다. 석유화학 산업이 국내에서 자리잡기 시작한 지난 1960년대부터 서울대 화학공학과 인맥이 형성됐다. 업계 사장단 모임은 서울대 '소(小)동문회'로 불릴 정도다. 기업의 규모와 관계없이 후배들은 선배들을 깍듯하게 대하는 것으로도 이름이 나 있다.

서울대 화학공학과 출신 이외에는 연세대 화학공학과 5명, 부산대·한양대 화학공학과 각 2명, 인하대 화학공학과 1명 등이다.

화공과 출신 CEO들은 다른 업종에 비해 장수하는 것으로도 유명하다. 그룹의 계열사를 두루 거친 다음 주력회사의 최고경영자까지 될 수 있다. 성재갑 LG석유화학 회장이 대표적 인물이다. 성 회장은 지난 1989년 럭키석유화학 사장으로 시작해 럭키 사장, LG화학 사장·부회장을 거쳐 현재 LG석유화학 회장과 LGCI 부회장을 겸직하고 있다. 그는 석유화학업체의 단체인 한국석유화학공업협회 회장으로 업계를 주도하고 있다.

성 회장뿐만이 아니다. 화학공학과 출신 CEO들은 매출이 작은 계열사에서부터 큰 계열사를 거쳐 사장·회장에까지 오르는 게 관행처럼 돼 있다. 우리나라의 경제성장과 더불어 그 동안 이공계 학과도 오르막과

내리막을 거쳐왔다. 그러나 화학공학과만은 장수를 누려왔다. 지금도 석유화학업계엔 화학공학과 출신 예비 CEO들이 줄을 서 있다. 화학공학과 출신들은 앞으로도 국내 화학산업의 리더 역할을 계속할 것으로 보인다.

스타 이공계 CEO, 윤종용 삼성전자 부회장

윤종용 삼성전자 부회장은 전자공학을 전공하고 삼성그룹에 입사(1966년)한 뒤 줄곧 전공분야에 몸담으면서 최고경영자에 오른 대표적인 테크노 CEO다.

경제전문지 〈포천(Fortune)〉은 윤 부회장을 2001년 아시아 경영인으로 선정했으며 〈포브스(Forbes)〉는 그를 "한국의 기수"라고 평가했다. 이 가운데 가장 좋아하는 별칭은 〈포천〉이 붙여준 "기술 마법사(Tech Wizard)"라는 게 주변의 설명이다. 이공계 출신이라는 자긍심을 엿볼 수 있게 하는 대목이다.

그는 삼성전자 기획조정실장·TV사업부장·VCR사업부장을 거쳐 가전부문 사장을 역임했다. 1990년대 중반 삼성전기와 삼성전관 대표이사를 지낸 기간을 제외하고는 삼성전자에서 경력을 쌓았다. 그의 대표적 성과는 사업부장으로서 VCR 사업의 기반을 닦은 것과 디지털 컨버전스의 틀을 세웠다는 것이다. 그가 맡았던 VCR는 1970년대 말에서 1980년대 초까지 최대의 관심사업이었다. VCR는 지금도 삼성이 세계 1위를 지키고 있는 품목.

그는 '삼성전자 30년 사사(社史)'에서 '무에서 유를 창조한 VCR'란 제목으로 당시의 에피소드를 소개하고 있다. 그는 "반도체, PC와 함께

VCR가 선대 회장의 관심품목이기 때문에 무척 스트레스를 받았다. 원형 탈모증에 걸리기도 했다"고 털어놓았다. '디지털 컨버전스'란 휴대전화·컴퓨터·TV 등 다양한 전자제품을 융합하는 것으로 컴퓨터 및 가전업체가 나아갈 사업방향으로 꼽힌다. 이 사업에도 윤 부회장이 크게 기여했다.

IMF 외환위기 때 "가전·디지털미디어·통신처럼 수익성 낮은 분야는 떼내고 돈벌이가 되는 반도체에 집중하라"는 외국 애널리스트들의 주문이 쏟아졌을 때도 그는 "10년 앞을 내다보고 사업해야 한다"고 맞섰다. 여러 분야를 균형 있게 발전시켜 디지털 컨버전스의 인프라를 갖춰야 한다고 주장한 것이다. 그 덕택에 2001년에 몰아닥친 반도체 불황을 극복하고 좋은 실적을 낼 수 있었던 것이다.

그는 중국의 〈대학(大學)〉에 나오는 '격물치지(格物致知)'라는 표현을 즐겨쓴다. "모든 문제와 해결책은 현장에 있다", "품질은 회사의 양심이며 회사 존립의 근원이다"고 자주 강조한다. 해박하면서도 꼼꼼해 '걸어다니는 사전', '메모광'이란 별명도 갖고 있다.

윤 부회장의 보수가 어느 정도인지는 공개된 적이 없다. 주주총회에 보고된 2001년 등기이사의 보수를 근거로 추정해볼 경우 사내 등기이사는 평균 36억 원선, 윤 부회장은 50억 원 이상으로 추정되고 있다.

세계는 테크노 CEO 시대

변화와 스피드가 키워드인 21세기에 들어서면서 '테크노 파워(Techno Power)'가 새롭게 주목받고 있다. 기술에다 경영능력까지 갖춘 기술경영으로 글로벌 경쟁시대를 앞장서 이끌고 있는 것이다.

국가경영에서는 테크노크라트(technocrat, 기술관료)들의 활약이 눈부시다. 중국이 21세기 강자로 급부상하고 있는 데도 그 바탕에는 테크노크라트들의 리더십이 뒷받침되고 있다. 국가경영뿐만이 아니다. 기업경영에서도 이공계 출신 테크노 CEO(최고경영자)들의 역할이 더욱 중요해지고 있다. 세계적으로 정보통신·전자·인터넷·생명공학 등 미래형 산업의 가치가 급상승하면서 이 분야의 엘리트들이 새로운 파워군단으로 부상하고 있는 것이다. 더욱이 최근 미국, 일본 등 선진국을 비롯한 세계경제의 침체, 신뢰상실에 따른 기업가치 하락 등의 위기를 극복하기 위해서는 혁신(Innovation) 가치로 무장한 테크노 CEO들의 역할이 필수적이다.

기업환경도 급변하고 있다. 혁신의 원동력이라 할 수 있는 기술도 이제는 R&D를 뛰어넘어 R&BD(Research & Business Development)로 확대되고 있다. 기술과 시장을 접목시켜 고객 가치혁신을 주도하는 이른바 '4세대 R&D'가 부상하기 시작한 것이다. 따라서 앞으로는 뛰어난 기술력을 갖고 있어도 이를 시장과 연결시키지 못한 기업은 살아남을 수 없다. 벤처기업에서 기술력과 경영능력을 두루 갖춘 젊은 테크노 CEO들이 주목받기 시작한 것도 이같은 이유에서다.

벤처기업뿐 아니라 덩치 큰 대기업에서도 유연한 사고와 신지식으로 무장해 변화 적응력이 빠른 테크노 CEO들이 급부상하고 있다. 제너럴 일렉트릭(GE)의 잭 웰치 전 회장, 마이크로소프트(MS)의 빌 게이츠 회장, 시스코시스템즈(Cisco Systems)의 존 챔버스 회장, IBM의 루 거스너 회장, 야후(Yahoo)의 제리 양 사장, 인텔(Intel)의 크레이그 배럿 사장, BMW의 헬무트 판케 회장, 닛산의 카를로스 곤 사장 등 테크노 CEO의

사례는 수없이 많다.

이들은 모두 기술에 대한 폭넓은 식견을 바탕으로 테크노 경영을 펼쳐나가 세계적인 기업을 만들어냈다. 중국인 출신으로 세계적인 소프트웨어 기업을 일군 컴퓨터어소시에이츠(CA)의 찰스 왕 전 회장은 "성공적인 비즈니스를 위해서는 최적의 기술이 필수이며, 전략적인 사업관점과 기술을 하나로 결합시켜야 한다"는 것을 평생 경영철학으로 삼았다. 또 기술과 시장에 밝은 노키아(Nokia)의 요르마 올릴라 회장은 기술과 규제가 급변하는 통신사업의 동향을 미리 예측, 목재회사였던 노키아를 첨단 정보통신 기업으로 탈바꿈시킴으로써 취임 4년만에 10배의 순익을 올렸다.

미국 IRI(Industrial Research Institute)의 조사에 따르면 미국 기업의

 장흥순 터보테크 사장

"이공계 기피 현상 등으로 땅에 떨어진 과학기술인의 자존심을 살리는 데 앞장서겠습니다. 벤처기업을 통해 부가가치를 창출하는 데도 온 힘을 쏟겠습니다."

장흥순 터보테크사장은 "우수한 인재들이 의대·치대·한의대 등으로 몰리고 이공계 진학을 꺼리고 있지만 지식기반 경제에서 과학기술자의 위상은 계속해서 높아질 것"이라고 강조한다. "지금이야말로 미래를 내다보고 이공계에 도전할 때"라는 것이다. 그는 "테크노 CEO로서 성공하는 모습을 보여줘 후배들이 희망을 갖고 이공계에 도전할 수 있게 만들겠다"고 덧붙였다.

장 사장은 서강대 전자공학과를 졸업하고 한국과학기술원(KAIST)에서 전기전자공학 박사학위를 받았다. 지난 1988년 다섯 명의 동료와 함께 컴퓨터 수치제어장치(CNC)를 국산화하겠다는 목표로 터보테크를 창업했다. 일본의 파낙·도시

45%, 유럽 기업의 49%가 테크노 CEO 체제를 갖고 있는 것으로 나타났다. 테크노 CEO의 존재 여부가 곧 기업의 경쟁력을 나타내주고 있음이 증명된 셈이다.

우리나라에서도 마찬가지다. 잘 나가는 기업들을 보면 하나같이 테크노 CEO를 중용하고 있다. 최근 삼성·LG·SK 등 주요 그룹의 인사에서 이는 단적으로 나타난다. 각 기업마다 엔지니어 출신의 테크노 CEO가 전면으로 부상한 가운데 이공계를 나온 젊은 전문가들이 핵심 포스트에 발탁돼 주요 임원자리를 차지하고 있다. 한국산업기술진흥협회 조사결과, 이미 국내 100대 기업 CEO중 36%, 코스닥 등록기업 CEO중 50%가 테크노 CEO로 채워져 있다.

손욱 삼성종합기술원장은 "기술과 연구개발 능력이 기업은 물론 국가

바·야스카 및 독일의 지멘스 등 외국업체의 독식을 막아보겠다고 나선 것이다. CNC는 정밀기계부품을 생산, 가공하는 공작기계를 컴퓨터로 제어하는 장비다. 터보테크는 공작기계 4대까지 제어할 수 있는 'HX 시리즈'를 1999년에 선보이면서 이 분야의 '강자'로 자리를 잡는데 성공했다.

장 사장은 2001년을 '제2창업 원년'으로 설정하고 이동통신 단말기 생산을 새로운 사업부문으로 키우기 위해 온 힘을 쏟았다. 기존 CNC 기술에 통신기술을 결합한 단말기 생산 등으로 지난해 전체 매출의 70%를 단말기 부문에서 올렸다.

장 사장은 "테크노 CEO는 급변하는 시장의 흐름과 고객의 니즈를 정확하게 읽어내고 발빠르게 대처할 수 있어야 한다"며 "복합기술시대에선 기술융합을 통한 시너지 효과를 창출하는 것이 가장 중요하다"고 강조했다.

장 사장은 테크노 CEO상 수상 상금으로 받은 1,000만 원을 '과학도서 보내기' 사업에 써달라며 사단법인 과학사랑 나라사랑(이사장 조완규)에 기탁했다.

의 운명과 가치를 좌우하는 시대가 계속될 것"이라며 "한국이 21세기 세계 주도국으로 나서기 위해서는 경영과 기술을 이해하는 테크노 CEO 1만인 양성에 적극 나서야 할 것"이라고 강조했다.

세계무대에서 뛰는 스타 CEO

'20세기 최고의 CEO'로 통하는 제너럴 일렉트릭의 잭 웰치 전 회장에서부터 소니(Sony)의 이데이 노부유키 회장, 야후의 제리 양에 이르기까지 세계적인 기업을 일군 경영자들 가운데는 이공계 출신 스타 CEO들이 헤아릴 수 없이 많다.

이들 테크노 CEO는 기술시장에 대한 폭넓은 지식과 불확실하고 복잡한 시장환경에서 변화의 흐름을 파악하는 통찰력으로 세계경제를 이끌어오고 있다. 특히 신경제를 이끌고 있는 미국기업들의 최고경영자(CEO) 가운데 공학도 출신은 45%에 이르고 있다.

최근 가장 주목받고 있는 테크노 CEO로는 침몰 직전의 일본 자동차회사인 닛산을 회생시킨 카를로스 곤 닛산자동차 사장을 꼽을 수 있다. 2001년 말 빌 게이츠 마이크로소프트 회장을 제치고 미국 CNN과 〈타임〉지가 공동 선정한 '올해의 가장 영향력 있는 세계의 CEO 25인' 중 1위를 차지했고 자동차 전문지 〈오토모티브 뉴스〉가 선정한 '올해의 경영자상'도 2년 연속(2000~2001년) 수상했다. 일본의 폐쇄성으로 인해 외국인 CEO는 살아남기 힘들 것이라는 인식을 깨고 닛산자동차를 살려낸 공로를 평가받은 것이다. 곤 사장은 프랑스 최고의 이공계 인력 양성소인 국립 에콜폴리테크니크(Ecole Polytechnique)를 졸업했다. 기술에 대한 해박한 지식과 타고난 결단력이 그의 트레이드 마크다.

곤 사장은 불과 31세의 나이에 미쉐린의 남미법인 총괄 CEO로 부임했고 지난 1999년에 르노가 최대 지분을 가진 닛산자동차에 해결사로 파견됐다. 그는 대대적인 구조조정과 참신한 신제품 개발 등을 통해 적자투성이 닛산을 2001년 25억 달러 흑자기업으로 만들었다. 곤 사장은 현재 가장 강력한 르노그룹의 차기 회장으로 떠오르고 있다.

세계적인 석유화학기업인 미국 듀폰(DuPont)을 지난 1998년부터 이끌어온 찰스 홀리데이 회장은 테크노 CEO로서의 자부심이 대단한 인물이다. 그는 미국 테네시 주립대에서 산업공학을 전공한 뒤 듀폰에 입사, 28년 만에 CEO 자리에 올랐다.

홀리데이 회장은 기회가 있을 때마다 공학도 출신이라는 점을 강조한다. 그는 "산업공학 부문에서 훈련을 받았고 자격증있는 전문 엔지니어로서 목표를 설정하고 수행하며 평가하는 등 모든 일에 항상 체계적인 방식으로 접근하려 애쓴다"고 늘 말한다.

그는 "듀폰이 200여 년 동안 장수기업으로 남게 된 비결은 과학기술에 대한 무한한 신뢰"라고 강조한다. 홀리데이 회장은 "부도날 상태가 아니면 R&D 예산은 절대 손대지 않는게 200년 간 지켜온 전통"이라고 설명한다.

세계 최대 반도체회사인 미국 인텔의 크레이그 배럿 사장도 테크노 CEO 출신 스타의 한 사람이다. 그는 스탠퍼드대 교수(재료공학) 출신의 정통 이공계 CEO다. 그는 1974년에 기술개발 담당 매니저로 인텔에 입사해 1998년에 CEO 자리에 올랐다. 그는 기술에 대한 해박한 지식과 정확하고 신속한 의사결정으로 인텔을 디지털 경제의 주도기업으로 이끌었다. 배럿 사장은 공정 하나하나도 체크하는 현장중시형 관리자로도 유명하다. 이를 통해 그는 "나무와 숲을 함께 보는 치밀한 테크노 CEO"라는 명성을 얻고 있다.

2002년 5월 독일의 세계적인 자동차업체 BMW의 CEO에 오른 헬무트 판케 회장도 세계경제계가 주시하는 이공계 CEO중 한 명이다. 그는 물리학 박사 출신의 경영자다. 뮌헨대학에서 물리학 석·박사학위를 취득했고 스위스 원자력연구소에서 연구원으로 일했다. 그는 고교시절 축구선수로 활약했고 맥킨지컨설팅에서 4년 간 컨설턴트로 일했다.

그는 "축구에서도 상대방의 움직임을 미리 예측해야 이길 수 있듯이 CEO의 역할도 5~10년 뒤 기업환경 변화를 미리 예측하고 빠르게 결정하는 것"이라며 "과학적 분석에 기초해 모든 결정을 내려야 하는 물리학자로서의 경험이 CEO 업무를 수행하는 데 큰 도움이 되고 있다"고 강조했다.

| 인터뷰 | **김상훈 서울대 교수의 제언**

"첨단 위성통신 장비에서 화장품과 면도날에 이르기까지 첨단기술이 조금이라도 스며들지 않은 제품은 이제 거의 없습니다. 따라서 시장의 미래를 읽는 비전을 갖춘 경영자가 필요한 것과 동시에 기술을 잘 알고 시장지배력을 지닌 '챔피언 제품'을 구현해 낼 기술경영자의 역할도 중요합니다."

김상훈 서울대 경영대 교수는 "기업이 마이크로소프트의 빌 게이츠 회장처럼 기술의 전문성과 마케팅 역량까지 겸비한 최고경영자를 가지는 것도 좋겠지만 기술과 마케팅의 상호협력과 견제의 역학을 충분히 활용하기 위해서는 각자의 전문성을 가진 이른바 '경영의 드림팀'을 구성하는 것도 바람직하다"고 제안했다.

그는 "최근 들어 각 기업이 기술경영의 중요성을 깨닫고 기술담당 최고경영자(CTO) 제도를 도입하고 있는 것은 바람직한 현상"이라며 "다만 CEO와의 효율적인 결합을 통해 CTO가 능력을 마음껏 펼칠 수 있도록 기업환경이 바뀌어야 하는 등 넘어야 할 산이 많다"고 지적했다.

김 교수는 "기술이 중요한가, 마케팅이 중요한가 하는 질문은 사실 질문 자체가 잘못된 것"이라고 강조했다. 마케팅이 고객의 욕구를 정확히 알아내는 도구라면 기술은 파악된 고객의 욕구를 충족시킬 수 있는 최선의 제품을 만들어내는 노하우라는 것이다. 또 기술력이 우수 제품을 지속적으로 개발하고 개선하는 역량이라면 마케팅력은 그러한 우수 제품을 고객에게 잘 알리고 전달하는 능력이므로 둘 중 어느 하나도 부족하거나 모자라서는 곤란하다는 것이 그의 주장이다.

김 교수는 "기술과 마케팅의 밀착관계는 애플이나 소니 같은 우량 하이테크 기업들의 최고경영층에 극명하게 반영돼 있다"며 "애플은 스티브 잡스라는 탁월한 마케팅 능력을 가진 경영자와 그의 아이디어를 기술적으로 뒷받침한 스티브 워즈니악이라는 스타 엔지니어가 있었기에 성공할 수 있었다"고 소개했다. 소니 역시 천부적 상인기질과 화술을 가진 마케팅맨인 모리타 아키오와 재능있는 엔지니어였던 이부카 마사루의 환상적인 결합으로 대성공을 거뒀다는 설명이다. 김 교수는 "국내 기업들이 세계 최고기업으로 도약하기 위해서는 애플의 스티브 워즈니악이나 소니의 이부카 마사루처럼 기업 내부 종업원들의 우상이 될 정도로 인기 있고 능력 있는 스타 엔지니어가 많이 나타나야 하고 이들이 최고 경영층에 합류해야 한다"며 "21세기는 기술에 대한 CEO의 이해가 기업생존의 필수요건"이라고 강조했다.

3. 최고기술경영자(CTO)
— 기술경영시대에 대비한다

CTO란 기업에서 기술에 관한 의사결정의 전과정을 책임지면서 CEO를 보좌하는, 전사적 최고기술책임자를 말한다. 초기에는 대부분 연구소장을 가리켰으나 기업 간 기술경쟁이 치열해지면서 갈수록 역할이 커지고 있다. 현재 CTO는 시장 상황과 기술발전단계를 파악해 특정 부문(예를 들어 모바일 분야, PDP 디스플레이)에 대한 참여 여부와 시기를 정하고 이를 위해 사업부 간 자원을 배분 조정하는 일을 주로 맡는다.

CTO는 연구개발 총괄리더

CTO 제도의 역사는 지난 1960년대로 거슬러올라간다. 당시 미국과 유럽 기업에서 CTO는 대부분 연구소장으로 전사적 전략과 무관하게 R&D를 진행하는 사람이었다. 1970~80년대 들어 일본 기업의 비약적인 성장으로 경쟁이 격화되면서 R&D의 중요성이 부각됐다. 이로써 미국 기업들 사이에 연구개발 담당 부사장 자리를 두는 붐이 불었다. 1980년대에는 CTO라는 용어가 공식적으로 등장했다. 1990년대는 CTO의 위치가 현재와 같은 수준으로 확립된 시기였다. 2000년(4단계)부터는 기존 CTO 역할에 마케팅 개념을 더한, CInO(Chief Innovation Officer)라는 개념까지 나왔다. 기술적으로 앞선 제품이 반드시 시장지배적인 제품이 되지는 못한다는 과거 경험에 따라 시장과 마케팅을 아는 CTO가 필요하다는 요구에서 나온 개념이다.

국내에서 공식적으로 CTO가 등장한 첫 사례는 1995년 초 LG전자(당시 서평원 전무)로 알려져 있다.

기술중시 경영, 기업의 미래를 좌우한다

국내 기업에서 기술인력들은 어느 정도의 대우를 받을까? 이를 판단할 수 있는 지표로 이공계 출신 임원 및 CEO 비율 등 여러 가지를 손꼽을 수 있다. CTO의 도입 비율도 그 중 하나다.

CTO 현황만 보면 국내 기업들의 기술인력에 대한 대우는 형편없이 낮다. 한국산업기술진흥협회가 2002년 제조업체 519개사를 대상으로 조사한 결과, "공식적으로 CTO 제도를 시행하고 있다"고 응답한 기업은 삼성전자 · LG전자 · 포스코 · 현대중공업 · SK텔레콤 등 14개사에 머물렀다. 겨우 2.7%에 그쳤다.

전체의 4.4%인 23개사는 공식적으로 CTO 제도를 운영하지 않는 대신 부설 연구소장이나 이공계 출신 임원에게 CTO 역할을 맡기고 있는 것으로 나타났다. 공식·비공식적으로 CTO를 둔 37개사 중 전반적인 연구개발 예산에 대해 CTO가 통제 권한을 갖고 있는 경우는 절반을 조금 넘는 19개사에 불과했다. 37개사 중 21개사는 CTO가 회사 기술전략 관련 공식 의사결정을 위해 CEO와 정기적으로 만나는 회수가 월 평균 1회도 안 되는 것으로 조사됐다. 그러나 CTO가 기술부문을 대표해 최고 의사결정기구에 참여하는 경우는 전체의 68%로 비교적 높았다.

국내 대기업 중 상당수가 명목상으로 기술담당 임원을 CTO로 지정해 두고 있다. 그러나 이들이 실질적으로 CTO에 걸맞는 역할을 하는 경우는 많지 않다. CTO 제도를 제대로 운영하고 있는 기업은 손으로 꼽을 정도로 적다.

삼성은 손욱 삼성종합기술원장이 그룹 전체 CTO를, 윤종용 삼성전자 부회장이 전자부문 CEO 겸 CTO를 맡아 기술개발을 이끌고 있다. 윤 부회장 아래의 CTO 전략실이 반도체·통신·디지털미디어 등 분야별로 스태프 역할을 한다. 이문용 부사장, 천경준 부사장, 박노병 전무 등이 각 부문별 CTO를 맡아 윤 부회장을 돕는 구도다.

LG전자의 경우 지난 1995년 1월 당시 서평원 전무를 CTO로 공식 임명하면서 CTO 제도를 본격 도입했다. 현재 4명의 사장 가운데 디지털 TV 부문을 총괄하는 백우현 사장이 CTO를 맡고 있다. 백 사장은 전자기술원·생산기술원·디자인연구소 등 LG전자의 각 연구소도 책임지고 있다.

반면 허울뿐인 CTO 제도를 운영하는 기업도 수두룩하다. 통신 업종의 대기업인 A사는 지난 1997년 부설 연구소장이던 B씨를 CTO로 임명했다. 연구소장의 임기가 끝나자 예우 차원에서 자리를 마련해준 것이다. 결국 그는 2001년 물러났으며 아직까지 CTO 자리가 비어 있다.

CTO 도입이 부진한 원인으로 기술전략에 대한 잘못된 인식, 부족한 투자, 빈약한 CTO 양성 코스 등을 꼽을 수 있다.

CTO는 기업의 발전전략 가운데 큰 축인 기술전략을 책임진다. 신제품을 실제로 개발하기 이전 단계에서부터 CEO에게 기술·제품전략과 사업 참여 여부 등 전략적 의사결정을 조언하는 것이다.

하지만 전문경영인 체제가 선진국에 비해 늦게 도입된 국내 기업의 경우 기술부문 의사결정까지 오너가 주도하면서 CTO의 자리는 좁아질 수밖에 없었다. 이 때문에 기술부문 조직에 대한 투자도 기대에 미치지 못했다.

D화학의 CTO인 J전무는 "중견기업에서는 CTO의 역할이 창업주나 회장의 그늘에서 벗어나기가 힘들다"며 "회사의 운명이 기술 이외의 부문으로 좌우된다고 판단하기 때문"이라고 털어놓았다.

CTO를 회사 내에서 체계적으로 키워내는 능력도 부족하다. 세계적인 기업들은 자체적으로 CTO를 길러내는 프로그램을 운영하고 있다. 가령 10년차 이상 된 엔지니어들이 기술분야에 계속 남을지, 아니면 R&D 매니저로 진출할 것인지 선택할 수 있게 해준다. 매니저로 진출한 엔지니어 중에서 인력관리·프로젝트 관리 등에서 가장 뛰어난 능력을 보인 사람에게는 CTO로 성장할 수 있는 길을 열어준다.

반면 국내 기업의 경우 실력을 갖춘 이공계 전공자가 R&D 매니저로 클 수 있는 기회가 적은데다 엔지니어나 연구원 스스로도 CTO로 성공하겠다는 의지가 부족한 편이다.

CTO는 '실무진→프로젝트 리더→연구소장→CTO'로 이어지는

'R&D 리더십'의 정점에 있다. CTO 제도의 정착을 위해 CEO가 CTO에게 기술관련 예산과 인사권을 부여하고 미래 전략기술 수립을 주도할 수 있도록 해야 한다. 연구 개발의 중요성과 CTO의 역할에 대한 조직원의 인식 전환도 시급한 과제 중 하나다.

CTO 1만 명을 키우자

세계는 지금 기술경영(technology management) 시대를 맞고 있다. 새로운 기술만으론 기업이 살아남을 수 없는 세상이다. 남들보다 앞선 기술을 개발해야 하는 것은 물론이고 새 기술을 관리하는 능력까지 갖춰야 한다. 따라서 첨단 과학기술에 대한 이해와 통찰력 없이는 기업을 경영하기가 어려워졌다. 기술과 R&D 분야 책임자인 CTO가 주목받고 있는 이유도 바로 여기에 있다.

그러나 한국에서는 아직까지 CTO가 제대로 자리잡지 못하고 있다. CEO가 사실상 CTO 역할까지 맡고 있는 게 현실이다. CTO가 있다고 하더라도 제역할을 하는 경우는 그리 많지 않다. 국내에서도 머지않아 '민간기업 연구소 1만 개 시대'가 열릴 전망이다. 이에 맞춰 CTO도 장기적으로 1만 명까지 키워내야 한다는 게 전문가들의 주장이다. 최근 들어 CTO를 효율적으로 양성하기 위해서는 어떤 대책들이 필요한지 활발한 논의가 진행되고 있다.

우선 첨단기술 동향에 대한 지식과 조직관리·전략수립 등 관리자로서의 자질을 겸비한 CTO를 키우는 데 기업이 앞장서야 한다. 기업이 글로벌 시대에 살아남기 위해 불가피한 것이기도 하다.

그러나 국내기업 가운데 본격적으로 사내에 CTO 양성과정을 마련, 운영하고 있는 사례는 흔치 않다. 전문가들은 입사 10~15년 정도의 중견 기술인력을 대상으로 전문가형 현장 엔지니어와 관리자형 엔지니어 가운데 하나를 선택하게 할 필요가 있다고 주장한다. 경영진은 관리자형 엔지니어로 방향을 잡은 인력에 대해 특화된 재교육 프로그램을 상설화해 CTO 양성에 나서야 한다는 것이다.

관리형 엔지니어가 실무진, 프로젝트 리더, 책임자급 등을 거치면서 기술력과 경영자로서의 안목 등을 평가받게 되는 것이다. 다양한 프로젝트를 통해 CTO로서의 자질을 검증받게 되는 셈이다.

외부 교육기관을 활용하는 것도 한 가지 방법이다. 전국경제인연합회 국제경영원이 마련한 바이오산업 경영자 과정과 정보전략 최고경영자 과정, 연세대 공학대학원의 산업최고위 과정 등이 그 대표적인 사례다.

장성근 LG경제연구원 책임컨설턴트는 "CTO는 기술뿐만 아니라 경영 전반에 관한 능력도 함께 요구된다"며 "CTO 양성 프로그램은 먼저 보고 먼저 생각하는 능력, 과감한 결단과 지속적인 실행 능력, 사람을 키우는 능력, 탁월한 성품 등에 초점을 맞춰야 한다"고 설명했다.

CTO 제도가 그 기능을 발휘하기 위해서는 테크노 CEO와 CTO, CRO 사이의 긴밀한 협조가 필수적이다. 이공계 출신의 테크노 CEO는 R&D 관련 인사나 예산권, 기술개발계획 수립 등 R&D 의사결정 권한을 CTO에게 넘겨줘야 한다. CEO의 권한이 위임되지 않고는 CTO의 존재가치가 없어진다.

CTO의 임기와 신분을 보장해주는 것도 필요하다. CTO는 단기적인 기술개발 성과뿐 아니라 기업의 중·장기적인 R&D 프로그램을 책임진다. 따라서 사업의 단기적 결과에 따라 CTO를 교체하는 것은 바람직하지 않다. 선진 기업들은 연구소장 등 R&D 경영진에 대해선 성과 평가와는 별개로 적정 임기를 보장해주고 있다.

최근 들어 R&D 조직 간 조정기능을 수행하는 CRO(Chief Research Officer)의 역할이 강조되고 있다. CRO는 CTO가 R&D 관련 의사결정을 내린 뒤 실무진에 R&D 작업을 배분하고 각 연구팀의 연구성과를 융합하는 역할을 맡는다.

CTO 제도가 발달한 미국이나 유럽에서는 CTO가 의사결정 기구에

 CTO 제도를 도입한 선진기업

미국과 유럽의 기업들은 대부분 CTO 제도를 도입, 실시하고 있다. CTO들은 기업의 기술 및 연구개발 업무를 진두 지휘하고 있다. 이공계 출신들이 1차 목표로 잡고 있는 것이 바로 CTO다. 미국에서는 미디어그룹인 인포월드가 2001년부터 분기별로 〈CTO 매거진〉이라는 정기간행물을 내놓고 있다. 선진국 기업들은 CTO 제도를 어떻게 운영하고 있는지 살펴본다.

◆스웨덴 에릭슨 CTO가 CEO를 보좌하면서 R&D 관련 4개 분야(리서치·기술전략·일반기술·기술 아웃소싱)를 총괄하고 있다. 이 가운데 핵심 파트인 기술전략 부서(Corporate Function Technology)는 기업 연구개발의 3개 축인 R&D와 엔지니어링(Research-Development-Engineering)을 유기적으로 연결한다. 이를 통해 CTO는 R&D 관련 계획을 수립하는 것은 물론, 각 사업부들의 인적·물적 자원을 배분하고 조정하는 기능까지 한다. 에릭슨의 CTO 권한은 다른 회사에 비해 훨씬 큰 것으로 평가되고 있다.

◆미국 인텔 1980년대부터 실질적으로 CTO 제도를 운영했지만 공식적으로

참여하지 않고 CEO를 보좌하는 스태프 역할을 하는 게 일반적이다. 따라서 CEO보다 나이가 많고 경력이 풍부한 원로급이 CTO를 맡아 기술분야 투자와 의사결정을 돕는 형태다.

전문가들은 국내 기업의 경우 빠른 의사결정과 CTO의 책임의식 강화를 위해 CTO가 스태프 기능뿐 아니라 의사결정에도 참여하는 라인 역할을 겸하는 것이 효율적이라고 지적한다. 한국산업기술진흥협회 관계자는 "CTO가 라인 역할을 함께 할 경우 R&D 정책과 관련예산 운영 등

채택한 것은 2001년 9월이다. 현 CTO 패트릭 겔싱어(Patrick Gelsinger)는 크레이그 배럿(Craig Barrett) 회장에게 관련 업무를 직접 보고한다. 미래 컴퓨팅 기술, 네트워킹, 커뮤니케이션기술 등을 총괄, 업무의 일관성을 유지하는데 힘을 쏟는다. 장기과제 설정도 그의 몫이다. 회사 직제상으로는 인텔의 기술그룹(CTG)을 총괄하면서 아키텍처 랩과 리서치센터 등 핵심 파트를 관장한다.

◆미국 페더럴 익스프레스   1990년대 말 CTO를 중심으로 경쟁사들보다 앞서 정보기술(IT) 도입을 결정, 디지털 전문 택배사로 성장했다. 당시 CTO 로버트 카터는 △웹사이트 다중언어 지원 시스템 △온라인 서명시스템을 통한 개인별 특화 서비스 프로그램 △무선 단말기를 통해 소포 배달 여부와 위치를 추적하는 시스템을 채택하는 데 크게 기여했다. 웹사이트 다중언어 시스템을 도입, 기존 58개국이던 배달 대상 나라 수를 180개로 크게 늘렸다.

◆미국 스테이플스   사무용품 전문업체로 CTO 주도 하에 온라인 사업부의 역할을 강화, 고객 수를 50% 이상 크게 늘렸다. CTO 마이크 래거너스는 1999년부터 온라인 쇼핑몰의 콘텐츠를 늘리고 시스템도 혁신했다. 이에 따라 온라인 사업부 매출은 1999년 9,500만 달러에서 2000년엔 4억 5,000만 달러로 5배 가까이 늘어났다.

에 대한 실질적인 집행 및 결정권을 가지는 장점이 있다"고 설명했다.

기업경영에 앞장서는 삼성

한국에서는 삼성종합기술원이 기술경영에 앞장서고 있다. 삼성종합기술원은 2001년 최고연구책임자(CRO) 제도를 그룹 내에서 처음으로 도입했다. CTO인 손욱 원장이 CRO 제도를 활용하고 있던 일본 도시바를 방문, 운영 사례를 살펴본 후 R&D 효율화를 겨냥해 이를 들여왔다.

현재 김기협 부사장과 정선휘 부사장, 김준기 전무와 이석한 전무 등 4명이 CRO로 활약하고 있다. 이들의 역할은 플래닝(신사업 및 전략사업 제안), 컨설팅(기술자문·기술전개방향 제시 및 기술협력처 발굴), 커뮤니케이팅(관계사 협력 및 융합과제 촉진) 등이다.

특히 기술 융합화 추세에 따라 각 R&D 조직 간 의사소통과 협동연구를 돕고 삼성계열사 간의 협력과 연계개발을 주도하는 것이 이들의 주된 임무다. 김 부사장은 미국 아이오와 주립대 박사 출신으로 전자재료 및 바이오 분야를 담당하고 있다. 미국 시라큐스대 MBA를 거쳐 뉴욕 주립대에서 재료공학으로 박사학위를 받은 정 부사장은 재료 및 디바이스 분야를 맡고 있다. 그는 삼성SDI의 CTO를 거쳤다. 미국 콜럼비아대 박사 출신인 김 전무는 IBM 연구소에서의 경험을 바탕으로 IT 분야 업무를 맡고 있다. 이 전무는 미국 퍼듀대에서 박사학위를 받고 남캘리포니아대(USC) 교수를 거쳐 마이크로시스템(MEMS) 분야를 총괄하고 있다.

| 인터뷰 | 손욱 삼성종합기술원장의 제언

기업은 이제 경쟁력의 본질적 원천인 기술을 통해서만 장기적 생존과 성장을 담보할 수 있게 됐다. 따라서 기술을 기업경영의 핵심축으로 끌어올리는 작업을 서둘러야 하는 것은 지극히 당연한 일이다.

이러한 관점에서 볼 때 기술을 전사적으로 총괄하고 기술이 회사운영의 핵심과제로 다루도록 유도하는 역할을 수행하는 CTO 제도의 도입이 시급하다.

앞으로는 재무통이나 기획통에게만 의존하지 말고 기술통도 중용해야만 하는 시대적 당위성을 인식해야 하며, CTO로 하여금 CEO를 보좌해 전사적 차원에서 기술을 통괄 조정하고 새로운 기술혁신 추진주체로서의 역할을 정상적으로 수행할 수 있도록 유도해야 한다.

이를 위해서는 CTO가 회사의 최고 의사결정 과정에 참여할 수 있도록 길을 열어줘야 한다. 국내 기업의 경우 CTO 제도는 이제 겨우 도입단계에 머무르고 있다.

국내 민간연구소의 집합체인 산업기술진흥협회에서 운영하고 있는 CTO 클럽의 회원 수는 40여 명에 불과하다.

마이클 포터(Michael Porter) 교수가 지적한 것처럼 한국경제는 1990년대의 투자주도형(Investment-driven)에서 혁신주도형(Innovation-driven)으로 옮겨갔어야 한다. 그러나 아직도 투자형의 패러다임에 갇혀 있다.

그래서 지난 10년을 잃어버리고 말았다. CTO 제도의 확산을 통해 기술혁신을 촉진시켜야 하는 이유가 바로 여기에 있다.

바야흐로 CTO 제도를 통한 기술중시 경영을 통해 한국기업의 경쟁력을 끌어올려야 할 시점이다.

4. 관료사회 · 정치계
— 이공계 출신, 국정 브레인으로 떠오른다

　　　　　　이공계 출신의 기술직 공무원들은 승진하기가 쉽지 않다. 중앙 행정기관에 근무하는 기술직 공무원 수는 5급에서 1급으로 올라갈수록 크게 줄어든다. 승진하는 데 걸리는 기간도 행정직보다 길다. 행정직에 비해 보통 2~3년 이상 늦다는 것이 기술직 공무원들의 공통된 설명이다.

　보직에서도 찬밥 대접을 받기가 일쑤다. 중앙 행정부처의 과장급 이상 자리 중 기술직만이 갈 수 있는 자리는 전체의 9.3%에 불과하다.

　2002년 9월 〈한국경제신문〉이 23개 주요 중앙행정기관의 과장급 이상 공무원 1,625명을 대상으로 조사한 결과, 이공계 출신은 전체의 22.2%인 360명에 그쳤다.

　무역, 산업 · 기술, 에너지 · 자원에 대한 정책을 다루는 대표적인 과학기술부처인 산업자원부의 경우, 과장급 이상 73명 중 대학이나 대학원에서 이공계 학과를 졸업한 공무원은 전체의 10.9%인 8명에 불과했다. 식품 및 의약품, 사회보험 정책을 결정하는 보건복지부도 사정은 마찬가지였다. 과장급 이상 53명 중 이공계 출신은 전체의 11.3%인 6명에 그쳤다. 국토계획 및 토지·교통·주택·사회간접자본시설 확충 등을 담당하는 건설교통부라고 해서 별반 나을 게 없었다. 이공계 간부 비율이 28.4%로 과학기술부처 평균(39.7%)보다 낮았다.

권한은 없고 책임만 있다

일반 부처에선 이공계 출신 간부를 찾기가 더욱 힘들었다. IT 산업 육성을 총괄하는 정보통신부의 이공계 간부 비율은 20.3%를 기록했다. 그나마 정보통신부는 나은 편이다. 금융감독위원회의 경우 간부 16명 중 이공계 출신이 단 한 명도 없었다. 문화관광부(2.9%)와 외교통상부(3.1%), 재정경제부(3.6%), 기획예산처(4%), 공정거래위원회(4.2%)도 이공계 비율이 5%가 채 되지 않았다.

이처럼 정부에서 이공계 간부 기근 현상이 발생하는 이유는 무엇일까? 무엇보다도 기술직이 근무할 수 있는 자리가 행정직에 비해 워낙 적기 때문이다. 중앙 행정기관 국·과장급 정원 3,711명 중 행정직 정원은 전체의 59.3%인 2,200명이다. 이에 반해 기술직은 16.9%인 629명이다. 나머지 882명(23.8%)은 행정직과 기술직이 모두 갈 수 있는 복수직위이지만 행정직이 절반 이상을 차지한다.

중앙인사위원회에 따르면 2002년 3월 말 현재, 21개 중앙행정기관의 과장급 이상 복수직위 554개 중 기술직이 임명된 자리는 전체의 42.2%

인 234개로 조사됐다.

이 중 보건복지부는 국장 8명 가운데 기술직이 1명이고 과장 35명 중에는 기술직이 5명이었다. 복수직위의 기술직 점유율은 13.9%로 조사대상 21개 기관 중 가장 낮았다. 산업자원부도 복수직 국장 11명 중 기술직이 1명에 그치는 등 기술직 점유율이 19.7%를 기록했다. 기상청(25%), 정보통신부(25.8%), 건설교통부(37.3%), 해양수산부(40.5%), 농림부(40.7%), 중소기업청(42.9%), 조달청(45.5%) 등도 기술직 점유율이 50%에 미달했다.

이에 반해 병무청(100%), 특허청(84%), 노동부(83.3%), 식품의약품안전청(75.9%), 과학기술부(71.9%) 등은 비교적 기술직을 중시하는 기관으로 나타났다.

행정직이 다양한 보직을 맡을 수 있는데 비해 기술직은 임용 때부터 전기·기계·화공·토목·건축 등의 분야로 제한된다. 중앙행정기관의 국·과장급 중 행정직만 임명될 수 있는 자리는 전체의 57.8%인데 비해 기술직은 9.3%에 불과하다. 나머지 32.9%는 행정직과 기술직이 함께 임용될 수 있는 복수직이지만 행정직이 절반 이상인 57.8%를 차지하고 있다. 재정경제부·기획예산처·국무조정실 등에는 3급 이상 기술직 정원조차 없다.

부처 내에서도 행정직은 기획 및 인사부서 등에 주로 배치되지만 기술직은 사업부서에 주로 배치된다. 국정감사 때마다 기술직 공무원들이 현장에서 장사진을 치고 대기해야 하는 이유가 여기에 있다. 감사가 주로 사업 위주로 진행되기 때문이다.

중앙부처의 한 기술직 공무원은 "2회 이상의 가벼운 주의만 받아도 징계로 이어지게 된다"며 "기술직 공무원들 사이에서는 소신 있게 업무를 추진하다가 문제가 되면 자신만 손해라는 인식이 확산돼 있다"고 말했다.

기술직 공무원은 거시적인 시각을 키우기가 쉽지 않다. 행정직에 비해 정책·기획부서에서 근무할 수 있는 기회가 적기 때문이다. 이로 인해 경쟁력과 능력이 부족하다는 평가를 듣기 일쑤다. 정부부처가 기술직의 능력 향상을 위한 교육에 인색한 데다 기획·인사·감사 등 핵심부서를 행정직이 장악하고 있는 것도 또 다른 원인으로 꼽힌다.

이로써 공직을 떠나는 기술직 공무원들도 많다. 기술고시 13회 출신의 한 공무원은 "동기생 74명 중 앞길이 불투명하다는 이유로 옷을 벗은 사람이 줄잡아 25~30명에 이른다"고 설명했다.

국방부에서 기술직 간부급 공무원으로 근무하다가 천안의 한 대학으로 자리를 옮긴 A교수는 "승진 등 인사 문제에서 홀대받는 것이 공직을 떠나게 된 주된 이유였다"고 털어놨다.

이같은 기술직 홀대는 국가적인 망신으로 이어지기도 한다. 2001년 8월 미국 연방항공청(FAA)이 한국의 항공안전등급을 2등급으로 하향 조정했던 것이 대표적인 사례라는 게 전문가들의 분석이다. 건설교통부는 지난 1994년 말부터 그 때까지 기술직이 아닌 일반 행정직 출신 7명을 항공국장에 임명해왔다.

이뿐만이 아니다. 과학기술부 관계자는 "연구의 본질을 이해하지 못한 감사원 감사관의 지적으로 국가연구개발의 방향이 틀어지는 사례마저 있다"고 지적했다.

다른 부처 공무원들에게 협조를 요청할 때 행정고시 출신이 아니라는 이유로 업무가 매끄럽게 진행되지 못하는 경우도 있다는 게 기술고시 출신 공무원들의 설명이다.

산업자원부의 이공계 출신 간부는 "보고서 작성보다 윗사람을 이해시키는게 더 어려워 아예 깊이 있는 내용을 다루지 않으려는 풍조가 만연해 있다"며 "정책 자체가 단순해지는 경향이 있다"고 꼬집었다.

찬밥 신세인 기술직 공무원

기술직 공무원이 왜 관가에서 푸대접을 받을까? 우선 국가공무원법 등이 행정직 중심으로 운영됨으로써 기술직이 승진·보직 등에서 행정직보다 차별받기 때문이다. 이같은 제도적인 한계뿐만이 아니다. 이공계를 얕보는 관료 풍토와 한국적인 사농공상 문화 등도 또 다른 요인이다.

무엇보다도 기술직 정원이 절대적으로 부족하다. 행정직에 비해 정원이 훨씬 적어 기술직으로 출세하는 데 어려움이 많다. 중앙행정기관의 과장급(4급)의 경우 행정직과 기술직 정원은 각각 1,760명과 574명이다. 행정직 3명당 기술직 1명 꼴이다.

고위직으로 올라갈수록 기술직이 갈 곳은 더욱 줄어든다. 국장급(2·3급) 이상의 경우 행정직 정원은 440명인 반면, 기술직은 55명에 불과하다. 행정직과 기술직 비율이 무려 8 대 1로 벌어지는 것이다. 그만큼 고위직 승진이 하늘의 별따기인 셈이다.

과학기술 관련 업무가 많은 정보통신부의 경우 국장급 행정직의 정원은 5명이지만 기술직은 한 명도 없다. 산업자원부 또한 국장급 행정직의 정원은 3명이지만 기술직 정원은 전무하다. 건설교통부·중소기업청·식품의약품안전청 등에서도 국장급 기술직의 정원이 없다. 행정직과의 치열한 경쟁을 벌여야 하는 복수직 이외엔 갈 자리가 없다.

기술직 간부 공무원을 뽑는 기술고시 또한 마찬가지다. 기술고시 합격자는 매년 45명 안팎으로 행정고시의 4분의 1 수준에 머무르고 있다. 고급공무원 중 기술직의 비율을 낮추는 요인의 하나다. 일본에서는 한국의 고시에 해당하는 공무원 1종시험 정원에 있어 기술계가 사무계를 능가한다. 일본의 경우 2001년 기술계 합격자가 263명으로 사무계(241명)보다 22명이 많았다.

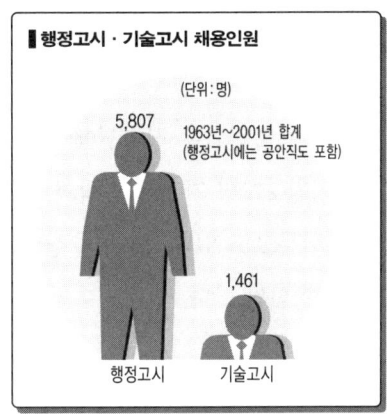

기술직 출신들은 여러 부처에 흩어져 있어 효율적으로 관리, 활용되지 못하는 것도 또 다른 이유다. 인사·예산 등 권한을 쥔 부서의 경우 행정직이 업무를 전담하다시피하면서 기술직들은 주변으로 밀려나기가 십상이다.

기술직 출신의 건설교통부 A과장은 "첨단기술이 사회변화를 이끄는 시대가 도래했지만 공무원의 정원비율은 과거와 별로 달라진 게 없다"며 "사회변화에 맞춰 공무원의 인력운영도 바꿔야 한다"고 주장했다.

조직 내 이공계에 대한 편견도 문제다. 이공계 출신들이 전공분야 외에는 지식이 부족할 것이란 조직 내 편견도 기술직 공무원의 중용을 방해하는 요인이 되고 있다.

특히 고위직에 필요한 부처 내 조직 간 이해 조정이나 인력관리 등에 대한 우려 때문에 승진에서 차별받는 경우도 발생하고 있다는 것이 기술직 공무원들의 지적이다.

이공계 출신 의원을 늘려야

이공계 출신들은 정치권에서도 푸대접을 받고 있다. 전국구를 포함한 국회의원 272명 가운데 공학과 자연계 등 순수 이공계 출신은 3.3%인 9명에 머무르고 있다. 법대 출신 31.1%, 정치·외교학과 출신 20.9% 등에 비해 훨씬 낮다. 의대·수의대·치대·약대 출신 의원보다도 오히려 한 명이 적다.

그나마 과학기술 입법을 주관하는 상임위원회에서도 이공계 출신들을 찾아보기가 어렵다. 과학기술정보통신위원회(과기정위) 소속 의원 18명 중 이공계와 약대 출신은 박근혜(한나라당, 서강대 전자공학), 김진재(한나라당, 한양대 전기공학), 이상희(한나라당, 서울대 약학) 의원 등 3명에 불과하다. 반면에 법대 출신은 4명으로 오히려 한 명이 더 많다.

이공계 출신들은 국회의원이 되기도 어렵다. 선거비용이 많이 드는 한국적 풍토에서 지역구에서 당선되기란 하늘의 별따기와 같다. 지역구가 아닌 비례대표제로도 금배지를 달기가 만만치 않다. 16대 총선에서 비례대표제를 통해 국회에 입성한 과학기술계 인사는 한 사람도 없다. 의학계에서 두 명이 비례대표로 뽑힌 것과는 대조적이다.

이공계 출신들은 의원이 된 후에도 전공과 전혀 관련없는 상임위원회에서 활동을 하기가 일쑤다. 인기가 떨어지는 과학기술정보통신위원회를 스스로 기피하는 경우도 있다. 물론 나눠먹기식으로 상임위원회가 배정되는 만큼 이공계 출신들이 전공이나 적성을 살릴 수 없는 경우도 적지 않다.

연세대 치대 출신으로 과학기술부 장관까지 지낸 김영환 의원(민주당)도 재경위에서 활동하고 있다. 이상희 의원은 "비이공계 출신들 가운데 과기정위를 선호하는 의원들이 의외로 많다"며 "과기정위에 대한 국회의원들의 잘못된 인식을 우선 깨뜨려야 한다"고 지적한다.

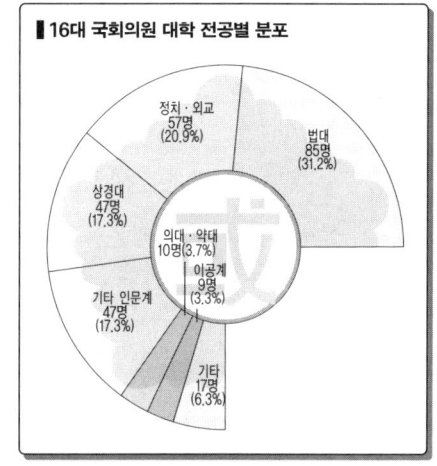

의원입법 실적도 미미하다. 1980년 이후 국회에서 처리된 과학기술 관련 법률은 모두 43건. 이 가운데 의원 발의로 성사된 법률은 6건에 불과하다. 나머지는 모두 정부에서 제출한 것이다. 14대 국회(1992~96년)에서는 의원입법이 아예 단 한 건도 없었다. 2000년부터 시작된 16대 국회에서도 의원 발의는 김형오 의원이 제출한 과학기술인 공제회법 1건뿐이다. 16대 들어 지금까지 처리된 법률 465건 가운데 의원 입법비중은 202건으로 43.4%에 이르고 있다. 의약 분야 출신 의원들이 보건복지위 등에서 입법 활동을 활발히 하고 있는 것과는 대조적이다.

건수가 적은 것뿐만 아니다. 정부 제출법안을 통과시키기에 바쁘다. 16대 국회에선 전체 과학기술분야 법률안의 65%가 통과됐다. 국회가 정부 법안을 단순히 통과시키는 '통법부(通法府)'로 전락한 셈이다.

과학기술 분야의 경우 국회는 입법기관으로서의 역할을 제대로 하지 못하고 있다. 과학기술정책을 감독하는 기관으로서도 제기능을 다하지 못하고 있다. 과학기술 관련 입법을 정부가 주도하고 있는 게 현실이다. 정부는 예산 배분에서도 주도권을 쥐고 있다. 과학기술정책이 행정관료들에 의해 사실상 결정되고 있는 것이다.

2002년 국정감사에서 과학기술정보통신위원회·교육위원회 등 국회 여러 상임위원회를 통해 청소년들의 이공계 기피현상이 당면 현안으로 떠올랐다. 의원들은 이공계를 살리기 위해 수많은 안건을 내놓으면서, 그 동안 이 문제에 제대로 대처하지 못했다고 목소리를 높였다. 그러나 이공계 살리기를 위한 결의문을 내놓거나 관련 입법을 서둘러야 한다고 주장한 의원은 없었다. 구체적으로 어떻게 정책을 선도해야 한다고 주장한 의원도 없었다.

이공계 인력을 키우는 일은 국가발전을 위한 핵심전략이다. 과학기술부만의 업무가 아니다. 국회와 정치권에서도 나름대로의 역할을 해내야 한다. 그러나 정치권은 국가의 미래를 책임질 사람을 키우는 과제를 소홀히 했다. 법안도 만들지 못했고 전략적인 차원에서 아젠다를 개발하지도 못했다.

이름뿐인 국회 내 관련 연구회

과학기술정보통신위원회에는 5개 연구회가 있다. 국회과학기술연구회, 국회가상정보가치연구회, 국회사이버정보문화연구회, 국회닷포럼, 국회지식경제연구회 등이 바로 그것이다.

국회닷포럼(대표의원 김형오)과 국회지식경제연구회(대표의원 홍재형)는 모임의 성격이나 취지가 모호해 주변의 관심을 끌지 못하고 있다.

김덕룡 의원(한나라당)이 이끄는 국회과학기술연구회는 1994년 발족됐다. 2001년까지는 나름대로 활동을 벌여왔으나 20002년에는 3월에 '인간복제와 윤리'를 주제로 한 차례 모임을 가진 것 외에는 별다른 활동을 하지 못하고 있다.

"21세기 첨단 과학기술 발전을 위한 법적·제도적 뒷받침 등 과학기술정책의 입법화방안 강구"라는 설립 목적과 달리 그 동안 실제 과학기술 관련 입법을 성사시킨 사례는 한 건도 없다.

이상희 의원이 주도하고 있는 국회가상정보가치연구회는 움직임이 활발한 편이다. 이슈가 있을 때마다 전문가들을 초청, 공청회를 열거나 토론회도 갖는다. 2002년 9월에는 청소년 음란물 보호 대책과 관련, 사이버상에서 온라인 토론회도 열었다. 1996년 발족돼 그 동안 156회의 모임을 가졌으며 매년 우수 연구회로 선정되기도 했다. 영재교육진흥법 등을 입안하는 성과를 올리기도 했다.

허운나 의원(민주당)이 대표로 있는 사이버정보문화연구회도 활발하게 활동하고 있다. IT 부문을 특화, 한때 매주 수요일 포럼을 열기도 했으나 최근 들어서는 한 달에 한 번 꼴로 열리고 있다. 이 모임에는 모두 15명의 의원이 소속돼 있지만 2~3명 외에는 별 관심이 없다는 게 보좌관의 설명이다.

시민단체 관계자는 "국민 세금을 쓰면서도 상당수 연구회는 국회의원의 홍보수단으로 전락한 상태"라고 비판했다.

테크노크라트의 시대가 온다

기술의 중요성이 날로 커지는 글로벌 시대에서 살아남으려면 기술경쟁력을 확보해야 한다. 정부도 마찬가지다. 기술을 모르고는 정책을 제대로 판단할 수 없다. 선진국에서 테크노크라트(technocrat, 기술관료)를 키우고 중용하는 이유가 여기에 있다.

그러나 한국에서는 딴판이다. 산업기술 등을 다루는 중앙행정부처의 국장급 자리를 비이공계 출신들이 독차지하고 있다. 엔지니어 출신을 필요로 하는 복수직에서조차 이공계 출신들은 찬밥 신세를 면치 못하고 있다. 부처 간 업무조정을 하는 국무조정실이나 예산을 나눠주는 기획예산처에는 기술직 공무원이 한 명도 없다. 민간인 전문인력을 활용하기 위해 마련된 개방직에도 이공계 출신들은 푸대접을 받고 있다. 이런 상황에서 공무원 조직이 경쟁력을 가질 수 없다. 물론 나라도 강해질 수 없다. 이공계 출신들이 공직사회에서도 제대로 대우받을 수 있는 풍토가 마련돼야 한다.

우선 고시제도부터 손을 봐야 한다. 기술직 최고시험인 기술고시는 매년 50명가량 선발한다. 이것도 전기·화공 등 직렬별로 210명씩 나뉘어진다. 이는 5급 공무원 임용시험의 전체 선발인원 330여 명의 15%에

 미국의 사례

미국엔 과학기술부가 따로 없다. 과학기술이 정책 결정에 기본적인 사항이라 부처마다 과학기술 담당 부서가 있기 때문이다.

과학기술의 주요 법안은 주로 의회에서 나온다. 미 하원 과학기술위원회는 과학기술 관련 법안을 만드는 창구다. 이 과학기술위원회에는 의원들만 52명이 소속돼 있다. 산하에 환경·에너지·연구개발·항공 등 4개 분야에 소위원회를 두고 있다. 소위원회마다 전문분야 보좌관들을 두고 입법활동에 활용하고 있다. 연구개발분야의 경우 12명의 스태프진이 위원들을 도운다. 이들은 모두 박사들

불과하다. 정원이 적은 것뿐만 아니다. 시험과목도 전공일색이다. 따라서 임용된 뒤에도 업무추진에 어려움을 겪기가 일쑤다.

일부에서는 고시제도 자체를 아예 폐지하자고 주장하기도 한다. 그러나 균등한 공직진출 기회 제공, 채용의 공정성 및 투명성 등 장점을 갖고 있는 고시제도를 없애는 것은 문제가 있다. 따라서 다양한 전문가가 공직사회에 진출할 수 있도록 고시제도를 개편하는 것이 현실적인 대안이다. 채용인원도 단계적으로 늘려야 한다. 법률적·경제적 지식이나 조직관리와 관련된 과목을 신설하는 방안도 검토돼야 한다.

전문가의 특별 채용을 늘리는 것도 하나의 방법이다. 정부는 2001년 의무·약무·항공·기상·자원 등 특수 분야에서 박사나 의사 등 81명을 사무관으로 특채했다. 그러나 수시채용인데다 부실한 교육, 열악한 처우 등으로 인해 애써 뽑은 인재가 쉽게 이직하는 등 문제점이 지적됐다. 따라서 부처별로 특채 인원을 미리 공고한 뒤 경쟁시험을 거쳐 선발

이다. 이공계들의 정치에 대한 영향력도 점점 커지고 있다.

대표적인 압력단체가 전미과학자단체(AAAS)다. 이 단체는 1976년부터 매년 연구개발 콜로키엄을 열면서 그해 대통령이 의회에 제출한 과학기술예산 요구서를 놓고 토론을 벌인다. 이것은 의회의 예산심의에 중대한 영향을 미친다.

AAAS는 또 이공계 출신들이 의회 보좌진으로 진출할 수 있도록 지원한다. 1973년부터 이공계 박사들이 의회에 스태프진으로 일하도록 지원해왔다. 이 프로그램을 통해 1,100명에 이르는 이공계 출신들을 의회 펠로로 만들어냈다.

이런 전통으로 인해 의회는 과학기술 방면으로 눈을 돌리지 않을 수 없다. 의원 자신이 이공계가 아니더라도 문제가 없다. 뛰어난 이공계 출신 보좌진을 활용할 수 있고 여러 단체들로부터 협조도 받을 수 있는 게 미국의 현주소다.

할 필요가 있다. 특채를 고급기술 및 기술정책 공무원 등용을 위한 정기적이며 공식적인 창구로 활용하자는 것이다. 특채자들의 정책과 행정업무 능력을 키워주고 공직에 대한 이해를 넓히기 위해 합격자를 1년가량 교육시킬 필요가 있다. 특채된 뒤 일정 기간 동안 행정고시·기술고시 합격자들과 함께 위탁교육을 시킬 수도 있다.

전문성과 경력을 중시하는 보상체계를 구축하는 것도 중요하다. 기술직 공무원의 경영능력이 떨어진다면 이공계 출신 CEO를 고위직으로 발탁하는 방안도 강구될 수 있다.

행정직과 기술직 공무원이 갈 수 있는 복수직의 경우, 기술직을 우선 임용하는 것이 시급하다. 중·장기적으로 복수직을 기술직으로 단일화하는 방안도 추진되어야 한다.

인사제도의 개선도 필요하다. 기술직은 도시계획·토목·건축·지적·측지 등 38개 직렬로 나뉘어 있어 임용범위·승진·전보 등에서 불이익을 받는 경우가 많다. 이에 비해 공안행정직은 행정·세무·사회복지 등 19개 직렬로 구분되어 있다. 기술직의 경우 지나치게 세분화된 직렬을 바꾸거나 주요 기능별로 그룹화해 관리하는 것이 바람직하다. 전기직이 기계직으로 갈 수 있도록 기술직 내 직렬 간 교류도 허용해야 한다. 승진기회를 확대하기 위해 3급(부이사관) 이상의 직렬을 폐지하는 방안도 검토될 수 있다. 기술직 중에서 첨단 분야에 종사하는 공무원을 분리, 연구개발직으로 활용할 수 있다.

Chapter 4

이공계가 살아야 나라가 산다

지방의 대기업 연구소에서 병역특례를 통해 3년째 전문연구요원으로 몸담고 있는 K씨. 그는 이 연구소가 자신을 연구원이라기보다는 5년짜리 사원으로 채용했다고 생각한다. 실제로 그의 업무는 생산직을 위한 도면 복사와 각종 서류작성, 외주업체 관리 보조 등으로, 전공관련 연구는 꿈도 못꾸고 있다.

1. 투자 없이 성공 없다

　　　　　우리나라에서는 언제쯤 노벨 과학상 수상자가 탄생할 수 있을까? 우리나라가 아직까지 타지 못한 상 가운데 대표적인 것이 바로 노벨 과학상(물리·화학·생리의학)이다. 아시아에서 일본·중국·인도까지 수상한 노벨 과학상과 인연을 맺지 못하고 있는 것이다. 일본에서는 9차례나 수상했으며 중국에서도 두 사람을 탄생시켰다. 인도에서는 1930년에 이미 과학상을 탔다.

　우리나라에서도 이제 노벨 과학상 수상자가 나와야 한다는 데는 의견이 일치한다. 그러나 그 꿈이 실현될지는 여전히 의문이다. 그 이유는 간단하다. 노벨상 선정기준인 기초과학 분야에서 탁월한 성과를 일궈내기가 쉽지 않기 때문이다.

　'노벨 과학상 수상'이란 꿈을 실현하기 위해선 먼저 기초과학 분야에 대한 지원 확대가 선행되어야 한다. 노벨 과학상의 45.3%(222회)를 차지한 미국은 지난 2000년에 833억 달러의 과학기술 예산 가운데 22.9%인 191억 달러를 기초과학 분야에 투자했다. 미국에 이어 노벨 과학상 수상자(71회)를 많이 배출한 영국도 지난 1998년에 연구개발 예산의 31.5%인 18억 5,000만 파운드를 기초과학 분야에 쏟아부었다. 이에 비해 우리나라는 2001년 전체 연구개발 예산 4조 1,000억 원 중 17%인 7,200억 원을 기초과학 연구에 투입했다. 기초분야 투자의 절대 규모나 연구개발 예산에서 차지하는 비중이 선진국에 비해 형편없다.

기초과학투자 늘려야 노벨상 받는다

기초연구의 단위과제당 연구비도 크게 부족하다. 국내 연구지원기관의 과제당 평균 연구비는 2,500만 원에 불과하다. 이에 비해 미국과학재단(NSF)은 연구과제당 10만 5,000달러를 지원하고 있다. 이같은 상황을 감안할 경우 우리나라의 기초과학 연구수준이 미국의 1990년 수준에 이르는 데 앞으로 168년, 일본의 1998년 수준에 이르는 데도 70년이 걸릴 것이라고 과학재단 측은 분석하고 있다.

기초과학을 장기적인 안목에서 꾸준히 지원해가는 것도 과제의 하나다. 미국의 허블 우주망원경 프로젝트는 시작에서부터 설계·시험·작동하는 데까지 무려 38년이 걸렸다. 과학기술부 관계자는 "기초과학이 육성되지 않고서는 노벨 과학상을 타기 어렵다"며 "정부가 과학기술 예산을 늘리는 것은 물론, 이 가운데 25% 이상을 기초연구에 꾸준히 투자해야 한다"고 강조했다.

국제 공동연구개발 체제 구축도 시급한 과제다. 과학기술정책연구원의 송종국 연구원은 "우리나라 과학자의 노벨상 수상 가능성을 높이려면 국제적으로 인정을 받아야 한다"며 "국제 세미나 등을 통한 국제교류 촉진이 시급하다"고 강조했다. 하지만 국내 연구개발 부문의 글로벌화는 선진국들에 비해 훨씬 뒤져 있다. 미국은 공과대학의 외국인 교수 비율이 37%, 대학원의 외국인 학생비율이 24%에 이르며 박사후 과정의 50% 이상이 외국인 연구자다.

일본에서도 공과대학 박사학위 취득자 중 외국인이 40% 이상을 차지하고 있다. 하지만 우리나라는 공과대학 대학원의 외국인 학생 비율이 1%에도 못 미치는 실정이다. 연구인력의 해외파견도 부진하다. 일본의 경우 정부출연 연구기관의 연구인력 해외파견 규모가 지난 1989년 2,303명에서 1999년에는 6,833명으로 크게 늘어났다.

이에 비해 우리나라는 지난 5년 간 과학기술부의 지원으로 해외에 파견된 전체 연구인력이 2,000명을 넘지 못했다. 따라서 국제공동연구를 통해 학술지에 실리는 논문도 적을 수밖에 없다. 실제로 지난 2000년 세계적인 과학전문지 〈네이처〉에 실린 연구논문 886편 가운데 우리나라의 연구기관이 기여한 것은 5편에 불과한 것으로 나타났다.

과학상 수상 지원체제도 갖춰야 한다. 정부 및 기업연구소가 과학상 수상후보들을 지원해야 한다. 정부가 산·학·연과 공동으로 해외논문 게재 지원 등 과학상 수상을 지원할 수 있는 프로그램을 마련해야 한다. 기업과 연구소에서도 노벨상 후보들을 위한 연구소 설립을 지원해줄 필요가 있다. 노벨상 수상은 개인의 능력만으로는 한계가 있다는 게 관계자들의 지적이다.

일본에서는 2001년 12월 노벨상 선정위원을 무료로 초청하려다 말썽을 빚기까지 했다.

노벨 과학상의 산실, 일본 교토 대학

일본은 물리학상 4명, 화학상 4명, 생리의학상 1명 등 9명의 노벨 과학상 수상자를 배출했다. 아시아 지역 노벨 과학상 수상자의 75%에 이른다. 일본이 과학상 수상자를 잇따라 배출할 수 있었던 배경은 무엇일까? 지금까지 5명의 수상자를 탄생시킨 교토 대학의 사례를 통해 일본의 노벨 과학상 수상전략을 살펴본다.

소립자 이론 연구로 지난 1949년 일본에서 처음으로 노벨상을 탄 유카와 히데키를 비롯해 도모나가 신이치로, 후쿠이 겐이치, 도네가와 스스무, 노요리 료지가 바로 교토대 출신이다.

지방 국립대인 교토대가 도쿄대를 제치고 일본에서 최다 수상자를 배출할 수 있었던 배경으로는 우선 독창성과 자율정신을 중시하는 학풍을 꼽을 수 있다. 도쿄대는 관료를 양성하는 데 초점을 맞추지만 교토대는 1897년 설립 이후 자주정신과 학문의 정신을 중시하는 학풍을 지켜오고 있다.

교토대는 학문의 주체성을 강조한다. 교토대는 생각하는 사람을 길러내지만 도쿄대는 기계인간을 만들어낸다는 얘기까지 나온다. 노벨상 수상자를 잇따라 배출하면서 스승과 제자 간 연구전통이 확립된 것도 강점 중 하나다. 노벨상 수상자를 분석한 결과 절반 이상이 스승과 제자 관계인 것으로 나타나고 있다. 미국에서는 노벨상을 수상한 기관 및 대학에서 계속해서 노벨상을 타고 있다. 포항공대 임경순 교수는 "노벨상은 집중도가 높은 상이기 때문에 첫번째 수상자를 배출하기가 아주 어렵다"고 설명했다.

막대한 연구비 지원도 수상자 배출에 빼놓을 수 없는 요인으로 꼽힌다. 교토대는 2000년에 15억 달러(1조 8,000억 원)의 연구비를 투입했다. 이는 당시 우리나라 정부가 192개 대학에 배정한 예산보다 많은 것이다.

일본 정부는 지난 2000년 말 "노벨상 수상자를 앞으로 50년 동안 30명 배출한다"는 장기목표를 담은 '과학기술 기본계획(2001~05년)'을 발표했다. 노벨상 수상자 배출을 위해 연구개발 투자비를 과거 5년보다 40% 이상 많은 24조 엔으로 늘리기로 했다. 분야별로는 생명과학·정보통신·환경·미세 소재 기술 등을 4대 핵심분야로 설정, 자원을 집중 투입키로 했다.

생명과학에서는 맞춤의료의 실현을 위한 게놈과학, 이식·재생의료를 위한 세포생물학, 뇌세포 해명과 노화억제를 위한 뇌과학 등에 초점을 맞췄다. 일본 과학기술청은 "5개년 계획은 총리 직속 과학기술회의를 중심으로 각 부처의 영역을 넘어선 종합전략으로 추진될 것"이라고 밝혔다. 노벨 과학상을 타기 위해 국가가 앞장서고 있는 것이다.

장학재단 육성, 대기업이 나서라

국내에 등록된 장학재단은 1,500여 개. 이들 재단의 평균 자산은 14억 원이며 연간 장학금 지급액은 6,500만 원에 머무르고 있다. 사립대학생 10명 정도의 연간 등록금을 지원하기에도 빠듯한 수준이다. 그나마 기업에서 출연하지 않은 재단은 이름뿐인 경우가 수두룩하다.

국내 장학재단들이 장학금 지원을 통해 인재를 양성한다는 본래의 기능을 제대로 하지 못하고 있다. 장학재단의 주체는 개인이나 중소기업, 동창회·종친회 등이 대부분이다. 나름대로 역할을 하고 있는 재단은 대기업 등에서 출연한 20여개에 불과하다. 미국에서처럼 대기업들이 많은 돈을 기부해 설립하는 장학재단을 찾아보기가 어렵다. 물론 우리나라에서도 삼성 등 대기업들이 나서 장학재단을 설립, 이공계 학생 지원에 나서고 있다. 그러나 아직은 미미한 실정이다.

장학재단 활성화를 위해 우선 대기업이 나서야 한다는 목소리가 크다. 삼영화학 이종환 회장은 2000년 '관정 이종환교육재단'을 설립했다. 이 회장은 2002년 4월 재단 규모를 3,000억 원(시가 기준)으로 늘렸다. 이어 삼성은 같은 해 9월, 5,000억 원 규모의 '삼성 이건희장학재단'을 출범시켰다. 이를 계기로 이공계 인력의 최대 수요처인 기업이 나서 장학재단을 설립해야 한다는 주문이 물밀 듯 터져나오고 있다.

일부에선 장학재단의 수적인 확대뿐 아니라 자산규모 등 질적인 면에서도 한 단계 도약해야 한다고 주장하고 있다. 전국경제인연합회에 따르면, 2001년 말 현재 교육부의 관리·감독을 받는 장학·학술관련 기업재단 42개 중 자산규모가 100억 원이 넘는 재단은 19개(45%)에 그친 것으로 조사됐다. 13개가 10억~50억 원의 자산을 갖고 있었으며 10억 미만의 자산을 가진 재단도 4개나 됐다.

이 중에서도 이공계열 학생 지원에 초점을 맞춘 재단은 롯데장학재단, 가헌과학기술재단 등 손에 꼽을 정도다. 개별 기업재단의 장학·학술·연구부문 연평균 집행금액도 1997년 4억 3,000만 원에서 2001년 3억 3,000만 원으로 줄어들었다. IMF 외환위기의 충격에서 벗어나지 못하고 있는 것이다.

이에 따라 산업자원부는 2002년 자동차·전자 등 주력 기간산업 분야의 10개 업종 단체별로 '산업발전장학기금'을 조성한다는 계획을 발표했다. 기금규모는 연간 130억 원으로 공대생 2,000명과 고교생 3,000명에게 각각 500만 원과 100만 원씩을 지급할 방침이다. 손병두 전 전경련 부회장은 "미국·일본의 기업들은 경상이익의 2% 이상을 장학사업 등 사회공헌활동에 지출하고 있다"며 "국내 기업들도 이같은 활동을 경영 전략적 차원에서 이해할 필요가 있다"고 말했다.

기초과학분야 장학금을 늘리는 것도 시급한 과제다. 이공계열 장학금은 대부분 정보통신 등 응용과학 분야에 지원되고 있다. 물리학·수학 등 기초과학 분야에 장학금을 주로 지원하는 곳은 롯데장학재단 등 손으로 꼽을 정도다.

산업자원부도 산업발전장학기금을 공대생만을 위해 활용한다는 방침이다. 조용승 이화여대 교수(수학과)는 "기초과학을 경시하면서 응용과학의 성과를 기대하는 것은 뿌리 없는 나무에서 열매가 열리기를 기대하는 것이나 다름없다"며 "이과계열 학생에 대한 지원의 폭을 넓혀야 한다"고 주장했다.

선진국에서는 기초과학 분야에 대한 지원이 주류를 이루고 있다. 미국 연방정부는 지난 2000년 응용과제 지원액 42억 달러의 두 배 이상인 100억 달러를 기초과제에 지원했다. 일본 기초과학진흥재단의 한 해 예산(3,000억 엔)은 우리나라 과학기술부 예산과 맞먹는 수준이다.

장학금 지급방식도 다양화할 필요가 있다. 국내 장학금은 대부분 해외 학위 취득을 위해 지원되고 있다. 그러나 장학금을 효율적으로 활용하기 위해선 1~2년짜리 교환학생, 해외연수 프로그램에도 관심을 기울여야 한다는 게 관계자들의 지적이다.

전국 공과대학 및 자연과학대학 학장 연합회는 "정부가 해외학위 취득을 지원하는 대신 박사과정 대학원생을 연수·연구 등을 위해 파견할 경우 1,200억 원의 예산으로 매년 2,000명 이상이 2년 간 해외에서 생활할 수 있다"고 추산했다. 한송엽 공학교육인증원 부원장도 "학생 한 명을 1년짜리 외국대학의 학점교류 프로그램 등에 보내는 데 2,000만 원 정도 소요된다"며 "정부가 매년 2,000여 명의 학사, 석·박사과정 학생을 대상으로 교류 프로그램을 운용하는 것도 효과적인 이공계 지원 방안"이라고 제안했다.

과학기술부는 해외 인턴십 및 교환학생 프로그램, 해외 선진연구기관과의 공동연구 프로그램에 장학금을 지원하는 방안을 검토하고 있다.

 국립대보다 적은 사립대 장학금

학부생 1인당 장학금 액수는 이공계 대학별로 천차만별이다. 서울대 공대의 장학금이 2002년 1학기 기준으로 85만 원인 반면 고려대, 한양대 공대는 각각 25만 원과 26만 원에 그치고 있다. 등록금이 비싼 사립대 공대 장학금이 국립대보다 오히려 적은 셈이다. 공학계열의 경우 사립대 등록금이 국립대의 두 배가 넘는 연간 593만 원에 달하고 있다.

손욱 삼성종합기술원장은 "대학의 등록금은 이공계가 상경계보다 더 높은데, 사회에서의 급여는 상경계가 더 많은 모순적 상황이 발생하고 있다"며 "이를 해결하기 위해 이공계 대학 진학자 전원에게 장학금을 지급할 필요가 있다"고 말했다.

2001년 장학금을 받은 대학생은 전체 등록학생 수의 34%인 91만 3,259명이며 장학금 규모는 등록금 징수 총액의 13.4%인 7,322억 원인 것으로 조사됐다. 교육부의 BK21 사업을 통해 2000~01년까지 장학금을 받은 인원은 석사과정 9,444명, 박사과정 5,328명으로 대상 대학원생의 70%에 이르는 것으로 집계됐다.

과학기술부 관계자는 "기업에서 해외학위 취득자를 선호하는 이유는 외국과 공동연구가 가능하기 때문"이라며 "단기 해외연수가 글로벌 R&D 네트워크 구성에 기여할 것"으로 내다봤다.

인텔, 교육분야에 1억 300만 달러 기부

이공계 기피현상이 한국보다 일찍 발생한 선진국에서는 정부가 나서 과학기술 인력 확보를 위한 장학금 지급 등 다양한 해결책을 내놓고 있다. 기업들도 이공계 지원을 '경영 코스트'로 생각할 만큼 적극 대응하고 있다.

미국 하원은 2002년 7월 이공계 대학의 인력 감소추세에 따른 기술인력 부족문제에 대처하기 위해 '기술인재 지원법(Technology Talent Act of 2002)'을 마련했다. 향후 5년 간 전국 전문대 및 대학에 3억 9,000만 달러를 지원해 장학기금을 조성하겠다는 것이 그 주요 내용이다. 이 법안은 인텔, 텍사스인스트루먼츠(TI) 등 반도체 업계의 강력한 요청으로 마련됐다. 미국에서는 연방정부가 전체 장학금 총액의 70% 정도를 부담하고 있다.

민간기업들의 이공계 지원을 위한 노력도 활발하다. 세계 최대 반도체업체인 인텔은 2001년 인텔재단 등을 통해 고등교육 및 초·중등교육 부문과 지역단체에 1억 300만 달러를 기부했다. 2001년에는 전세계 450여 명의 학생들에게 470만 달러가 넘는 장학금을 지급했다. '주니어 노벨상'으로 불릴 만큼 최고 권위를 자랑하는 인텔과학경시대회도 매년 개최해 우승자에게 10만 달러의 장학금을 지원하고 있다.

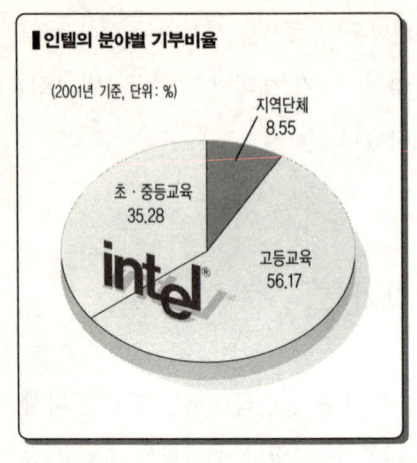

미국 기업 중 기부액 랭킹 1위를 차지한 제약회사 머크(Merck)는 초등학교와 중등학교를 대상으로 과학과 수학교육 강화를 위해 지원한다. 또한 학부 및 대학원 이상 연구과정을 대상으로 생물의학의 발전을 위해 지원한다. 이 회사는 〈포천〉이 매년 선정하는 '가장 존경받는 기업'에 7년 연속(1987~1993년) 1위에 오르기도 했다.

일본 기업들도 학술분야 지원에 적극적이다. 지난 2000년 게이단렌(經團聯) 회원 1,048개사를 대상으로 조사한 결과, 기부금 지출비율이 가장 높은 분야는 '학술연구 및 교육(29.8%)'인 것으로 나타났다. 장학금 지급 등 사회활동을 하는 이유로는 '사회 일원으로서의 책임'이라는 응답이 84%로 가장 많았다.

2. 과학교육, 이대로는 안 된다

유아기에서부터 초·중등 과정에서 이뤄지는 과학교육은 '창의성' 개발에 결정적 역할을 한다. 창의성은 과학기술 인력이 갖춰야 할 기본이다. 선진국들이 어린이를 대상으로 한 과학교육에 막대한 투자를 해온 이유가 바로 여기에 있다.

미국의 21세기 수학과학교육위원회는 지난 2000년 '더 늦기 전에(Before It's too late)'라는 제목의 글렌 보고서를 발표, 수학과 과학교육의 개혁을 촉구했다. 영국과 독일 등도 과학교육에 국가적인 지원책을 펼치고 있다.

우리나라에서도 교과과정 개편 등을 통해 창의성에 중점을 둔 과학교육 실현에 힘을 쏟아왔다. 박정희 전 대통령 시절부터 '아는 교육에서 하는 교육'이라는 슬로건을 내걸었다. 그러나 그 성과는 신통치 않다. 입시 위주의 교육으로 인해 실험·실습 시간은 유명무실한 실정이다.

학교 밖에서 체험교육을 받기도 쉽지 않다. 유아교육 또한 조기 특수교육의 여파로 창의성 개발을 외면하고 있다.

눈높이 체험학습을 늘리자

창의성을 살리려면 어떻게 해야 하나? 우선 과학교육의 내실화가 시급하다. 현재 초·중등학교의 과학실험실 확보율은 83%에 머무르고 있다. 아직까지 실험실이 없거나 필요한 만큼의 실험실을 확보하지 못한 학교가 20% 가까이 된다.

더 큰 문제는 교육 내용이 너무 이론적이라는 데 있다. 현행 제7차 교육과정은 과학 과목의 경우 실험실습과 탐구에 중점을 두게 돼 있다. 하지만 현실은 그렇지 않다. 중학교 과학 과목 배정시간이 종전의 주 4시간에서 3시간으로 줄었다. 제대로 실험시간을 갖고 교육을 받기엔 턱없이 부족하다. 실험교구 확보율도 87%에 달하지만 대부분 노화했거나 기초적인 도구에 불과하다는 게 일선교사들의 지적이다. 실험 내용이나 방식 또한 예전과 거의 바뀐 게 없어 아이들이 흥미를 느끼지 못하고 있다. 학생들의 수준을 고려한 실험실 구조나 교과서 수준에 맞는 실험 도구를 개발해야 한다.

아이들의 창의성을 살려줄 수 있는 교육방법 개발도 시급하다. 2001년 1만 7,000여 명의 교사들을 대상으로 실험실습 연수를 실시했지만 효과는 크지 않았다고 전문가들은 지적한다. 단기 연수만으로 창의적 교육방법을 습득하기가 어려운데다 과학교육 방식에 대한 가이드라인도 찾기 어렵기 때문이다.

체험교육 기회를 넓히는 일도 중요하다. 우리나라의 유소년들이 체험학습을 제대로 경험하기는 쉽지 않다. 이름값을 할 수 있는 과학관은 10여 개에 불과하다. 정부에서 과학관 등의 시설에 집중 투자하고 있는 미국이나 독일 및 프랑스 등과는 큰 차이가 있다. 과학체험 행사 등 프로그램의 질을 높일 필요도 있다. 한국과학문화재단 관계자는 "현재 실시되고 있는 과학체험 행사나 과학캠프 등은 대부분 일회성에 그쳐 학생들의 창의적인 활동을 기대하기 힘들다"며 "내실 있는 교육이 이뤄지기 위해선 정부와 기업에서 지속적으로 지원해야 할 것"이라고 설명했다.

학교 밖 과학교육 활동에 대한 통합 지원체계를 구축하는 것도 시급하다. 박승재 서울대 교수는 '청소년 학교 밖 과학활동진흥방안 연구'란 보고서를 통해 "공공기관, 민간단체, 기업 등은 청소년 과학활동 사업을 고정 사업으로 만들어야 한다"며 "이러한 사업을 전문적으로 연구하고 총체적인 기능을 담당할 중추 기관이 있어야 한다"고 주장했다.

유아교육은 그 틀부터 다시 짜야 한다는 지적이 많다. 우리나라의 유아교육은 '창의성' 개발과는 거리가 멀다. 상급학교 과정에 대비한 '지식 습득'과 특기교육에 치중돼 있다. 그럼에도 유아교육에 대한 전문 연구나 정부의 정책개발은 제대로 이뤄지지 않고 있다. 따라서 유아교육의 틀을 새롭게 정립해야 한다고 전문가들은 주장한다. 창의성에 중점을 둔 교과과정의 개발, 교사들의 전문성 확보 등을 위해 유아교육의 공교육화 및 정책개발에 정부가 적극 나서야 한다는 것이다.

기업의 역할도 중요한 시점이 됐다. 일본의 소니는 수십 년 전부터 초·중등학교 및 교사 지원을 위해 교육진흥재단을 설립하고 엄청난 투자를 해왔다. 이에 비해 우리나라의 기업들은 초·중등학교에 대한 과학교육 지원에는 별다른 관심을 보이지 않고 있다. 과학관 건립이나 교사 연구활동 지원 등에 적극 나서는 기업은 흔치 않다. LG에서 전문과학관을 건립한 것 등이 고작이다. 따라서 초·중등 기초과학교육 지원에 기업들의 지원이 확대돼야 한다는 게 관계자들의 주문이다.

과학교육을 살리기 위해 정책 개발과 지원 전담부서가 부활될 필요가 있다. 현재 정부 내에 과학교육 전담부서가 없다. 과학교육국, 과학기술과 등으로 존재해온 전담부서는 김대중 정부에서 폐지됐다.

국가와 기업이 나선다

미국은 1957년 최초의 인공위성인 구소련의 스푸트니크호가 발사에 성공한 후 과학기술 교육 투자를 확대, 과학기술강국으로 발돋움했다. 1980년대에 접어들면서 다시 과학기술 교육 개혁에 나섰다. 지난 1985년에 미국과학진흥협회(AAAS)가 발표한 '프로젝트 2061'이 그 대표적인 사례다. 이 프로젝트는 1985년 출생한 아동들이 76년이 지난 2061년까지 미국 사회의 핵심적인 역할을 할 수 있도록 교육을 개혁하기 위해 마련됐다.

2000년에는 달 착륙 30주년을 기념해 '21세기 과학·수학교육위원회'를 설립, 21세기에 대비한 과학교육 개혁을 강화했다. 최근에는 2002 회계년도에 연방정부가 초·중등학교 교육에 265억 달러를 사용할 수 있도록 허용했다. 2001년에 비해 80억 달러가 늘어난 것이다. 이같은 움직임은 학생들의 수학 및 과학교육을 대폭 강화하기 위한 것으로 풀이된다.

이뿐만 아니다. 2004학년도부터 모든 3~8년 학생들이 수학시험을 치르도록 의무화했다. 2005년부터는 과학시험도 추가하도록 했다.

영국은 과거에는 학교와 교사들이 자체적으로 교육과정을 구성하고 운영하도록 했다. 그러나 학생들이 과학을 암기 위주로 학습하는 등 문제점이 드러남에 따라 1988년부터 국가적인 교육체제 정비에 나섰다. 정부는 교육개혁법을 통과시키고 5~16세 학생을 위한 '국가 교육과정'을 도입했다. 이 교육과정은 학생들이 실험·실습을 통해 직접 과학교육에 참여하는 것이 주요 내용이다. 이같은 개혁으로 과학교육에서 탐구가 차지하는 비중이 초등학교 저학년의 경우 70%로 높아졌다. 전체 의무교육 기간 중 과학과 수학이 영어와 함께 핵심 과목이 됐다. 과학교사협의회(ASE) 등의 활동으로 과학교사의 자질도 향상됐다.

독일은 학교 밖의 과학교육에 대해 집중 지원하고 있다. 독일 청소년들의 과학기술 분야 능력을 개발할 목적으로 지난 1966년 처음 실시된 청소년탐구대회는 현재까지 정부를 비롯, 수많은 기업들로부터 후원을 받고 있다. 학생들의 탐구심을 이끌어내주는 과학교육에도 온힘을 쏟고 있다. 국가에서 교육을 통제하지 않고 학교 또는 과학교사들이 자율적으로 교육과정을 마련한다.

떨어지는 수학실력

국내 이공계 학생들의 수학실력이 갈수록 나빠지고 있다. 2002년 초 서울대가 자연대·공대 신입생 1,300여 명을 대상으로 수학성취도 평가시험을 실시한 결과 13.9%인 180명이 낙제점을 받아 수학 교양과목을 수강할 수 없었다.

2001년의 7.6%에 비해 두 배가량이나 늘어난 것이다. 평균 점수도

100점 만점에 37.6점으로 2001년의 52.9점에 비해 크게 떨어졌다. 특히 삼각함수의 미분값을 묻는 기초 문제조차 정확하게 답하지 못한 학생들도 있었다.

지방대나 수도권의 다른 대학도 마찬가지다. 이공계 학문의 가장 기초적인 수학 이론인 삼각함수나 미적분의 기본조차 모른 채 공대를 졸업하는 학생들도 상당수에 이를 정도다.

수도권 사립대의 한 교수는 "물리학과 편입생의 대다수가 2차식의 미분을 몰랐으며 수학과에서도 사인함수의 미분을 모르는 학생들이 많다"고 털어놓았다. 동국대에선 학생들의 수학실력을 높이기 위해 교수들이 직접 개인교습에 나서기도 했다.

정답만 강요하는 수학공부

수학은 과학분야 연구를 위한 기초학문이다. 이공계 분야에서 수학적인 기초를 제대로 갖추지 않고는 고급 연구를 하기가 어렵다. 노벨 과학상은 물론 경제학상 수상자 가운데에서도 수학을 전공한 석학이 적지 않다. 미국 등 선진국에서 어릴 때부터 수학교육을 집중적으로 시키고 있는 이유가 바로 여기에 있다. 미국과학재단(NSF)의 리타 콜웰 박사팀은 2001년 '수학 부흥정책'을 마련, 6년 안에 수학 분야 지원을 5배로 늘리기로 했다.

그러나 우리나라의 수학교육은 한 마디로 '위기 상황'이라 할 수 있다. 서울대에서조차 입학생을 대상으로 기초수학을 다시 가르치고 있다. 그나마 정상적인 이공계 대학생조차 미국 고교 수준의 수학교과서를 배우고 있다.

우리나라의 수학교육을 정상화하려면 무엇보다도 학교 수학교육의 틀을 바꿔야 한다. 수학교육이 문제풀기 방식에서 논리적 사고배양 쪽으로 전환돼야 한다. 우리나라의 고등학생들은 국제 수학올림피아드 등에서 줄곧 상위권을 유지해왔다. 외견상으로는 수학 실력을 어디에 내놔도 손색이 없다고 할 만하다. 문제는 수학이 단순한 '문제 풀기'가 아니라는 점이다.

수학은 물리·화학 등의 기초과학은 물론 IT 등 응용분야의 새로운 현상과 기술에 대한 논리적 근거를 제공한다. 수학교육을 통해 새로운 문제 해결을 위한 논리력과 이해력을 배양할 수 있는 것이다. 따라서 문제풀기식의 기능적 측면에 치중하고 있는 우리나라의 수학교육으로는 기초이론에 대한 실력 저하를 불러올 수밖에 없다.

실제로 서울대에서 2001년부터 미·적분학 우열반 편성을 위해 신입생들의 수학 실력을 측정한 결과 이같은 우려가 그대로 드러났다. 단답형의 경우 만점자 비율이 70% 수준에 이르렀지만 기본적인 평균값 정리를 이용한 서술형 문제를 정확하게 풀어낸 학생은 30%에 불과했다.

대학입시 체계도 개혁돼야 한다. 현행 입시로는 새로운 문제의 해결 능력보다는 이미 알고 있는 문제를 틀리지 않는 게 중요하다. 학교 교육도 이런 틀 속에서 이뤄지고 있다. 이러한 문제를 풀기 위해선 우선 수학능력평가에서 창의성을 요구하는 수학 문제를 지속적으로 늘려나가야 한다는 게 전문가들의 주장이다.

정부 측의 의지도 물론 중요하다. 한국교육과정평가원의 한 관계자는 "창의성을 필요로 하는 문제의 비중을 높이면 즉시 난이도에 대한 비난이 쏟아진다"며 "고등학교 수학교육을 개혁하기 위해서는 창의적인 문제 출제에 대한 정부의 일관된 정책이 필요하다"고 지적했다.

입시에서 대학별 자체 평가의 기회를 확대해주는 것도 시급한 과제의 하나로 꼽힌다.

서울대 수학과 계승혁 교수는 "창의적인 수학 능력을 가진 학생을 많이 뽑고 싶어도 현재의 수능체제에서는 불가능하다"며 "입시에서 대학의 선택권을 높여주는 것이 바람직하다"고 주장했다.

대학 수학교육의 질을 높이는 것도 시급한 과제. 대한수학회가 전국 64개 대학을 대상으로 조사한 결과, 교양수학의 경우 수업시간의 65%를 시간강사가 맡고 있다. 수학과 학부 전공과목에서도 30%를 시간강사가 맡고 있다. 교양수학 시간의 65%를 시간강사에 의존한다는 것은 교육의 부실화로 이어질 수밖에 없다는 게 전문가들의 지적이다.

 수학 영재교육의 선진국, 러시아

러시아는 기초과학과 수학분야에서 세계 최강국이다. 국가적인 수학 영재교육을 통해 기초과학 분야의 기반을 다졌으며, 이를 바탕으로 기술강국으로 발돋움했다.

러시아는 1959년 교육부와 구소련 과학원의 지원을 받아 모스크바의 426개 대학에 특별 학급을 설치, 수학 영재교육에 나섰다. 1963년 모스크바 국립대학교, 레닌그라드 국립대학교, 노보시비르스크 국립대학교 부설로 수학·물리학교(SUNTs)가 문을 열면서 본격적인 영재교육이 시작됐다. 이같은 수학·물리학교는 각 대학으로 확산돼 러시아 영재교육의 산실로 자리잡았다. 노보시비르스크대 부설 수학·물리학교의 경우 현재까지 9,000명 이상의 졸업생을 배출했다. 특히 올림피아드 조직위원회 위원, 교수, 아카데미 회원 등이 직접 지역의 올림

대학 수학교육에 대한 연구가 제대로 이뤄지지 않고 있는 것도 문제다. 초·중·고 수학교육의 경우 교재개발이나 교사들의 교육방식 연구가 활발한 편이지만, 대학의 경우 여전히 과거의 틀에서 벗어나지 못하고 있는 실정이다. 20~30년 전의 외국 교재를 그대로 사용하고 교육 방식도 종전에 비해 크게 달라지지 않고 있다. 최근 이화여대·호서대 등의 일부 교수들이 금융·IT 등과 접목된 새로운 교과목을 연구하고 있지만 연구실적으로서 제대로 평가받기는 아직 어려운 상황이다.

정동명 대한수학회장(서강대 교수)은 "수학 교수들이 전공 교육의 질을 높이기 위해서는 교재 등의 콘텐츠나 시대에 맞는 교과목에 대해 연구할 수 있는 여건이 마련돼야 하지만 국내 대학 현실로는 어림도 없다"며 "실제로 새로운 교육 방식에 대해 연구를 한다 하더라도 제대로 평가

피아드 대회에 참석해 학생들을 선발할 정도로 우수학생 발굴에 온 힘을 쏟고 있다.

수학·물리학교의 학생들은 특별 세미나와 수업 등을 통해 창의적인 재능을 개발하고 있다. 대학의 교과정이나 세미나에도 참여할 수 있다. 이 밖에도 각 학교들은 자체적으로 교과서나 참고용 도서를 연구하고 있으며 박사급 교사를 대거 확보하고 있다. 노보시비르스크대 부설 수학·물리학교의 경우 150명의 교사 가운데 80명이 박사학위를 갖고 있다.

또 하나 빼놓을 수 없는 것이 수학 올림피아드다. 러시아에서는 이미 1886년에 수학문제 풀이 경시대회가 시작됐다. 1934년에는 레닌그라드 대학에서 제1회 수학 올림피아드가 개최됐다. 최고 실력을 가리는 경쟁적 의미보다는 정규 수학 학습과 과외 수학활동을 총결산하는 쪽에 무게중심을 두고 있다. 학생들은 자기 수준에 맞는 대회에 참가, 수학적 재능을 기르고 수학에 대한 관심을 높일 수 있다. 점수로 실력을 결정하는 한국의 수학 경시대회와는 크게 다르다.

받기가 쉽지 않다"고 설명했다.

수학의 대중화도 수학교육 정상화에 기여할 수 있다. 우리나라에서는 수학에 대한 학생이나 일반인들의 관심을 살 만한 행사나 정기간행물이 거의 없다. 따라서 수학을 쉽고 재미있게 접할 수 있도록 수학체험관을 설립하고 어린이용 잡지 등을 내놓을 필요가 있다. 수학연구 결과를 발표할 수 있는 전문 저널의 발간도 시급한 과제다.

입시에 내몰린 과학고

국내 최초의 과학영재기관인 부산 과학영재학교가 2003년 신입생 144명을 뽑았다. 그 전신은 부산과학고. 국내 16개 과학고 가운데 처음으로 과학기술부와 부산시에 의해 영재교육기관으로 전환됐다. 부산 과학영재학교는 부실화된 기존 과학고의 대안으로서 '고급 두뇌 양성'이란 과제를 짊어지고 있다. 1991년 설립된 부산과학고가 11년 만에 이처럼 변신하게 된 것은 '과학영재 교육'이란 목표를 기존 체제로는 달성할 수 없었기 때문이다.

1980~90년대 내내 정부는 과학고를 과학영재 교육의 중심 축으로 키워왔다. 그러나 그 결과는 형편없다. 대학입시에서 내신성적에서의 불리한 평가로 인해 과학고생들은 잇따라 자퇴를 하면서 정상교육에 차질을 빚고 있다. 그나마 상당수가 이공계가 아닌 의대·치대·약대 등으로 진학하고 있다. 전국 15개 대학에 설치된 과학영재교육원(옛 영재교육센터)도 제구실을 못하기는 마찬가지다. 영재교육이 제대로 되지 않고 있는데다 자퇴생들이 줄을 잇고 있다. 이대로 가면 과학영재교육 자체

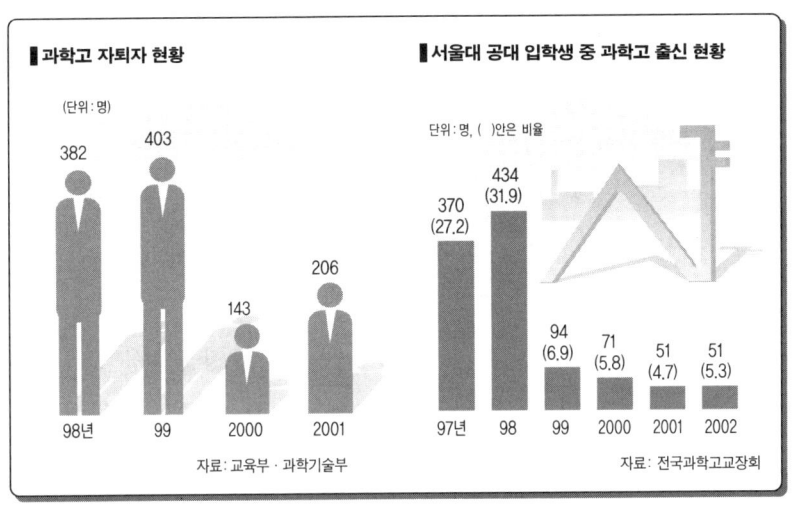

가 붕괴될지도 모를 상황이다.

이렇게 과학부문의 영재교육이 부실화된 데에는 입시 위주의 교육제도가 가장 큰 영향을 미쳤다는 게 학교 관계자들의 공통된 의견이다. 수능시험 성적의 전국 백분율에 따라 내신등급을 환산해 평가하는 '비교내신제'가 폐지된 것이 과학영재교육의 부실화를 불러온 결정적 요인으로 꼽힌다. 1998학년도부터 비교내신제가 없어지면서 내신등급에서 불이익을 받은 과학고 학생들은 학교를 떠나기 시작했다. 과학고 자퇴생은 지난 1998년 382명에서 1999년 403명으로 급증했다. 2000년부터 자퇴생이 줄어들기는 했으나 학생 이탈 문제로 여전히 몸살을 앓고 있다.

과학영재교육원도 학생들의 자퇴로 홍역을 앓기는 마찬가지다. 이들 센터의 자퇴율은 설치 초기인 지난 1998년 7.9%에서 2000년에는 14.6%로 두 배 가까이 높아졌다. 의과계열 선호도 과학영재교육 부실화를 부추기고 있는 요인이다. 과학고 학생들 가운데 상당수가 의대·치대·한의대를 목표로 하면서 과학교육이 부실화되고 있다는 것이다. 2002학년의 경우 대부분의 과학고에서 졸업생의 20~40%가 의대에 진학한 것으로 나타났다.

이에 따라 과학영재들이 이공계 대학에 진학할 경우 혜택을 확대해줘야 한다는 목소리가 높다. 비교내신제가 시행된 마지막 해인 1998학년도에는 과학고 졸업생 가운데 589명이 서울대에 진학했다. 그러나 이 제도가 폐지된 1999년에는 165명으로 급감했다. KAIST · 포항공대와 달리 서울대의 경우 수능성적 상위 10% 이내라는 단서조항을 적용하고 있기 때문이었다. 이와 관련, 전국 과학고교장회는 교육인적자원부 장관과 서울대 총장에게 "재외국민특별전형이나 농어촌학생을 위한 특별전형처럼 과학고 학생들이 동일 계열에 진학할 때 이공계 정원의 10%에 해당하는 수만큼 특별전형해달라"고 요청하기도 했다.

배희병 과학고교장회장(한성과학고 교장)은 "서울대 공대 입학생 중 과학고 출신은 지난 1998년 31.9%에서 2002년 5.3%로 줄었다"며 "그런데 공대 우등 졸업생 중 과학고 출신이 최근 3년 간 36~40%선을 유지할 만큼 과학고 출신들이 우수하다"고 강조했다.

과학영재교육 관리를 일원화해야 한다는 의견도 폭넓게 제기되고 있다. 기존 과학고는 교육인적자원부가 관리하지만 부산의 영재학교(기존 부산과학고) 담당부처는 과학기술부다. 과학고 관리가 이원화된 것이다. 현재 부산 과학영재학교에는 설비투자를 위해 100억 원이 지원됐다. 하지만 다른 15개 과학고에는 3억~4억 원이 배정됐다. 서울의 경우 일반 고등학교와 마찬가지로 교육청의 관리를 받기 때문에 특별한 지원을 기대하기가 어려운 형편이다. 기존 과학고를 살리기 위해선 관리체계를 재정비해야 할 것으로 지적된다. 한 과학고 관계자는 "우리도 과학기술부 산하로 들어가면 영재학교와 비슷한 수준의 지원을 받을 수 있을 것"

이라며 관리 일원화를 희망했다.

영재교육에 대해 전문지식을 갖춘 교사를 키우는 것도 필요하다. 부산 과학영재학교의 경우 전국적으로 학생을 뽑았지만 교사들은 기존의 부산과학고 소속이다. 과학 영재교육을 맡을 전문 교사가 태부족이라는 게 관계자들의 지적이다. 이에 따라 KAIST는 교수급 6명을 지원하기로 했다. 박인호 인천대 과학영재교육센터장은 "과학영재교육을 체계적으로 해온 러시아의 경우 콜름모고르프 과학고 교사 전원이 모스크바대 교수이고 이들은 평균 학생 3명을 맡고 있다"고 설명했다. 조석희 교육개발원 영재교육연구실장은 "은퇴한 교수나 연구원들을 영입하는 방법도 고려할 만하다"고 말했다. 황당하고 말도 안 되는 문제를 제기하는 영재들을 인내심을 갖고 지도하는 한편, 과학자의 역할 모델도 보여줄 수 있기 때문이란 것이다.

미국, 수업시간의 60%가 수학·과학

미국은 지난 1988년 연방정부에서 영재교육법을 제정했고, 현재 51개 주 가운데 32개 주가 영재교육을 의무화하고 있다. 수학·과학 영재고는 모두 15개. 대표적인 과학영재 교육기관에는 브롱스 과학고등학교와 일리노이 수학·과학고등학교(IMSA)가 있다. 브롱스 과학고는 1938년 설립됐으며 전체 수업시간의 60%가 수학과 과학이다. 1972년 노벨 물리학상 수상자 리언쿠퍼 등 5명의 노벨 과학상 수상자를 배출했다. 일리노이 수학·과학고는 1985년 설립됐고 수학·과학 과목의 경우 대학 수준의 교육을 한다.

러시아도 지난 1957년 세계 최초의 인공위성 스푸트니크의 발사에 성공하면서 과학 영재교육에 힘을 쏟아왔다. 1963년 모스크바대 부설 형태로 콜름모고르프 과학고를 설립, 우수학생을 가르치기 시작했다. 교사는 모스크바대 교수이며 보수도 일반 교사의 4~5배를 받는다. 학생들은 모스크바 대학에 무시험 진학할 수 있으며 병역 특혜도 받는다. 배출된 졸업생은 6,000여 명. 노벨상 수상자는 아직 없지만 유네스코 상은 두 명이 받았다.

이스라엘은 지난 1973년 정부조직에 영재교육 전담부서를 설치, 초등학교 3학년부터 전국 상위 3%에 드는 학생들을 대상으로 영재교육을 의무화하고 있다.

영재학교는 모두 12개. 1990년 설립된 이스라엘 과학예술고등학교는 수학·컴퓨터 교육 외에 음악·예술교육도 실시해 지도자 자질을 갖춘 과학영재 양성에 주력하고 있다. 졸업생들은 국내외 유명대학과 연구기관 및 군조직 등에서 활약하고 있다.

이 밖에 일본은 지난 2000년에 과학고 100개 육성 계획을 발표한 데 이어 2002년에는 이를 위해 94억 엔을 투입했다. 싱가포르는 지난 1983년 교육부에 영재교육과를 설치하는 것 등을 골자로 하는 국가영재 교육안을 마련했다.

과학전문 TV채널을 만들자

국내 케이블 TV에는 과학전문 채널이 없다. 지상파 방송에서도 과학문화를 홍보하기 위한 고정 프로그램을 찾기가 어렵다. 과학 프로그램의 편성비중은 고작 3%대에 머물고 있다. 그나마 동·식물, 자연 다큐멘터리 등이 대부분이다. 국·공립 과학관은 물론 기업체 등에서 운영하는 사립과학관도 제기능을 못하고 있다. 과학전문채널 운영, 체험형 과학관 설립, 과학문화전문 인력양성 등으로 과학문화가 대중화되고 있는 선진국과는 대조적이다. 미국은 국가경쟁력을 높이기 위해 지난 1980년 이후 '과학 대중화'에 힘을 쏟고 있다.

이공계를 살리려면 과학을 대중화해야 한다. 국가 경쟁력을 높이기 위해서도 과학 대중화는 불가피하다. 허두영 과학문화재단 전문위원은 "과학를 대중화하려면 전문인력 양성과 이들이 활동할 수 있는 기반조성이 동시에 이뤄져야 한다"고 강조했다.

과학 대중화를 위해 가장 시급하게 변화돼야 할 것이 TV 프로그램이다. 한국과학문화재단이 지난 2000년 봄 개편 때부터 1년 간 국내 방송사의 과학 프로그램 제작현황을 조사한 결과, 지상파 방송의 경우 전체 편성시간 대비 3.6%에 그쳤다. 방송도 주요 시청 시간대에서 벗어나 있는 것으로 나타났다. 기초과학 분야를 다룬 프로그램은 손에 꼽힐 정도였다. 장르별로는 뉴스와 토크쇼가 전무한 형편이다. 이처럼 과학 프로그램이 적은 것은 프로그램 자체의 가치보다는 시청률에 우선을 두는 방송국 풍토 때문이라는 게 전문가들의 분석이다.

전문제작 인력 부족도 또 다른 요인으로 꼽힌다. 국내에선 과학전문 PD가 거의 없으며 지상파 중에서 과학 프로그램 제작 전문부서를 둔 곳도 교육방송(EBS)뿐이다.

과학관의 상황도 열악하기는 마찬가지다. 국립과학관의 경우 대전 국립중앙과학관과 서울과학관을 제외하면 규모가 보잘것 없다. 대형 과학관들의 경우에도 외형에 비해 내용물의 수준이 떨어진다는 게 관계자들의 지적이다. 과학관에서 전시물이나 전시 프로그램을 창안해 개발한 작품도 거의 없다. 전시 예산은 주로 전시물 구입·관리에 사용되고 있으며 전시물 계획·개발에는 투자가 거의 이뤄지지 않고 있다. 사립 과학관의 경우 LG사이언스홀(서울)과 LG청소년과학관(부산) 등을 제외하고는 눈에 띄는 곳이 별로 없다.

전문인력 양성기관도 전무한 실정이다. 과학문화 전문인력을 양성하는 기관은 국내에 한 곳도 없다. 서울대·부산대·고려대·중앙대·전북대에 과학문화 관련학과가 설립돼 있기는 하지만 전문가를 양성하기에는 역부족인 상황이다.

과학 대중화를 촉진하기 위해 우선 민간 과학문화 전문가를 발굴해야 한다. 지난 1967년 설립된 과학문화재단은 각종 과학문화 사업을 통해 과학 대중화에 나름대로 역할을 해오고 있다. 그러나 정부기관의 노력만으로 과학대중화 바람을 불러일으키는 데는 한계가 있다. 민간부문 활성화를 위해선 기존 민간 과학문화 전문가의 활동기반을 넓히는 작업이 선행돼야 한다. 신문·방송에서 과학 칼럼 및 프로그램을 늘리고 과학관련 이벤트 전문가, 저술가, 출판사에 대해 예산이 지원돼야 한다. 과학문화 분야의 과학자, 언론인 등 전문가들의 교육을 맡을 과학문화 아카데미도 설립할 필요가 있다.

과학자의 대중활동도 제도화되어야 한다. 과학 대중화에 가장 중요한 사람은 과학자. 하지만 적극적으로 활동하는 과학자는 드물다. 그나마 시간을 쪼개 활동하는 몇몇 과학자들도 본연의 연구를 해야 한다는 현실적인 제약과 동료 과학자들의 비아냥 때문에 몸을 사리고 있는 실정이다. 이같은 상황을 개선하기 위해 과학자들의 과학문화 활동을 제도화해야 한다는 게 전문가들의 주장이다. 임경순 포항공대 교수는 "이공계 교수들의 실적평가에 SCI의 논문게재 건수 외에도 신문 칼럼 기고 등 과학 대중화 활동도 포함시켜야 한다"고 제안했다. 최재천 서울대 교수도 "국가에서 과학 대중화를 전담하는 과학문화 교수를 선발, 활용하고 과학문화 석좌교수제도를 신설하는 것도 한 방안이 될 것"이라고 주장했다.

'장수' 과학 TV 프로그램도 만들어야 한다. 영국 BBC의 대표적인 과학프로그램인 'Horizon'과 'Tomorrow's World'는 각각 1964년, 1965년에 첫 방송을 시작, 지금까지도 인기를 끌고 있다. 하지만 국내에서는 1년을 넘기는 과학 프로그램을 찾기가 힘들다. 그나마 3년여를 끌어온 SBS의 '호기심 천국'도 오락 프로그램으로 변질됐다는 비판을 받았다. 관계자들은 국내 공중파 방송에서 최소 10년 이상 방영될 수 있는 과학 프로그램을 두 개 이상 만들 필요가 있다고 주장한다. 시청률에 관계없이 하루 24시간 과학관련 지식과 정보를 내보내는 과학전문방송 설립도 시급하다고 덧붙인다.

체험형 과학관도 늘릴 필요가 있다. 국내 과학관(과학시설 포함)은 모두 49개로 인구 100만 명당 한 개에 불과하다. 이에 비해 미국·일본의 경우 과학관 1개당 인구는 각각 13만 명, 15만 명에 그치고 있다. 그나마 국내 과학관들은 단순 전시물 중심으로 운영되고 있다. LG사이언스홀의 한덕문 부장은 "관람자들이 전시물을 직접 조작할 수 있는 체험형 과학관을 확대, 과학원리를 쉽게 이해할 수 있도록 해야 한다"고 설명했다.

과학 대중화에 나서라

미국은 지난 1980년부터 과학문화단체를 앞세워 과학 대중화에 본격

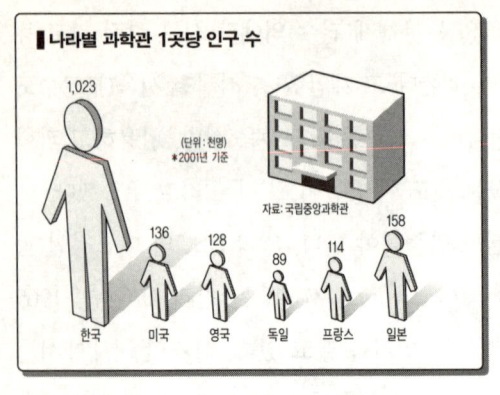

적으로 나섰다. 일본과의 경쟁에서 이기기 위한 처방으로 과학 대중화를 선택한 것이다. 미국에서 과학 커뮤니케이션이란 학문이 각광을 받기 시작한 것도 바로 이 무렵이다. 선진국의 과학 대중화 전략을 살펴본다.

미국에서는 미국과학진흥협회(AAAS), 미국과학저술인협회, 과학저술진흥협회 등이 대표적인 과학문화단체로 꼽힌다. AAAS는 국민의 과학기술 이해도를 증진하기 위한 교육개혁 프로그램인 '프로젝트2061'을 주도하고 있으며 과학기술의 대중화에 기여한 과학자에게 웨스팅하우스 상을 주고 있다.

영국에서는 과학국민이해위원회(COPUS)가 일반대중과 과학자 사이의 가교 역할을 맡고 있다. 왕립학회·왕립연구소·영국과학진흥협회(BAAS) 등 3개 단체가 과학의 대중화를 목표로 이와 같은 위원회를 설립했다. 영국 BBC는 지난 1963년부터 과학 TV 프로그램을 제작하기 위한 전담부서를 설립, 운영해오고 있다. 미국에서는 공영방송인 PBS와 과학전문인 디스커버리사이언스 채널이 과학기술정보 전달 역할을 담당하고 있다.

일본의 경우 과학기술진흥사업단(JST)이 전액 정부출자로 설립한 일본과학 채널에서 2000년부터 매일 방송을 내보내고 있으며, NHK도 과학 프로그램을 비중 있게 다루고 있다. 중국에서는 국영방송인 CCTV에서 과학방송 전용채널을 별도로 마련, 2001년 6월부터 방송하고 있다.

미국 내 과학관은 2,000여 개에 달한다. 연간 입장객은 미국 인구의 3분의 1에 해당하는 7,500만 명에 이른다. 최근에는 전시보다는 활동·작동물 중심인 '사이언스 센터' 형태의 과학관이 잇따라 설립되고 있다. 미국 과학관은 대부분 비영리법인 형태로 운영된다.

영국은 10여 년 전부터 대학에 과학커뮤니케이션 과정을 개설, 과학대중화 전문가를 양성하고 있다. 이들 가운데 상당수가 방송국 PD·신문기자·과학저술가 등으로 활약하고 있다. 현재 BBC 과학문화 분야 PD의 30% 정도가 전문가 과정을 이수한 것으로 집계되고 있다.

미국은 신문방송 관련학과 내에 세부 전공의 형태로 과학커뮤니케이션 과정을 설치해 운영하고 있다. 현장을 중심으로 교육시키기 위해 교수진의 대부분을 현장에서 뛰고 있는 사람들로 충원하고 있다. 실무를 배우기 위한 인턴십 과정도 설치·운영하고 있다.

3. 이공계 학생의 기(氣)를 살려라

　　　　　　　　지방의 대기업 연구소에서 병역특례를 통해 3년째 전문연구요원으로 몸담고 있는 K씨(28). 그는 이 연구소가 자신을 연구원이라기보다는 5년짜리 사원으로 채용했다고 생각한다. 실제로 그의 업무는 생산직을 위한 도면 복사와 각종 서류작성, 외주업체 관리 보조 등으로서 전공관련 연구는 꿈도 못꾸고 있다. 의무복무 기간인 2년을 마친 후 전직을 시도했으나 마땅한 업체를 구하지 못해 포기한 상태다. 그나마 정규근무를 마친 후 개인적으로 공부할 수 있어 다행으로 여기고 있다. 인근에 있는 전자회사에서는 새벽에 연구소 특례인력을 불러다 다음날 시판되는 제품을 포장시킨다는 얘기를 들었기 때문이다.

　박사과정 수료 후 벤처기업 연구소에 들어간 J씨는 입사 후 1년 간은 각종 서류작성과 광고기획, 영문번역 등 온갖 궂은 일을 해야 했다. 벤처가 설립된 지 얼마 안 돼 시스템 개발이라는 직책을 수행할 수 없었던 것이다. 전기공학 분야에서 석사학위를 취득한 A씨도 전공관련 회사를 찾지 못하고 결국 정보처리 관련 개발업무에 종사하고 있다.

잔심부름꾼으로 전락한 병역특례

전문연구요원들이 모두 K씨나 J씨 같은 것은 물론 아니다. 제대로 된 연구시설과 환경을 갖춘 대기업이나 벤처 부설연구소에서 연구 개발에 몰두하는 요원들도 많다. 그러나 특례 연구기관의 조건이 완화되면서 연구시설이 열악하거나 이름만 연구소인 곳이 늘어나 연구개발과 거리가 먼 업무를 맡거나 전공분야를 살리지 못하는 요원들도 상당수에 이르고 있다는 게 관계자들의 지적이다.

과학기술부가 최근 전·현직 전문연구요원 2,233명을 대상으로 설문조사한 결과, 직장을 옮긴 주된 사유로 "전공과 연구분야의 상이성 및 연구여건"을 꼽은 사람들이 32.3%에 이르렀다. 전문연구요원 제도가 제대로 뿌리내리지 못하고 있다는 의미다.

고용자 측인 기업의 가장 큰 애로사항은 각 연구기관에 할당되는 배정인원이 줄어든데다, 그나마 사람이 없어 배정받은 인원조차 채용하지 못한다는 것이다. 지난 2001년의 경우 3,000명이 배정됐으나 실제로 편입된 인원은 2,520명에 그쳤다. 이는 석사 이상의 배출인원은 한정돼 있는데도 특례지정 연구기관은 급증, 분야별로 수급불일치 현상이 심해지고 있는 데 따른 것이다.

수급문제가 가장 심각한 업종은 정보통신 및 정보처리분야. 2002년도 전문연구요원 신청결과, 정보처리분야에서 업체가 요청한 인원은 1,346

명이었으나 2001년 배출된 석·박사는 105명에 불과하다.

전문연구요원의 복무기간을 단축하자

병역특례 문제는 우리 사회에서 언제나 '뜨거운 감자' 다. 병역특례가 일반 병역에 준하는 대체복무가 아니라 특정 계층에 대한 '특혜'로 비치면 여론의 뭇매를 맞는다. '월드컵 축구 4강 신화'를 일군 태극전사들에게 병역면제 혜택을 줄 때도 홍역을 치렀다.

이공계 우수인력들을 대상으로 하는 병역특례의 경우도 마찬가지다. 1970년대 한국과학기술원생들에게 주어진 병역특례와 제5공화국 때 제정된 석사장교제도는 '특혜' 시비로 결국 폐지됐다. 최근 이공계 기피현상을 막기 위해 거론되고 있는 병역특례 확대 방안을 놓고도 찬반의견이 팽팽하다. 교육인적자원부와 과학기술부, 산업자원부는 특례 확대를 주장하고 있지만 국방부와 병무청 등은 반대하고 있다. 병역자원 감소와 병역의무의 형평성 등을 감안할 때 이공계 출신에 대한 병역혜택을 확대할 수 없다는 주장을 이해할 수 없는 것은 아니다.

그러나 이공계 기피현상이 갈수록 심해지고 있는 상황에서 현행체제의 유지는 바람직하지 않다는 의견이 많다. 이들은 특히 이공계 석·박사급을 대상으로 한 병역특례인 '전문연구요원' 제도를 시급히 개선해야 한다고 주장하고 있다.

병역특례는 전문요원으로 선발된 다음 5년 동안 국내 지정연구기관에서 근무해야 되기 때문에 '특혜' 와는 근본적으로 다르다는 게 이들의 논리다. 이들은 '전문연' 제도개선 방안으로 복무기간 단축, 특례대상 확대, 박사장교제도 신설 등을 내세우고 있다. 이 가운데 특례대상 확대 요구는 병무청이 정하는 배정인원 목표 수가 특례 대상인 석·박사 배출 인원을 웃돌기 때문에 큰 의미가 없다. 병무청도 이 문제에 대해서는 석·박사 배출인원이 장차 늘어나면 배정인원을 확대할 수 있다는 유연한 입장을 보이고 있다.

전문연구요원의 의무복무 기간 5년은 너무 길다는 게 일반적인 견해다. 공중보건의나 산업기능요원·공익법무관·예술체육요원 등의 복무기간 3년에 비해 2년이나 길다. 과학기술부가 최근 전·현직 전문연구요원 2,233명을 대상으로 조사한 결과, 84%가 3년으로 복무기간을 줄여야 한다고 대답했다. '5년 유지'는 4.3%에 불과했다. 과학기술부는 이를 감안, 복무기간을 3년으로 단축하는 방안을 제시했다. 산업자원부도 2001년 6월 '산업기술인력 수급 종합대책'에서 복무기간을 3년 6개월로 줄이는 안을 내놓았다.

그러나 국방부와 기업 측은 '단축이 불가능하다'는 입장이다. 병무청 관계자는 "전문연구요원의 복무여건이나 대우는 다른 특례 대상에 비해 월등히 낫다"며 "기간을 동일하게 했을 경우에는 오히려 질적인 면에서 형평성에 어긋난다"고 밝혔다. 산업기술진흥협회 관계자는 "기업들이 연구개발 인력을 키우는 데 보통 1년 6개월에서 2년이 걸린다"며 "특례요원들은 복무기간이 끝난 후 이직률이 높기 때문에 3년으로 할 경우 인력확보가 곤란하다"고 말했다.

문제는 5년이란 복무기간이 병역특례의 이점을 크게 훼손한다는 데 있다. 서울대 공대 대학원에 재학 중인 P씨는 "1990년대만 해도 박사과정 중 전문연구요원 비율이 100%에 가까웠지만 최근엔 60% 정도로 낮아졌다"고 말했다. IT 벤처의 산업기능요원인 한국과학기술원 전산학과 출신 A씨(98학번)는 "해외유학을 위해 전산과 출신의 60~70%가 산업기능요원을 지원하고 있다"고 설명했다. 이같은 상황을 감안, 일부에서는 우선 3년 6개월 내지 4년으로 복무기간을 단축하는 게 타당하다는 의견을 내놓고 있다.

교육계와 과학기술계 일부에서는 석사장교제도와 같은 단기복무제도를 부활해야 한다고 주장해왔다. 산업자원부도 전문연구요원 정원 내에서 매년 500명의 박사를 선발, 6개월 훈련으로 병역을 마치게 하는 박사장교제도를 제안했다. 그러나 이같은 단기복무제도는 복무기간의 형평성에 어긋나 특혜 시비가 일어날 수 있다.

따라서 이공계 석·박사과정의 병역을 연기해 학위 취득 후 과학기술

 이스라엘 군대는 첨단기술인력 양성소

병역의무제도를 실시하고 있는 나라들도 치안과 사회봉사 등의 분야에서 한국과 비슷한 대체복무제(병역특례)를 운영하고 있다. 그러나 전문연구요원제도와 같이 고급과학기술인력을 대상으로 한 병역특례를 운용하는 국가는 찾기가 힘들다. 각국은 형평성을 유지한다는 측면에서 현역보다 복무기간이 1.3배에서 최대 2배인 대체복무제도를 실시하고 있다. 우리나라와 안보상황이 비슷한 대만은 지난 2000년에 대체복무제도를 처음으로 도입했으며 의료서비스·환경보호·교육봉사 등 분야에서 병역특례자를 뽑고 있다. 복무기간은 현역 복무기간인 22개월의 1.5배인 33개월이다.

대만은 또 대체복무제도 도입과 동시에 부족한 첨단기술 인력을 확보하기 위해 해외에 거주하는 이중국적자를 대상으로 파격적인 병역혜택 제도를 도입했다. 반도체·생명공학 등 첨단기술을 습득한 대만계 이민자들이 고국으로 돌아

전문장교로 임용하는 과학기술장교제도를 도입할 필요가 있다. 이제 국방력은 군의 과학기술력에 좌우되는 만큼, 이공계 박사학위를 받은 장교들이 역량을 발휘해야 한다. 박성현 서울대 자연대학장은 "박사장교제도를 도입하되 3개월 정도 훈련을 받은 후 국방부의 각종 연구기관에서 2년 정도 연구원으로 근무하도록 하는 방안이 합리적일 것"이라고 말했다.

산업현장과 따로 노는 자격시험

이공계 출신으로 국가기술 자격증을 갖고 있는 엔지니어는 줄잡아

올 경우 군복무를 면제해주고 있다. 대만 정부는 첨단산업에 종사하는 이중국적자에게 제공할 병역혜택 쿼터(할당량)를 2001년 1만 5,000명에서 2002년에는 2만 명으로 늘렸다.

'전국민이 군인'인 이스라엘에서는 별도의 대체복무제도가 없는 반면, 군대가 첨단기술인력을 양성하는 산실이 되고 있다. 18세 이상의 젊은이들은 적성과 능력에 맞는 분야에 배치돼 교육과 훈련을 받는다.

고급기술인력을 양성하는 엘리트 코스로는 '탈피오트'란 훈련과정이 있다. 매년 전국에서 과학과 컴퓨터 등에 뛰어난 고교 졸업생 수십 명을 뽑아 특별 훈련을 시킨다. 6개월 동안 오전 8시부터 오후 10시까지 컴퓨터 프로그래밍과 수학·물리학 등의 교과로 강도 높게 진행된다. 과정을 마친 훈련생들은 정보부대 등에 배치돼 컴퓨터 수리에서부터 군사정보 프로젝트에 이르는 각종 관련 업무를 맡는다. 탈피오트 출신들은 미라빌리스·훼일커뮤니케이션스·소프트링크 등 세계적인 IT 벤처를 창업, 이스라엘을 첨단 기술강국으로 만드는 데 크게 기여했다.

160여만 명에 이른다. 자격별로는 전문대 출신이 주류를 이루는 산업기사가 91만 5,000여 명이고 4년제 대학 출신인 기사가 64만 7,000여 명이다. 최고급 엔지니어인 기술사는 2만 5,000여 명이고 최고 기능을 갖춘 기능장도 5,000여 명이나 된다. 산업현장의 파수꾼인 기능사는 무려 540만 명을 넘고 있다. 기술분야 자격증을 가진 인력이 700만 명에 이른다는 계산이다. 이처럼 국가기술자격은 이공계 출신들의 상징물이라 할 수 있다. 엔지니어는 이를 통해 자신의 가치를 인정받을 수 있다.

그러나 현실은 딴판이다. 물론 국가기술자격증 소지자가 지나치게 많은 것도 그 원인의 하나라 할 수 있다. 이보다 더 중요한 원인은 자격증에 대해 별다른 메리트를 인정해주지 않는 데 있다.

1980년대 초반까지만 해도 기사 자격증은 좋은 대우를 의미하는 보증수표였다. 기사 자격증 소지자에게는 취업의 우선권을 인정해줬다. 물론 기사수당 등 자격증에 따라 보수도 더 줬다. 국가기술자격은 취업에서부터 보수·복지·정년 등에서 이공계 출신들이 일반직에 비해 우대를 받을 수 있는 유용한 수단이었다. 자격증 전성시대를 맞았던 것이다. 이같은 현상은 산업현장의 수요에 비해 자격증 취득자가 크게 모자랐기 때문에 일어났다.

그러나 산업체 수요에 대응해 자격증 취득자가 대량 배출되면서 상황이 달라지기 시작했다. 기사 자격증을 가진 이공계 졸업생들이 크게 늘어남에 따라 자격증 취득자에 대한 혜택도 줄었다. 기사 자격증 소지에 따른 혜택이 사라지면서 자격증에 대한 관심도 급감하고 말았다.

이공계를 살리려면 국가기술자격을 가진 엔지니어를 우대해야 한다. 현 상태에서 희소가치를 높여 자격증 소유자에게 혜택을 주기는 어렵다. 따라서 시험을 개선해 자격증 소유자의 질을 높인 다음 이들에게 취업 우선권을 줘야 한다. 신현식 중앙대 명예교수(건축공학)는 "자격증만으로 혜택을 누리게 하는 것보다는 자격증을 따고 난 후에도 끊임없이 자기계발을 함으로써 높은 수준의 기술력과 지식을 갖도록 유도하는 게 바람직하다"고 조언하고 있다.

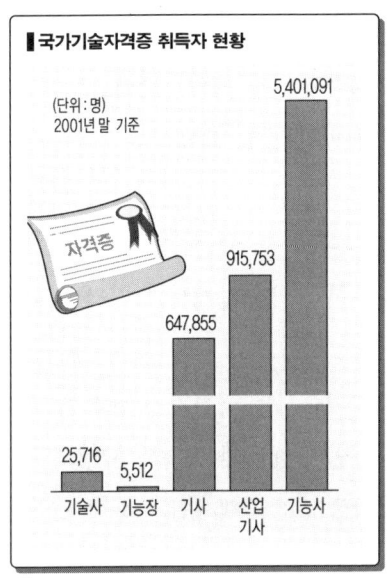

자격증과 산업현장 간 거리를 좁히는 일도 서둘러야 한다. 기사 자격증을 땄다고 해서 곧바로 산업현장에 적응할 수 있는 게 아니기 때문이다. 자격증 획득을 위한 공부와 산업현장 간에는 거리가 있다. 백두환 한미파슨스 건설사업관리단장은 "자격증을 따기 전 학교에서 가르치는 커리큘럼부터 산업현장과의 거리감을 줄일 수 있게 보완해야 한다"며 "건축분야의 경우 최신 건축이론도 중요하지만 건설현장을 익힐 수 있는 시공 관련 과목을 강화하고 이 과목을 가르치는 사람도 현장 경험이 많은 사람에게 맡겨야 한다"고 강조했다.

600여 개에 이르는 국가기술자격증 체계도 재정비해야 한다. 이들 자격증은 산업환경의 변화 등에 따라 신설되기도 하고 폐지·통합·세분화되기도 했다. 실제로 1984년~2000년까지 274개가 신설됐고 336개가 144개로 통합됐다. 또 47개가 128개로 세분화됐고 384개가 사라졌다. 2002년 4월엔 반도체설계기사·항로표지산업기사·전자캐드기능사 등 33개가 신설됐다. 문제길 건국대 명예교수(토목공학)는 "자격증 체계 재정비가 변화하는 산업환경을 따라잡지 못하고 있다"며 "분야별 특성을 고려해 산업구조의 변화속도에 맞게 자격증 체계를 효율적으로 재정비해야 한다"고 말했다.

특급기술자제도, 기술사의 추락

기술사는 국가기술 자격증 가운데 최고로 꼽힌다. 지난 1963년 기술사법이 제정돼 이듬해 67명의 기술사가 처음으로 배출됐다. 이들은 굵직굵직한 국책사업과 외자도입을 통한 건설사업에 참여, 사업 타당성 검토 등의 작업을 수행했다. 기술사의 승인 없이는 사업 진행이 불가능할 정도였다. 기술사가 맡는 역할이 중요했던 만큼 당시엔 기술사 시험에 합격하면 청와대로 가서 대통령으로부터 직접 자격증을 받았다. 기술사들은 1960~70년대 경제성장에 단단히 한몫을 하면서 산업현장을 지키는 최고의 엔지니어로 인정을 받았다.

1980년대를 거쳐 1992년까지 기술사는 '기술사 의무고용제'를 통해 최고 수준의 대우를 보장받았다. 건설업체 등이 의무적으로 기술사를 고용해야 사업을 할 수 있게 제도적 장치를 마련해준 것이다. 그런 기술사들이 1992년에 위기를 맞았다. 산업현장의 기술인력이 크게 모자란다는 이유를 앞세워 정부가 '특급기술자제도'를 전격 시행하고 나섰기 때문이다.

이 제도는 일정한 학력과 경력만 갖추면 시험을 거치지 않고 자동적으로 자격을 인정해주는 것이다. 엄격한 시험을 거쳐 어렵게 자격증을 취득한 기술사만이 할 수 있었던 업무를 특급 기술자들도 할 수 있게 된 것이다. 이에 따라 그 동안 희소가치를 인정받아온 기술사들이 갑작스럽게 경쟁체제로 내몰리게 됐다. 치열한 경쟁을 겪으면서 기술사의 위상도 크게 흔들렸다.

한 중견 기술사는 "과거엔 건설관련 기술사 자격증을 가지고 취업하면 한 회사에서 안정적으로 오랫동안 근무하는 게 일반적이었는데, 최근엔 연봉 차이가 조금만 나도 이리저리 건설사를 옮겨다니는 경우가 많다"고 설명했다.

기술사 자격증에 도전하는 응시생의 연령이 젊어진 것도 빼놓을 수 없는 특징이다. 예전엔 30대 후반에서 40대가 주류를 이루었다. 그만큼 응시자격이 까다로웠기 때문이다. 그러나 최근에는 대부분의 응시자들이 30대 초반으로 젊어졌으며 20대 후반의 응시생까지 등장하고 있다.

기술사 시험위원으로 활동 중인 한 공대 교수는 "기술사의 위상이 과거에 비해 추락하면서 아파트 현장 한두 곳만을 거친 젊은 사람들까지 도전하고 있다"고 지적했다.

한국기술사회 관계자는 "지난 1992년 6,000여 명에 머물렀던 건설관련 기술사가 현재는 1만 4,000여 명에 이르렀다"며 "부족한 현장기술인력을 공급하기 위해 도입된 특급 기술자 제도가 그 목적을 달성했으므로 이제 이 제도를 재검토해야 한다"고 주장했다.

이뿐만 아니다. 기술사의 사기를 높이기 위해 기술사 활용방안도 시급히 마련돼야 한다는 게 전문가들의 지적이다. 기술사 문제를 해결하지 않고는 기술관련 자격증 제도를 개혁하기가 어려울 수밖에 없다는 주장이다.

4. 스타 과학자를 키우자

　　　　과학 분야엔 스타가 드물다. 수억 원대 연봉을 받고 스카우트됐다는 과학자를 찾기가 쉽지 않다. 억대 연봉자조차도 쉽게 눈에 띄지 않는다. 물론 세계 과학계에서 가장 권위 있는 상인 노벨 과학상을 탄 한국인은 단 한 명도 없다.

　　우리나라에서 스타 과학자가 되기란 한 마디로 '하늘의 별따기'다. 국가 차원에서 스타 과학자를 배출하고 키우는 장(場)과 사회적 지원 시스템이 없다는 것이 주된 이유다. 스타 과학자가 필요하다는 데 공감하면서도 스타를 발굴하고 육성하는 데 소홀히 해온 탓이 크다. 민철구 과학기술정책연구원(STEPI) 연구위원은 "스타는 타고나는 것이 아니라 만들어지는 것"이라며 "과학자를 스타로 키우고 지원하는 '스타 시스템'이 마련돼야 한다"고 주장했다.

스타 과학자 되기는 하늘의 별따기

스타가 배출되려면 우선 우수한 논문과 연구성과를 국내외에 알릴 수 있는 메커니즘이 필요하다. 뛰어난 논문을 쓴 과학자를 알려야 한다. 훌륭한 논문이나 연구성과를 내놔도 과학기술계에서조차 알려지지 않는 경우가 많은 게 현실이다.

임경순 포항공대 교수(과학문화연구센터장)는 "기존 대학이나 연구소의 홍보조직으로는 한계가 있고 연구활동에 바쁜 과학자들에게 스스로 홍보하도록 요구하기는 어렵다"며 "국가적인 홍보조직이 갖춰져야 할 것"이라고 지적했다. 새로 발표되는 우수한 논문을 과학계뿐 아니라 언론이나 각계 각층의 지도층에까지 알려주고 이해시킬 수 있는 시스템이 가동돼야 한다는 것이다. 해외 홍보도 중요하다. 우수 논문을 영문으로 만들어 세계 각국의 학자들이나 관련학회, 국제적인 단체 등에 배포해야 한다.

해외에서 활동하는 우수한 한국인 과학자들을 발굴하고 육성해야 한다. 한국과학기술단체총연합회(과총)는 세계에서 활동하는 한민족 과학자들을 네트워크화하는 사업을 벌이고 있다. 3년에 한 번씩 '세계 한민족 과학기술자 종합학술대회'를 열어 수백 명에 이르는 과학자들을 초청하고 있다. 그러나 '명단'이나 만들고 교류의 장만을 제공하는 것으로는 부족하다. 해외 한국과학자 모임을 적극 지원, 이들의 연구성과를 국내에 소개하고 전세계에 알리는 사업을 추진해야 한다. 재미 과학자인 조장희 캘리포니아대 교수는 "괄목할 만한 연구성과를 이룬 과학자를 국가 차원에서 중점 지원하고 그 업적이 세계에 알려지도록 해야 한다"고 강조했다.

과학상 시상식을 국가 이벤트로

스타 과학자 탄생을 가로막는 요인의 하나로 과학기술계의 배타적이고 폐쇄적인 풍토를 꼽을 수 있다. 남의 업적을 인정하지 않고 오히려 깎아내리는 분위기가 만연돼 있다는 것이다.

 우리나라의 스타 과학자

우리나라 과학자들 가운데서도 노벨 과학상에 근접한 스타급들이 속속 등장하고 있다. 다음에서는 스타급 과학자들을 소개한다.

◆**이상엽 KAIST 생명공학부 교수** 생명공학분야에서 26건의 특허를 보유하고 있다. '하이드록시카르복실산'이란 유용물질을 효율적으로 생산할 수 있는 방법에 관한 논문으로 2000년 미국 화학회가 주는 '엘머 게이든상'을 처음으로 탔다. 미국 ISI(과학논문인용도조사 기관)가 가장 많이 인용된 논문을 쓴 과학자에게 주는 '사이테이션클래식어워드'도 수상했다.

◆**이영욱 연세대 천문우주학과 교수** 지난 1999년 11월 〈네이처〉에 '센타우리 오메가의 다양한 항성종족과 은하합병'이란 논문으로 발표, 우주의 나이가 120억 년(정설)에서 150억 년으로 늘어날 수 있다는 단서를 제공했다. 미 항공우주국(NASA) 등과 '은하진화탐사선(GALEX)' 연구에 참여하고 있다.

◆**임지순 서울대 물리학과 교수** 미국 버클리대 박사과정 중에 고체의 전자와 원자 구조를 컴퓨터로 정확히 예측하는 방법을 확립했다. 1998년에 '꿈의 분자'로 알려진 탄소나노튜브를 다발로 묶으면 도핑이란 어려운 과정을 거치지 않고

유명세를 타거나 대중적인 지명도를 얻는 과학자들을 시기하거나 질투하는 게 우리나라의 현실이다. 최재천 서울대 생명과학부 교수는 "과학자들이 언론에 자주 오르내리거나 대중적인 활동을 할 경우 '그럴 시간이 있으면 연구에나 더 힘써라'는 질타를 받게 된다"며 "과학자는 연구실안에 머물러야 한다는 게 일반적인 인식"이라고 지적했다. 임경순

도 반도체가 된다는 사실을 발표해 주목을 받았다.

◆**황우석 서울대 수의학과 교수** 1999년에 세계 다섯번째 복제생명체인 '영롱이(복제송아지)'를 생산한데 이어 복제 한우 '진이', 유전자를 바꾼 복제돼지를 선보였으며 백두산 호랑이를 복제 중이다. 1997년 이후 750여 차례나 일반인을 대상으로 강연하고 현장지도에 나서는 등 과학대중화에 힘쏟고 있다.

◆**유향숙 한국생명공학연구원 책임연구원** 유전자발현연구의 권위자로 한국 게놈프로젝트를 총괄하고 있다. '21세기 프론티어연구 개발사업'의 하나인 인간유전체기능연구사업단을 1999년 출범 당시부터 이끌고 있다. 2001년 한국인의 위암의 원인균인 '헬리코박터 파일로리'의 유전자 염기서열을 완전 해독해냈다.

◆**박완철 KIST 책임연구원** 16년 간 분뇨처리 시설 개발에 몰두해온 '똥박사.' 수질오염의 주요 원인인 생활하수 및 축산 폐수를 원천적으로 처리할 수 있는 정화조를 개발, 전국에 보급했다. '미생물을 이용한 축산농가용 정화시설'은 일본에도 수출됐다.

◆**채연석 한국항공우주연구원 원장** 미국 미시시피대에서 항공우주공학 박사학위를 받고 1988년 귀국한 후 국내 로켓추진 연구분야를 이끌고 있다.

교수는 "스타 과학자들이 많이 나오려면 과학기술계에 서로 밀어주고 격려하는 분위기부터 조성돼야 한다"며 "영화계의 시상식처럼 과학자들도 자주 모여 서로를 칭찬해주는 이벤트를 많이 만들어야 한다"고 주장했다.

현재 정부부처 및 공공기관의 훈·포상제도로는 과학기술 훈·포장과 한국과학상 등 10여 가지가 있다. 그러나 권위와 인지도가 크게 떨어져 과학기술자들의 위상을 높이고 사기를 진작하는 데는 큰 도움이 되지 못하고 있다.

STEPI가 최근 400여 명의 과학기술자들을 대상으로 조사한 결과, 응답자의 70%가 "과학기술 시상제도에 대해 잘 모르거나 전혀 모른다"고 대답했다. 단순히 시상을 하는 데 그치지 않고 국가적인 이벤트로 포상제도가 발전돼야 한다. 그래야 사회적으로 주목을 받을 수 있다. 상금 규모도 늘려 실질적인 혜택이 돌아가도록 해야 한다. 중국은 과학기술진흥을 위해 1인당 상금 500만 위안(약 8억 원)에 이르는 국가과학기술상을 매년 시상한다. 우리나라에서는 대한민국 최고과학기술인상의 3억 원이 최대 상금규모다.

과학자에게 대통령 메달 수여

미국에서 가장 권위 있는 과학기술상은 '국가과학메달(The National Medal of Science)'이다. 1962년부터 과학기술 분야에서 뛰어난 연구성과를 거둔 과학기술자를 매년 선정, 대통령이 시상한다. 매년 물리·생물·수학·컴퓨터과학·공학 등에서 10여 명에게 수여된다.

국립과학메달위원회가 1~2차 심사를 통해 20여 명의 후보자를 선발하고 백악관 과학기술정책실에서 최종 결정한다. 수상자는 대통령이 기자회견을 통해 직접 발표한다. 시상식은 백악관 로스가든에서 열리고 대통령은 물론 주요부처 장관과 상·하원의원 등 저명인사들이 참석한다. 수상자들은 이들이 지켜보는 가운데 대통령으로부터 메달을 받고 기자회견을 하며 함께 오찬을 한다.

독일은 지난 1997년부터 자연과학이나 공학·기술혁신 분야에서 뛰어난 업적을 세운 과학자에게 '독일 미래상'을 주고 있다. 매년 12월 베를린에서 대통령이 시상하는 장면을 독일 공영 TV 방송에서 생중계한다. 대통령이 미래상의 후원회를 조직하고 후원회의 제청으로 구성된 심사위원회가 수상자를 선정한다. 심사위원들은 대통령이 임명하며 임기는 5년이다.

여성 연구원의 채용 비율을 늘리자

국내 공학분야 대학생(약 55만 1,000명) 중 여학생은 14.2%에 불과하다. 공대 교수들(8,487명) 중 여교수 비율은 고작 1.9%다. 국내 과학기술분야 연구개발인력(17만 8,900명) 가운데 여성은 11.1%, 정부출연 연구소 정규직 연구원(5,575명) 중 여성은 7.5%에 각각 머무르고 있다. 이공계 분야에서 여성들이 푸대접을 받고 있음을 확인할 수 있게 해주는 지표들이다.

정부출연 연구소와 기업체 부설연구소를 놓고 봐도 여성인력이 너무 적다. 문제는 숫자만이 아니다. 승진도 무척 어렵다. 한국산업기술진흥협회의 조사 결과, 지난 2000년 기업체 연구소에서 근무하는 여성 연구원의 평균 재직기간은 4년 2개월, 직위별로는 연구원이 66%인데 비해 연구소장은 0.3%에 머물렀다. 하위직인 원급 정부출연 연구소 연구원의 15.6%가 여성이다. 책임급 비중은 2.8%에 불과했다. 젊은 여성 연구원들이 연구소를 떠나는 이유가 여기에 있다.

여성 비중이 높은 기술강국들과는 대조적이다. 미국의 경우 과학기술 분야 여성의 비중이 24.7%, 러시아는 44.3%에 이르고 있다. 이제 우리나라도 여성 과학기술 인력을 키워내야 할 시점임에는 틀림이 없다. 여성 과학두뇌를 제대로 활용할 때 기술강국을 앞당겨 실현할 수 있다.

이런 문제를 풀려면 '여성 채용목표제'를 확대 강화해야 한다. 25개 정부출연 연구소는 2001년 9월부터 뒤늦게나마 이 제도를 실시하고 있다. 2002년엔 신규 채용인력의 10%, 2006년까지는 15%, 2010년까지는 20%를 여성으로 뽑기로 했다.

이은경 과학기술정책연구원 박사는 "대학이 조속히 이 제도를 적용해야 하며 기업도 이를 도입해야 한다"고 주장했다. 여성을 배려하는 기업에 세제 혜택 등을 주는 방안을 검토할 필요가 있다는 것이다. 김영옥 한국여성개발원 연구원도 "여성 객원연구원, 객원교수, 초빙교수제를 도입하는 방안도 고려할 필요가 있다"고 강조했다.

여학생들이 이공계 대학에 더 많이 진학하도록 유도해야 한다는 의견도 있다. 2002년 현재 국내 공대의 여학생 비중은 평균 14.2%. 서울대 공대는 10.8%로 평균치에 못 미친다. 미국, 독일 등에 비해 훨씬 낮다. 미국 MIT의 여학생 비중은 41.1%, 독일 베를린 공대는 36.6%에 이른다.

국내 7개 여자대학 중 공대가 있는 곳은 이화여대뿐이다. 여학생들이 이학(자연계) 계열에 몰려 있다는 것도 문제의 하나다. 이학계열의 경우

■ 21개 정부출연 연구소 여성 과학기술 인력 현황
(2001년, 과학기술부)

직급	전체연구원	여성연구원	여성비율(%)
책임급	1,972	55	2.8
선임급	2,533	197	7.8
원급	1,070	167	15.6
계	5,575	419	7.5

■ 4년제 이공계대학(163개) 여교수 현황
(2002년, 교육통계연보)

구분	전체교수	여교수	여성비율(%)
이학	5,068	619	12.2
공학	8,487	165	1.9
이공학 전체	13,555	784	5.8

여학생은 39.1%에 이르고 있다. 이에 비해 사회적 수요가 많은 이공계 분야에선 쉽게 눈에 띄지 않는다. 2001년에 자연계 출신으로 취업한 여학생 중 37.8%는 전공과 다른 분야로 진출한 것으로 나타났다.

전문가들은 이공계 여대생들이 전공을 살릴 수 있도록 도와줘야 한다고 지적한다. 이학 전공생들에 대해서는 복수전공이나 공학계 대학원 진학 유도, 취업정보 제공 등으로 취업률을 높여줘야 한다는 것이다. 공학계열 학생에 대해서는 소수로서 겪는 어려움을 줄여주기 위해 '고충처리위원회(가칭)'를 설립하고 현장 경험을 키우기 위한 연수 프로그램도 만들어야 한다.

한편 남녀의 성(性) 역할에 대한 인식을 바꾸는 일도 중요하다. 2001년 신입생들까지 적용됐던 국내 6차 교육과정에서 여학생은 가정, 남학생은 기술산업 과목을 각각 수강토록 했다. 국내 교육체계에서 수십 년간 굳어졌던 이같은 구분은 학문과 성에 대한 편견을 고착화시키는 부작용을 일으켰다. 기계공학·건축공학 등의 기초가 되는 기술 과목을 청소년기에 배우지 않은 여학생들이 공대에 대해 편견을 가질 수 있다는 것이다.

개정된 교과서조차 '직업과 성'에 대한 고정관념은 여전하다. 중·고교 영어교과서도 남성의 직업으로 공학기사·교수·건축가·전기기사·배관공 등을, 여성의 경우 은행원·비서·판매원·가수·스튜어디스 등을 꼽고 있다. 여학생에게 이공계 분야를 제대로 가르쳐주지도 않으면서 훌륭한 과학기술인이 되기를 기대할 수는 없다.

전문가들은 과학캠프, 특강 등을 통해 초·중·고 여학생들이 과학분야를 지원할 수 있도록 동기를 유발해야 한다고 주장한다. 이공계 여대생들이 전공을 살려 취업할 수 있도록 지원하는 각종 프로그램을 마련, 시행해야 할 필요도 있다. 여성 과학기술인과 대학(원)생, 초·중·고생 등으로 짝을 지워 서로 도와주는 멘터링(mentoring) 시스템도 대안의 하나로 평가되고 있다.

미국, 과학기술기회균등법 제정

미국 정부는 여성의 과학기술분야 진출을 확대하기 위해 지난 1980년 과학기술기회균등법을 만들었다.

1990년에는 국립연구원(NRC) 산하에 '과학공학여성인력 위원회'를 설치, 여성 관련 정책을 내놓고 있다. 국립과학재단(NSF)이 2001년 시작한 진보(Advance) 사업은 그 대표적 사례로 꼽힌다. 진보사업은 과학·공학 관련 교육·연구기관에서 여성 비율 확대와 지위 향상을 목적으로 실시되고 있는 보조금 지원제도. 대상은 개인·기관개혁·지도자 등 세분야로 나뉜다.

　개인의 경우 교수 등 교육자로 활동하려는 여성에게 지급된다(전근하는 부인과 동반하기 위해 일자리를 중단한 남성도 해당됨). 해마다 20~40명에게 지급되며 1인당 지원액은 연간 8만 5,000달러.

　기관개혁 보조금은 여성의 참여와 지위향상을 위해 제도를 개혁하려는 교육기관에게 지급된다. 5년 간 제도개선을 위한 마스터플랜을 제시하는 기관에 연간 75만 달러를 지원해준다. 수혜기관은 한 해 5~10개. 지도자 보조금은 여성의 지위 향상에 기여한 개인과 기관을 격려하고 이를 더욱 장려하기 위해 지급된다. 한 해 동안 8~12개 기관을 선정, 한 곳에 220만 달러씩 지원한다.

부록

기술강국 이끄는 CTO
국내 주요 CTO
이공계 출신 주요기업 CEO

기술강국 이끄는 CTO

글로벌 경쟁시대를 맞으면서 테크노 파워들이 뜨고 있다. 국가경영에서 테크노크라트(기술관료)들의 역할이 갈수록 중요해지고 있다. 중국이 급부상하고 있는 이유로 빼놓을 수 없는 것이 바로 유능한 테크노크라트다. 장쩌민(江澤民), 리펑(李鵬), 후진타오(胡錦濤) 등과 같은 중국의 전·현직 지도자들은 대표적인 테크노크라트 출신이다.

기술이 강조된 것은 어제 오늘의 일이 아니다. '국가가 기술로 흥하고 망한다'는 '테크노 헤게모니(Techno Hegemony)'론을 굳이 들먹일 필요가 없다. 야쿠시지 타이조가 "패권, 즉 헤게모니는 기술에 의해 창출된다"고 말한 것처럼 수많은 학자들이 오래 전부터 이를 주장해왔다. 실제로 기술경쟁에서 앞서는 나라들이 세계를 지배해왔다. 지금도 그러한 상황이 이어지고 있다. 일본이 가라앉고 중국이 뜨는 것이 바로 그 대표적인 사례다.

이제는 테크노 파워가 기업경영에까지도 결정적 영향을 미치고 있다. 그 원인으로는 기술과 경영이 접목되는 기술경영시대의 개막을 꼽을 수 있다. 정보기술이 빠른 속도로 발전하고 서비스 부문이 기술집약화하면서 과학기술 영역이 급속히 확대되고 있다. 정보와 지식이 결합된 지식기반사회에서 기술은 성패를 가름하는 변수가 되고 있는 것이다.

이젠 과학기술을 모르고는 경영을 할 수 없는 시대를 맞고 있다. 테크노 CEO에 따라 회사가 초일류로 변신한 국내외 사례들은 손으로 꼽을 수 없을 정도로 많다. 기술경영의 중요성을 확인할 수 있는 대목이다.

코닝(Corning)은 우수한 테크노 CEO를 앞세워 '굴뚝기업'에서 '첨단통신기업'으로 탈바꿈한 대표적 사례로 꼽힌다. 코닝은 브라운관용 유리벌브와 식기용 세라믹 그릇 등을 생산, '유리공장'으로 통해왔다. 그러나 미국 럿거스대에서 세라믹을 전공한 테크노 CEO 로저 애커맨 회장이 지난 1996년 취임하면서 급변하기 시작했다. 애커맨 회장은 연구개발비를 크게 늘리고 관련인력의 60%를 통신분야에 투입했다.

그 결과 신제품의 매출비중이 2000년엔 84%에 이르렀고 매출액 중 통신부문의 비중도 72%로 증가했다. 광케이블과 광섬유, LCD용 첨단기판유리, 광증폭기 등을 생산하는 첨단제품 회사로 된 것이다.

핀란드의 노키아가 펄프 고무생산업체에서 정보통신업체로 변신하는 데도 테크노 CEO가 결정적 역할을 했다. 헬싱키기술대 공학석사인 요르마 올릴라 회장은 1992년 CEO에 취임하면서 연구개발에 온 힘을 쏟기 시작했다. 올릴라 회장은 채산성이 맞지 않는 펄프·종이·고무 등의 사업을 정리했다. 그는 휴대전화 단말기를 중심으로 한 정보통신 사업에 힘을 쏟았다. 제품 주기가 짧은 통신산업에서 성공하려면 '신속한 제품개발'과 '대량생산을 통한 원가 경쟁력 확보'가 핵심이라고 판단, R&D에 초점을 맞추었다. 그리고 제품개발과 대량생산을 통한 원가절감을 바탕으로 정보통신분야의 세계적 기업을 일궈냈다.

 닛산자동차의 카를로스 곤 사장은 빈사상태에 빠진 기업을 대대적인 구조조정을 통해 회생시키면서 스포트라이트를 받고 있다. 그는 프랑스 최고의 이공계 대학인 '에콜폴리테크니크' 출신으로 '기업회생의 마술사'로 통한다.

 우리나라에서도 마찬가지다. 삼성전자에는 간판격인 윤종용 부회장을 비롯 테크노 CEO가 6명이나 있다. 기술과 경영을 접목시킨 기술경영으로 세계적 기업으로 발돋움한 것이다. LG석유화학에도 화학계열회사들을 총괄하는 성재갑 회장을 비롯 3명의 테크노 CEO가 있다.

 고속성장하는 기업엔 반드시 뛰어난 테크노 CEO가 있다. 테크노 CEO를 보면 그 회사의 미래를 점칠 수 있다는 얘기다.

 테크노 파워가 산업계를 주도하는 시대가 서서히 다가오고 있는 것이다.

손 욱 삼성종합기술원장

185cm의 키에 소탈한 인상. 특별히 힘주지 않으면서 조용조용 이어가는 말투…. 손욱 삼성종합기술원장의 첫 인상이다. 이런 외모에서 엔지니어 출신임을 간파하기란 쉽지 않다.

'흔들바위', '큰손 덕장'이라는 별명 그대로 그에게서 엔지니어의 상징인 딱딱한 면을 찾기도 어렵다. 하지만 그는 우리나라의 간판 삼성그룹에서 기술분야를 총괄하는 '그룹 CTO'다. 그가 이끄는 삼성종합기술원은 한 해 연구비로 1,600억 원을 투자하고 박사급 연구원만 290명(총 820명)을 확보하고 있는 삼성의 '기술 싱크탱크'다.

손욱 원장은 서울대 기계공학과 출신으로 한국종합제철을 거쳐 1975년 이래로 삼성그룹과 인연을 맺었다. 삼성전자 기획조정실장, 삼성전기 생산기술본부장과 종합연구소장, 삼성전관 대표이사 등을 거쳐 1999년부터 종합기술원장을 맡고 있다.

그는 철저한 '현장 실무형'이다. 연구원장들이 대부분 박사학위자로서 연구원 경력을 쌓아온 것과는 판이하다. 그는 R&D를 비롯해 기획·영업·마케팅 등 거의 모든 분야를 거쳤다. 이제 R&D가 아니라 'R&BD'를 필요로 하는 시대를 맞고 있기 때문이다.

그의 현장감각은 뛰어나기로 정평이 나 있다. "부품 배열만 바꿔도 작업속도가 10%가량 빨라진다"는 방식으로 해법을 제시했다.

| 현장에서 잔뼈 굵은 '기술 싱크탱크'
기획·영업·마케팅 등 실무경험 풍부

그는 또한 이론에도 밝다. 그룹 회장 비서실에서 근무했던 1993년에는 '전자산업 생존전략 10년 계획'을 작성, 반도체와 가전부문의 공격경영에 불을 붙이기도 했다.

손욱 원장은 "CEO가 R&D 비용을 나눠주는 역할에서 벗어나 기술의 중요성을 회사에 널리 알려야 한다"고 강조한다. 또한 "CTO도 '기술밖에 모르는 전문 엔지니어'라는 인식을 깨트리고 자기 영역을 확장해나가야 한다. 더불어 국가가 기술 분야에서 성공한 사례를 알리고 이들의 사기를 북돋워줬으면 좋겠다"고 강조했다.

여종기 LG화학 기술연구원장

여종기 LG화학 기술연구원장은 LG화학 사장과 CTO라는 두 가지 직책을 추가로 가지고 있다. 여종기 원장은 박사급 250명을 포함한 연구원 1,000명을 확보하고 있는 간판 기업연구소인 LG화학 기술연구원의 원장직을 8년째 맡고 있다. 2000년에는 사장으로 승진했으며 LG화학의 기술경영을 책임지는 CTO까지 맡고 있다.

그는 서울대 화학공학과를 졸업하자마자 KIST에 들어갔다. 그 곳에서 6년 간 연구원 생활을 마친 뒤 화학·재료·기계 등 공학분야에서 손꼽히는 펜실베이니아주 리하이대로 유학을 떠났다.

럭키중앙연구소에 책임연구원으로 들어간 그는 1980년대 초 전기·전자 및 자동차 부품 소재인 엔지니어링 플라스틱을 개발했다. 그가 팀장으로 주도했던 이 사업은 현재 연간 2,000억 원의 매출을 올리고 있다. 그는 연구원 생활 15년 만인 1996년에 기술연구원장(부사장)에 올랐다. 엔지니어로서 연구분야라는 한 우물만을 파고들어 정상에 오르는 데 성공한 것이다.

"좋은 연구결과를 많이 내려면 고급두뇌가 있어야 합니다. 연구원들의 사기를 올리려면 훌륭한 결과에 대해 파격적으로 보상해주어야 합니다."

여종기 원장은 "백만장자 연구원을 많이 배출시키는 것이 자신의 꿈"이라고 강조한다. 그는 뛰어난 성과를 올린 연구원에게 수억 원대의 인센티브를 보장해주었다고 설명한다.

| LG화학의 기술경영, 내가 책임진다
| 엔지니어링 플라스틱 개발, 석유화학 발전 주도

또한 그는 인재유치에 힘을 쏟고 있다. 해마다 두세 차례씩 미국과 유럽 등 세계 각국을 순회하며 직접 인재를 발굴하고 있다. LG화학 미국 메릴랜드 위성연구소의 최규용 교수와 신소재연구소의 손세환 박사 등이 그가 찾아낸 대표적인 인재들이다.

그는 국내 인재육성에도 앞장서고 있다. LG화학은 20년째 학위연수제도를 실시, 매년 6명의 인력을 박사학위 취득을 위해 해외에 파견하고 있다. 그는 특히 연구원들과의 스킨십을 강조한다. 전체 연구원들을 현장에서 만나는 '현장 순회 간담회(Management By Wandering Around : MBWA)'도 펼치고 있다. 프로젝트팀별로 이뤄지는 이 행사는 2001년 8월에 시작된 이래 이미 24차례나 열렸다.

"이공계 기피현상을 우려하고 있지만 연구원 출신 CEO는 오히려 늘어나고 있습니다." 그는 "엔지니어나 연구원들이 스스로 성과를 냄으로써 기술의 중요성을 증명해야 한다"고 강조했다.

이현순 현대자동차 파워트레인연구소장

이현순 현대자동차 파워트레인연구소장은 자동차분야의 대표적 CTO로 꼽힌다. 그는 대학 졸업 후 30년 가까이 자동차 엔진분야 연구에만 몰두해왔다. 1973년 서울대 기계공학과를 졸업한 뒤에는 공군사관학교 교관으로 근무하면서 차량엔진 분야에 대해 강의해왔다. 그 후 미국 뉴욕 주립대에서 차량엔진을 전공하며 석·박사과정을 마친 다음 미국 최대 자동차업체인 제너럴 모터스(GM)에서 연구원으로 일했다.

자동차분야의 엘리트 코스를 밟아가던 그는 엔진 개발을 추진하던 현대자동차 측의 요청으로 귀국하게 된다. 현대자동차는 1975년부터 자동차를 개발·판매해왔다. 그러나 정작 핵심기술은 외부에서 들여올 수밖에 없었다. 그래서 우수한 제품을 좀더 경쟁력 있는 가격에 내놓기 위해 엔진 개발을 시도하고 있었다. 이러한 기대를 충족시킬 수 있는 인물로 첫 손가락에 꼽힌 사람이 바로 이현순 소장이었다.

1984년 그는 부장급 연구원으로 현대자동차에 들어갔다. 중앙연구소 엔진설계 담당 이사, 선행연구실장(상무), 울산연구소장(1998년), 남양연구소장(1999년) 등을 거쳐 2000년 파워트레인연구소장직을 맡았다.

이현순 소장은 입사 후 6년에 걸친 세월을 특히 잊을 수 없다고 회상한다. 우수 연구원들을 끌어모았지만 경험 부족으로 엔진연구 실무를 아는 사람이 거의 없었다. 연산 10만 대에 불과한 회사가 엔진을 개발한다는 것을 미더워하지 않은

30년 간 자동차엔진 개발
해외 유수 자동차회사에 엔진설계 수출

부품 업체가 제품공급을 거부하기도 했다.

"애써 생산한 엔진이 시험단계에서 깨져버릴 때는 부둥켜안고 울음을 터뜨린 연구원도 많았다"는 게 그의 설명이다.

1991년에 이르러 마침내 그는 첫 작품인 '알파 엔진'을 내놓았다. 파워트레인연구소는 지금까지 모두 12가지 엔진을 생산했다. 당초 연구원 20명으로 출발했던 팀은 이제 1,300명을 갖춘 대형 파워트레인연구소로 성장했다. 2002년에는 미쓰비시(Mitsubishi)자동차와 다임러크라이슬러(DaimlerChrysler)에 대규모 로열티를 받고 엔진설계를 수출하기도 했다.

"연구원을 지원하기 위해 특허 보상제를 실시하고 인센티브를 지급하고 있습니다. 매년 50명을 2~3년 간 해외에 유학 보내고 300명을 선정, 3개월짜리 국내외 단기연수를 실시하고 있습니다."

그는 이공계 기피 현상과 관련, "나아가 경험 많고 우수한 연구원들이 공직과 학계에서 다양하게 활동할 수 있도록 발판을 만들어줘야 한다"고 강조했다.

이명성 SK텔레콤 네트워크연구원장

이명성 SK텔레콤 네트워크연구원장의 사무실에는 소파가 없다. 대신 간단한 회의용 탁자만 놓여 있다. 한쪽 벽에 세워둔 화이트보드는 그래프와 복잡한 공식들로 빈틈이 없다. 엔지니어 출신 사무실다운 분위기다.

이 원장은 SK텔레콤의 R&D를 지휘하는 CTO다. R&D 사령탑을 맡게 된 지난 1999년 이후 차세대 이동통신으로 불리는 3세대 이동통신 상용시스템 기술 개발을 이끌어왔다.

그는 서울대에서 전자공학을 공부한 다음 미국 미시간대에서 컴퓨터공학 박사학위를 받았다. 미국 최대 통신회사인 AT&T의 벨연구소에서 연구위원으로 첫 발을 내디뎠다.

"통신분야는 전자와 컴퓨터의 결합입니다. 학부에서는 전자공학을, 대학원에서는 컴퓨터공학을 공부한 것이 통신회사에서 일하는 데 큰 도움이 됐습니다."

이 원장은 1986년부터 벨연구소에서 제품개발을 담당했다. 당시 벨연구소의 2만여 명에 이르는 연구원들 중 한국인이 상당수 있었지만 개발분야에 몸담은 사람은 손에 꼽을 정도였다.

"R&D는 크게 리서치와 개발분야로 나뉩니다. 연구소 측은 한국인 등 외국 출신 연구원에게는 주로 리서치 분야를 맡겼습니다. 팀원 간 협동작업이 많은 개발분야의 경우 자국인을 선호하기 때문입니다."

그는 개발분야에서의 오랜 경험을 통해 신기술을 제품으로 연결시키는 노하우를

| SK텔레콤의 R&D 총사령탑
3세대 이동통신 상용시스템 기술 개발

터득할 수 있었다고 회상했다. 수직적인 상하관계보다는 팀 간 수평적인 관계에서 협력하는 것이 좋은 결과를 이끌어낼 수 있다는 사실도 그 때 깨달았다고 덧붙였다. 벨연구소에서 6년 가까이 경력을 쌓은 다음 1992년에 귀국, 한국통신 책임연구원으로 자리를 잡았다.

"선진국에서 배운 기술을 고국을 위해 쓰겠다는 엔지니어로서의 사명감을 지니고 있었습니다."

그는 한국통신에서 3년 반 동안 몸담은 후 1996년 세종대 정보통신공학과 교수를 거쳐 1999년 여름 다시 기업으로 되돌아왔다. SK텔레콤에서 중앙연구원장과 정보기술원장을 겸직하다가 2002년 중앙연구원을 개편한 네트워크연구원 초대 원장직을 맡았다.

이 원장은 "엔지니어들은 긍지와 자부심을 갖고 연구활동에 매진해야 한다"고 자신의 강한 소신을 밝혔다.

전길환 CJ 종합기술원장

전길환 CJ(옛 제일제당) 종합기술원장은 '이론'과 '실기'를 함께 갖추고 있다. 제약·바이오·생명공학 부문의 미래 발전계획을 책임지는 CTO인 동시에 제약본부의 사업까지 총괄하고 있다. 그는 해외 전문가로도 손꼽힌다. 즉 전형적인 기술경영자인 셈이다.

전 원장은 다양한 경험을 통해 기술 경영자로서의 경력을 쌓아왔다. 1992년 귀국할 때까지 28년 간을 미국에서 보냈다. 1963년 한양대 화학공학과를 졸업한 후 미국으로 건너가 텍사스 A&M 대학에서 석·박사학위를 취득했다. 1968년 이래로 20여 년에 걸쳐 생활용품업체인 유니레버의 연구원으로 일하면서 '도브' 비누와 '클로즈업' 치약, 무공해세제 등을 개발하는 데 참여했다.

유니레버 연구소는 1960년대에 이미 4,000명의 연구원을 확보하고 있었다. 전 원장은 이 곳에서 기업체 연구소가 어떻게 운영되고 연구원이 어떤 자세로 일해야 하는지를 배웠다.

연구소에서도 이윤을 내야 하며, 이를 위해 연구원들은 모든 업무를 실용적 관점에서 바라보고 처리해야 한다는 것이었다. 연구 외에 공장설비 디자인, 원가절감 등을 맡았던 것도 경영자로서 자질을 키우는 데 도움이 됐다고 그는 설명한다.

전 원장은 1992년 생활용품 사업에 뛰어든 제일제당으로부터 스카우트 제의를 받게 된다. 몇 차례 고사한 끝에 결국 귀국을 택했다. 그는 임원급 연구원으로서 20명의 연구원들과 함께 제일제당에서 새롭게 출발했다.

| 이론과 실무 겸비한 대표적인 CTO
제약 · 바이오 · 생명공학 부문의 총책임자

'비트(세제)', '세닥(치약)', '식물나라(화장품)' 등을 쏟아낸 데 힘입어 이 사업은 6년 만인 1998년에 매출 1,800억 원 규모에 이르렀다. 그는 1999년 이래 역점사업으로 떠오른 제약 · 바이오 · 생명공학 부문을 맡았다. 2000년에는 부사장으로 승진하고 종합기술원장직까지 맡았다.

전 원장은 해외 전문가 영입이라는 역할도 떠맡고 있다. 이장윤 제약부문 연구소장과 앤드류 고먼 CJ 미국지역 부사장 등을 세계적인 업체로부터 영입했다.

전 원장은 연구원들에게 "머크(Merck) · 화이자(Pfizer) 등에서 스카우트 제의를 받을 만한 인재로 커야 한다"고 늘 강조한다.

그는 해외 학술대회, 컨퍼런스 등 주요 행사에 연구원들을 참석시킨다. 그가 종합기술원을 맡은 이후 연구원들의 연수비가 8배로 늘어났다.

"미국에서는 공대 출신들의 평균 급여가 다른 분야 전공자에 비해 20% 정도 높습니다. 직업을 하나의 유행쯤으로 생각하고 이공계를 기피하는 데는 큰 문제가 있습니다"고 지적했다.

강창오 포스코 사장

강창오 포스코 사장은 20년 이상 용광로 곁을 지키며 제철소를 누빈 엔지니어 출신 CEO다. 1971년 서울대 금속공학과를 졸업한 후 포스코 공채 3기로 입사, 1994년 상무로 승진하기까지 줄곧 생산현장을 누벼왔다.

"국내 첫 용광로가 착공된 1971년 5월 이전에는 용광로를 구경해본 적도 없었습니다. 입사 후 일본에서 6개월 간 연수를 받으면서 철강산업이 어떤 것인지를 어렴풋하게나마 알게 됐지요."

그는 1973년 완공된 제1기 용광로의 공장장을 시작으로 제2기와 제3기 공장장을 잇따라 맡으면서 신설되는 용광로 관리를 도맡았다. 제3기 공장장을 맡고 있던 1979년의 일을 그는 지금도 잊을 수 없다.

"갑자기 용광로가 작동을 멈추면서 내부가 굳어버렸어요. 용광로가 고장 나면 모든 공정이 중단되기 때문에 비상사태가 일어난 셈이지요. 정확히 21일 동안 집에도 가지 않고 용광로에만 매달려 겨우 정상 가동시켰습니다."

강 사장은 "초창기 일본으로부터 기술을 물려받았던 한국의 철강산업이 이제는 세계적 수준으로 성장했다"며 "현장에서 시행착오를 겪으면서 땀 흘렸던 수많은 엔지니어들 덕택"이라고 잘라 말했다.

"세계 철강시장은 유럽과 일본에서 최근 일고 있는 합병을 통한 대형화 움직임에다 신기술 등장 등으로 변화의 소용돌이를 맞고 있습니다." 그는 "이러한 추세에 대비하기 위해 다각도로 전략을 구상하고 있다"고 털어놓았다.

| 20년 간 현장 누빈 '용광로 지킴이'
기술경쟁력 확보 위해 R&D 비용 아낌없이 투자

그는 요즘 연료비가 적게 들고 환경오염을 크게 줄일 수 있는 새로운 제철공정인 '파이넥스(FINEX) 공정' 개발에 온 힘을 쏟고 있다. 이미 핵심기술 개발은 끝냈으며 2003년 5월부터 연간 100만 톤 규모의 시험공장을 가동시킨 후 2005년까지 상용화 기술 개발을 완료한다는 게 그의 목표다.

강 사장은 "기술경쟁력 확보를 위해 R&D 비용은 아끼지 않고 투자한다는 원칙을 세워두고 있다"고 덧붙였다.

민계식 현대중공업 사장

민계식 현대중공업 사장은 늘 일에 파묻혀 있으면서도 선비처럼 꼿꼿한 자세를 잃지 않는 CTO 겸 CEO다. 마른 체구에 푸른색 작업복을 차려 입고 부동자세로 45도 이상 허리를 굽히며 인사하는 모습에서는 대표이사임을 짐작하기가 쉽지 않다. 평소 그는 현장직원들이 거리감을 느낄까봐 넥타이조차 매지 않는다.

하지만 그와 만나 몇 마디만 나누고 나면 '소박할 것' 이란 예상은 깨지고 만다. 학문적으로, 그리고 CTO로서 쌓아온 관록에 압도당하고 마는 것이다.

민사장은 서울대 조선공학과(61학번)를 졸업한 후 미국 버클리대에서 조선공학 및 우주항공학 석사를, MIT에서 해양공학 박사학위를 취득했다. 국내외에서 발표한 논문도 120편에 이르는데, 이는 웬만한 교수보다 많다. 특허도 40여 건이나 획득했다.

지금도 그의 사무실에는 각종 학술서적과 논문들이 빼곡히 차 있다. 그는 미국의 선박건조회사인 리튼십시스템즈에서 첫 발을 내디뎠다. 이곳에서 미국 해군의 구축함 30척을 동시에 건조하는 초대형 프로젝트에 참여했다.

그는 박사학위를 취득한 후 귀국, 1979년부터 12년 간 대우조선에 몸담으면서 기술연구소장 등을 거쳤다. 1990년 현대중공업으로 옮긴 다음 선박해양연구소 부사장, 기술개발본부 부사장을 거쳐 2001년 사장으로 승진했다. 최길선 사장과 공동대표를 맡으면서 선박해양연구소·산업기술연구소·기계전기연구소 등을 총괄하고 있다.

| 조선 등 특허 40여 건 보유
'일등만 생존' 온리 원(Only One)론 강조

"우리 경제가 위기에 빠진 것은 세계시장에서 통할 수 있는 일류상품이 적기 때문입니다."

그는 일등 상품만이 살아남을 수 있다는 '온리 원(Only One)'론을 고집한다. LNG선(조선사업본부)·선박용 중형 디젤엔진(엔진사업본부)·해수담수화 설비(플랜트사업 본부) 등을 일류상품으로 선정해 육성하고 있는 배경도 바로 여기에 있다.

민 사장은 "이공계 기피현상은 반드시 뿌리 뽑아야 할 망국적 현상"이라며 "기업에서도 연구원들에게 너무 단기간 내에 성과를 요구하지 말고 안정된 연구환경을 만들어주어야 한다"고 힘주어 말한다. 그는 IMF 외환위기가 닥친 1990년대 말에도 회사의 R&D 비용이 한푼도 깎이지 않도록 하는 데 앞장섰다.

민 사장은 지금도 매일 10km씩 달린다. 종종 점심시간을 이용해 고정멤버 10여 명과 함께 회사 주변을 뛰기도 한다. 그래서 백발의 마라토너로 통한다.

그는 하루에 17시간씩 일을 한다. 한 경영전문지로부터 100대 기업 CEO 가운데 가장 일을 많이 하는 인물로 뽑히면서 '일벌레'임을 공인받은 것이다.

이상훈 KT 본부장

"어렵게 개발한 통신네트워크 장비가 온라인 게임이나 메일 전송 등을 위해 쓰이는 것을 보면 뭐라 말할 수 없는 보람을 느끼게 됩니다."

국내 초고속 통신망 개발의 주역으로 꼽히는 이상훈 KT 기간망 본부장은 "연구개발이 성공하기 위해선 가치를 공유하는 일이 선행돼야 한다"고 강조한다.

그가 추구하고 있는 가치는 "언제 어디서나 인터넷을 마음 놓고 쓸 수 있도록 하는 것"이다. 즉 노트북PC를 집 밖으로 들고 나와도 무선으로 인터넷에 접속할 수 있는 유무선 통합 인터넷 환경을 만들겠다는 것이다.

이 본부장은 이러한 가치를 실현할 수 있는 적임자로 꼽힌다. 그는 해외에서도 널리 인정받는 통신망 분야의 전문가다. 서울대 전기공학과를 졸업하고 미국 펜실베이니아 대학에서 전기공학을 전공, 석·박사학위를 받았다. 벨연구소 연구원, 폴리테크닉대 객원교수를 거쳐 1991년 KT와 인연을 맺었다. KT의 해외석학 유치 프로그램으로 첫 영입됐다.

그는 KT 통신망연구소장 등을 거치면서 ADSL 초고속 접속상품을 개발·상용화했다. 이를 통해 국내 초고속 인터넷 보급률을 세계 1위로 끌어올리는 데 결정적인 기여를 했다.

초고속 통신망의 원천기술 개발에도 한몫을 했다. 그는 초고속 정보통신망의 핵심기술인 ATM(비동기식 전달방식)의 기본개념을 제안한 데 이어 관련기술 특허도 취득했다. 벨연구소에 있을 때 개발한 ATM 기술은 자체 분석 결과, 연구

| 국내 초고속 통신망 개발의 주역
인터넷 보급률 1위에 한몫

소 보유 특허 가운데 두번째로 중요한 것으로 평가됐다.

"벨연구소에서 근무할 수 있었던 것은 행운이었습니다. 내로라하는 엔지니어들과 경쟁하면서 실력을 쌓는 계기가 됐습니다."

이 본부장은 벨연구소 시절 처음 3~4년 간은 박사과정을 밟을 때처럼 힘들었다고 회고했다. 밤을 꼬박 새우면서 연구주제를 생각했지만 논문을 제대로 써낼 수 없었다고 털어놨다. 그러던 중 ATM 기술의 아이디어를 제시하면서 마침내 연구소로부터 주목을 받기 시작했다는 것이다.

"애써 짜낸 ATM 아이디어가 세계 표준으로 채택되고, 이를 바탕으로 통신장비들이 개발·상용화됐습니다. 현재는 통신서비스까지 원활하게 이뤄지고 있습니다."

이 본부장은 "아이디어 제시, 표준채택, 상용화, 서비스로 이어지는 기술의 전체 사이클을 모두 경험하는 것은 엔지니어로서는 극히 드문 일"이라고 강조했다.

"최근 사회적 문제로 부각되고 있는 이공계 기피현상을 막기 위해선 스타 엔지니어가 많이 배출돼야 합니다."

이 본부장은 "엔지니어들에게 경영마인드를 심어주는 등 사회 지도층 인사로 성장할 수 있는 발판도 마련해주어야 한다"고 힘주어 말했다.

이기원 삼성전자 부사장

삼성전자의 R&D 부문을 총괄하고 있는 이기원 부사장(CTO전략실장)은 첨단기기에 관심이 많다. 새로 나온 소프트웨어나 PDA 등 첨단제품이 나오면 직접 써봐야 직성이 풀리는 '얼리 어댑터(early adapter)'다. 키보드나 버튼 등에 결함이 없는지도 꼼꼼히 챙긴다.

"소비자의 까다로운 입맛에 맞춰 연구개발을 진행해야만 좋은 제품을 만들 수 있습니다." 이같은 이 전무의 R&D 철학은 초일류를 지향하는 삼성전자의 전략과도 통한다. 이 부사장이 이끄는 CTO전략실은 삼성전자 R&D의 총사령탑으로서, 2000년 CTO인 윤종용 부회장 직속의 독립조직으로 출범했다. 연구원은 450여 명에 이른다.

"삼성전자가 필요한 기술을 모두 개발할 수는 없습니다. 핵심 기술에 개발역량을 집중시켜야 합니다." 이 전무는 우선 R&D 부문을 교통정리했다. 홈네트워크 솔루션 개발이 그 대표적 사례다. 홈네크워크 사업이 미래사업으로 떠오르면서 산하 연구소들이 과당 경쟁을 벌이자 관련 연구인력을 재배치해버렸다.

그는 반도체·통신·PC 등 여러 부문에 걸쳐 다양한 경력을 쌓았다. 서울대 전기공학과(68학번)를 졸업하고 미국 UC버클리에서 비메모리설계로 석사, 미시건대에서 반도체소자 연구로 박사학위를 취득했다.

지난 1996년에 반도체LSI사업부 상무이사로 삼성전자와 인연을 맺기 전까지 AT&T 벨연구소, IBM 왓슨연구소 등에서 통신·PC 분야를 연구했다. 디지털

| 삼성전자 R&D의 총사령탑
반도체·통신·PC 등 두루 거쳐

컨버전스(데이터가 PC·휴대전화 등을 통해 융합되는 기술) 혁명을 주도할 수 있는 기반을 확보한 것이다.

"문제를 다른 시각으로 보면 해결의 실마리를 반드시 찾을 수 있습니다." 그래서 그는 공대생들을 대상으로 강의를 할 때면 늘 "전공만 공부하지 말고 다른 분야도 접하라"고 강조한다.

이 부사장은 "벨연구소에서 통신 집적회로(IC)칩을 연구하면서 밤을 지새운 적이 많았다"며 "하지만 그런 과정을 통해 문제를 풀었을 때 느끼는 희열은 이루 말할 수 없다"고 털어놓았다. 이같은 희열을 느껴보지 않으면 엔지니어로서 성공할 수 없다는 것이다.

"지난 1999년 삼성전자 중앙연구소에서 통신네크워크랩을 이끌면서 자체 개발한 DVD 관련기술을 미국에 팔았던 게 가장 기억에 남습니다. 당시 로열티로 100만 달러를 받았습니다. 하지만 돈보다 더 중요한 게 있었지요. 바로 우리도 할 수 있다는 자신감이었습니다."

그는 "미국 기업들은 구조조정을 하더라도 엔지니어 등 필요 인력은 꼭 안고 간다"며 "이공계 출신들이 자기 분야에서 전문가만 된다면 미래를 걱정할 필요가 없다"고 잘라 말했다.

백우현 LG전자 사장

LG전자의 CTO 백우현 사장은 자타가 공인하는 디지털TV 전문가다. 그는 일찍이 "디지털TV에 역량을 모아야 한다"고 목소리를 높여왔다.

LG가 디지털TV 기술에서 세계 일류로 떠오르는 데 결정적인 역할을 한 것으로 평가받고 있다. 따라서 '백우현 사장은 곧 디지털TV'를 떠올리게 한다. 그가 디지털TV와 인연을 맺은 것은 지난 1970년대로 거슬러올라간다. 1998년 LG전자에 합류하기 전 미국에서 20여 년 동안 디지털TV를 연구했다. 퀄컴(Qualcomm) · 제너럴 인스트루먼트(General Instrument) 등에서 연구원으로 일하면서 줄곧 디지털TV 분야를 파고들었다. 그는 TV 방송 관련기술인 '비디오 사이퍼'와 '디지털 사이퍼'를 미국에서의 연구 성과로 꼽는다.

비디오 사이퍼란 케이블TV 방송국에서 인공위성을 통해 전파를 쏘아보낼 때 유료 이용자만이 이를 수신할 수 있도록 하는 암호화 기술이다. 디지털 사이퍼란 같은 기법을 디지털TV에 적용한 것이다. 그는 이들 기술로 디지털TV의 상용화에 결정적으로 기여했다. 이에 힘입어 지난 1996년 미국 텔레비전 기술과학 아카데미의 에미상, 1999년에는 미국 위성방송통신협회의 클라크상을 받았다.

백 사장은 디지털TV 관련기술을 개발해낼 수 있는 요건을 두루 갖추고 있었다. 서울대 전기공학과(67학번)를 거쳐 대학원에서 전기전자 제어시스템을 공부한 다음 미국 MIT에서 통신공학 박사학위를 취득했다.

백 사장이 개발한 디지털TV 암호화 기법도 통신기술에 뿌리를 두고 있다. 통신

| 디지털TV와의 '30년 인연'
'세계 일류제품 만들기' 앞장

공학 박사로서 자연스럽게 디지털TV 전문가로 변신하게 된 것이다.

"고교 시절 부품을 사서 직접 라디오를 조립하고 아마추어 무선통신(HAM)에 몰두하기도 했습니다." 그는 "좋아하는 분야를 학업으로 연결지은 결과 시너지가 생긴 것 같다"고 되돌아봤다.

우리나라와 미국 연구원 간 차이에 대해 그는 "미국 업체들은 프로젝트 관리나 프리젠테이션 기법에서 앞서 있지만 연구원들의 열의는 우리나라가 오히려 한수 위"라고 평가했다.

"한 해에 10명 이내의 우수 연구원들을 선발, 학비와 연봉을 전액 지급하면서 4~5년 동안 공부를 하도록 도와주고 있습니다. 미국 대학의 테크노 MBA 과정(1년제)에도 여러 사람을 보내고 있지요." 그는 "CTO 주도를 통해 앞으로도 연구원들을 계속해서 적극 지원하겠다"고 힘주어 말했다.

백 사장은 "기술에 대해 아는 것은 기본이고 사업 가능성을 정확히 예측하는 능력도 필요하다"며 "유망 기술을 발굴하는 것은 물론, 전망이 불투명한 사업을 빨리 정리할 수 있는 판단력과 결단력도 대단히 중요하다"고 강조했다.

김재조 삼성전기 중앙연구소장

김재조 삼성전기 중앙연구소장은 생산현장과 R&D 업무를 효율적으로 연계시키는 CTO로 정평이 나 있다.

"큰돈을 들여 힘들게 개발해낸 신기술을 제품으로 상업화하지 못하면 안 된다"는 게 그의 R&D 철학이다. 오랫동안 생산부서에서 일해온 경험에서 얻어낸 결론이기도 하다.

중앙대에서 화학공학을 전공한 김 소장은 미국 뉴욕 주립대에서 박사학위를 받았다. 1986년 삼성전기에 입사, 박막제조부장과 기능소자 사업부장을 거쳐 2002년 1월부터 중앙연구소를 이끌고 있다.

"연구실에만 틀어박혀 있으면 사업적인 감각을 잃기가 쉽습니다. 자칫 연구를 위한 연구만 할 수도 있거든요. 일부러 생산현장에서 일하는 것을 고집했죠."

삼성전기는 각종 전자·전기제품에 들어가는 부속품을 생산하는 국내 최대의 종합 부품업체다. 컴퓨터·DVD 플레이어·VTR 등 가전제품에 필수적인 부품이 이 곳에서 만들어진다. 애니콜 휴대전화의 10여 가지 핵심부품도 삼성전기에서 생산되고 있다.

김 소장은 지난 1995년 국내 처음으로 국산화에 성공한 'SAW필터(휴대전화의 주파수를 걸러주는 부품)' 개발에 남다른 자부심을 갖고 있다. 일본에서 수입해오던 것을 대체했다. 이뿐만 아니다. 1998~99년 사이에 일어난 휴대전화 품귀현상을 해소하는 데도 크게 기여했다.

| 휴대전화 핵심부품 국산화 주도
'연구 위한 연구' 아닌 상업화 성공 진력

"당시 휴대전화 수요가 폭발적으로 늘어나면서 단말기 생산업체들이 부품조달에 애를 먹었죠. 특히 핵심부품인 SAW필터는 구하기가 힘들어 삼성전기 제품을 사려고 돈을 싸들고 줄을 서서 기다릴 정도였습니다."
SAW필터가 문제 해결에 '효자노릇'을 했다는 게 김 소장의 설명이다.
삼성전기는 최근 인쇄회로기판·광픽업·적층세라믹콘덴서(MLCC) 등 3개 제품을 '세계 1위 제품'으로 육성하겠다는 경영전략을 내놓았다. 또 디지털튜너·무선네트워크모듈·LED(발광다이오드) 등 6개 제품을 '차세대 1위 육성제품'으로 선정했다. 선택과 집중을 통해 최고제품 생산에 주력하겠다는 것이다. 중앙연구소는 이같은 경영전략을 달성하기 위해 선봉에 나서고 있다.
"세계 모든 사람들이 삼성전기 부품이 들어간 전자제품을 쓰도록 하겠습니다."
김 소장은 'Dig into, Fly high(큰 꿈을 가지고 무한탐구에 몰두하자)'라는 비전으로 이같은 중앙연구소의 목표를 꼭 이루어내고 말겠다고 다짐했다.

한금수 대상 중앙연구소장

한금수 대상 중앙연구소장은 20여 년 간 연구소에서 잔뼈가 굵은 식품업계 R&D 부문 베테랑이다. 특히 미생물과 발효 분야에 해박한 것으로 정평이 나 있다. 서울대 식품공학과를 졸업하고 KAIST에서 석사학위(생물공학 전공)를 받은 그는 지난 1976년 대상과 인연을 맺었다.

"발효부에서 5년 남짓 근무한 후 1982~2003년까지 22년째 연구소에서 일하고 있습니다. 대상의 기술력이 성장해온 과정을 줄곧 지켜본 셈이지요."

한 소장은 "사업 초창기에는 일본으로부터 기술을 들여오기에 급급했지만 이제는 국내 식품·발효사업의 기술 수준이 선진국에 못지않게 높아졌다"고 평가했다.

그는 대상 기술연구소에서 일하던 지난 1980년대 초 핵산조미료 개발에 얽힌 일화를 털어놓았다. "국내 경쟁업체와 누가 먼저 우리나라에서 처음으로 핵산조미료를 내놓는가를 두고 관심이 무척 높았던 때입니다. 조금이라도 먼저 신제품을 내놓기 위해 비상이 걸렸지요. 밤샘 작업 끝에 경쟁사보다 하루 먼저 제품을 선보일 수 있었습니다."

한 소장은 "시험 생산된 핵산 조미료를 밤낮없이 혀끝에 대보고 품질관리를 하느라 한동안 밥맛을 잃어버리기도 했다"며 "숨가쁜 경쟁 속에 극비작업을 하면서도 짜릿한 승부의식을 느꼈다"고 되돌아봤다.

그는 "당시 7kg짜리 핵산조미료 한 포대 값이 포니 자동차 한 대 값과 맞먹을

| 식품업계 미생물, 발효분야 20년 베테랑
국내 첫 핵산조미료 개발 · 전분사업 주도

정도로 고부가가치 제품이어서, 사회적으로 무척 큰 반향을 일으켰다"고 설명했다.

그는 중앙연구소가 신기술 개발은 물론 기존 기술을 활용한 응용제품 개발에도 주력하고 있다고 소개했다. 전분 사업의 경우 옥수수 전분의 접착성을 이용, 일반 접착제에서부터 반도체 등 첨단 생산현장에 사용되는 고급 접착제에 이르기까지 20여 종의 다양한 상품을 만들 수 있다는 것이다. 이 때문에 연구원들에게 부가가치가 높은 응용제품 개발을 적극 독려하고 있다.

한 소장은 회사 측이 2003년의 경영목표를 '전문분야 역량강화'를 선언함에 따라 대상을 세계수준의 경쟁력을 갖춘 바이오 발효기업으로 키우기 위한 기반기술을 제공하는 것에 중앙연구소 운영의 초점을 맞췄다.

"내년부터 전분시장이 외국 기업들에게 일부 개방되기 시작하는 등 경쟁이 더욱 치열해질 전망입니다. 부가가치를 더욱 높인 아미노산과 식품가공용 전분을 생산해 경쟁에 맞설 생각입니다."

한 소장은 "유해물질에 대한 국내외의 규제가 강화되는 움직임에 맞춰 저절로 녹는 식품 용기 등 생분해성 소재 개발에도 박차를 가하겠다"고 포부를 밝히고 있다.

최명규 LG전선 전선연구소장

LG전선 최명규(49) 전선연구소장은 협력 연구를 중시하는 CTO다. 그는 중앙연구소 역할을 하고 있는 전선연구소를 비롯해 광통신연구소·전력연구소·기계연구소·생산기술센터 등 기술개발 조직을 총괄하고 있다.

서울대 전기공학과를 졸업하고 지난 1978년 LG전선에 입사한 후 전력선부장·전력생산담당 임원·전력연구소장을 거쳐 2001년부터 지금까지 전선연구소를 이끌고 있다.

"세계 최고 수준의 제품을 만들기 위해서는 연구소 간 연계 작업이 필수적입니다. 전선·전력·광통신·기계 등 사내 부설연구소의 공동 연구를 적극적으로 장려하고 있습니다."

최 소장은 광복합지선(OPGW) 개발을 협력 연구의 좋은 사례로 소개했다. 철탑의 낙뢰방지 역할만 하던 기존의 가공지선(GW)의 소재를 구리선에서 광섬유로 대체, 전파방해 없이 전력을 보낼 수 있도록 한 것이다.

"광통신·전선·전력 등 3개 연구소 인력들이 팀을 만들어 기술 개발에 매달린 끝에 기존 제품보다 성능을 크게 높인 신제품을 만들어냈습니다. 연간 20억 원 안팎에 불과하던 가공지선 매출액은 광복합지선 개발로 매년 500억 원 이상으로 뛰어 올랐습니다."

최 소장은 2003년을 LG전선의 연구개발 체계를 혁신하는 원년으로 삼겠다고 강조한다. 회사 측이 신기술 프로젝트를 선정하면 전선·전력·광통신 등 소속

광통신·전력 등 협력연구 주도
광복합지선 개발, 500억 원의 매출 올려

연구소에 관계없이 해당 분야에 관심이 있는 연구원이면 누구나 지원할 수 있도록 하겠다는 것이다.

그는 "2003년 전선연구소에서 시범적으로 실시해보고 연구개발 효율이 상당히 높아졌다는 결론을 얻었다"며 "2003년부터 부설 연구소 전체로 확대할 방침"이라고 말했다.

연구개발 체계가 바뀌면 연구소 간 협력 연구도 더욱 활기를 띨 것으로 그는 기대하고 있다. 연구원에 대한 성과보상 제도도 개선할 계획이다. 매년 한 차례씩 업적을 평가하던 것을 바꿔 프로젝트별로 성과를 측정해 즉시 보상하는 체제를 갖출 예정이다. 친환경적인 신제품 개발에도 박차를 가한다는 목표다. 최 소장은 "유럽 지역을 중심으로 납·카드뮴·다이옥신 등 유해물질에 대한 기준이 강화되고 있어 대비책을 서두르고 있다"고 설명했다.

"현장감각을 잃지 않기 위해 요즘도 생산라인 근로자들과 자주 의견을 나누고 있습니다." 그는 "16년 동안 구미공장에서 일한 경력이 CTO 업무에 큰 도움이 된다"고 털어놓았다.

국내 주요 CTO

손 욱	삼성종합기술원 원장
전길환	CJ종합기술원 원장
최기련	고등기술연구원 원장
한금수	대상㈜ 중앙연구소 원장
전원일	동부제강㈜ 부사장
정종구	동부한농화학 전무
김원배	동아제약중앙연구소 소장
이서봉	동양제철화학중앙연구소 소장
김기원	만도 중앙연구소 수석 부사장
장경철	산기협 부회장
송지오	삼성전자 메카트로닉스센터 부사장
유동수	삼성전자 CS경영센터 상무
이기원	삼성전자 CTO전략실 부사장
김기협	삼성종합기술원 부사장
정선휘	삼성종합기술원 부사장
양재균	쌍용머티리얼 고문
박호진	코오롱 중앙기술원 원장
이옥섭	태평양기술연구원 원장
강창오	포스코 기술연구소 사장
홍상복	포항산업과학연구원 원장
신현준	포항산업과학연구원 상임고문
위영인	프레스토라이트아시아 사장
이인희	한국 쓰리엠 부사장
윤맹현	한국전력연구원 원장
김영순	한화석유화학 중앙연구소 소장
최정식	현대모비스 기술연구소 소장

(* 이 명단은 한국산업기술진흥협회의 CTO클럽 회원을 중심으로 작성한 것입니다.)

김상권	현대자동차 사장
김홍기	현대정보기술 상무
민계식	현대중공업㈜ 종합연구소 사장
임계영	LG산전 중앙연구소 부사장
정광수	LG생산기술원 원장
유건희	LG생산기술원 고문
최명규	LG전선 소장
백우현	LG전자 사장
이희국	LG전자기술원 원장
여종기	LG화학기술원 원장
이현일	RIST 강구조연구소 소장
박상훈	SK주식회사 대덕기술원 원장
이명성	SK텔레콤 네트웍연구원 원장
김정수	SK텔링크 사장

이공계 출신 주요기업 CEO

현대자동차		
김동진	현대자동차 사장	서울대 기계공학
한규환	현대모비스 사장	서울대 기계공학
김상권	현대자동차 사장	서울대 기계공학

삼성		
이형도	삼성중국본사 회장	서울대 화학공학
윤종용	삼성전자 부회장	서울대 전자공학
이윤우	삼성전자 사장	서울대 전자공학
이기태	삼성전자 사장	인하대 전기공학
임형규	삼성전자 사장	서울대 전자공학
이상완	삼성전자 사장	한양대 전자공학
황창규	삼성전자 사장	서울대 전기공학
강호문	삼성전기 사장	서울대 전기공학
이석재	삼성코닝정밀유리 사장	서울대 전기공학
박양규	삼성네트웍스 사장	부산대 화학공학
고홍식	삼성종합화학 사장	한양대 기계공학
이재환	삼성BP화학 사장	서울대 화학공학
박수웅	삼성정밀화학 사장	부산대 화학공학
허태학	삼성석유화학 사장	경상대 농학과
정우택	삼성물산 사장	서울대 금속공학
손욱	삼성종합기술원 사장	서울대 기계공학
정준명	삼성재팬 사장	경희대 전자공학
배동만	제일기획 사장	고려대 축산학과
이수창	삼성화재 사장	서울대 수의학과
이만수	신라호텔 사장	서울대 응용화학

	LG	
김쌍수	LG전자 부회장	한양대 기계공학
백우현	LG전자 사장	서울대 전기공학
김종은	LG전자 사장	서울대 전자공학
이희국	LG전자 사장	서울대 전자공학
우남균	LG전자 사장	서울대 물리학
성재갑	LG석유화학 회장	부산대 화학공학
양흥준	LG생명과학 사장	서울대 화학공학
노기호	LG화학 사장	한양대 화학공학
여종기	LG화학 사장	서울대 화학공학
배윤기	LG화학 사장	연세대 화학공학
김반석	LG석유화학 사장	서울대 화학공학
정두호	LG실트론 사장	부산대 화학공학
구자섭	LG MMA 사장	고려대 산업공학
허동수	LG칼텍스정유 회장	연세대 화학공학
명영식	LG칼텍스정유 사장	연세대 화학공학
허영호	LG이노텍 사장	서울대 전자공학
구본준	LG필립스LCD 사장	서울대 계산통계학
조영환	LG마이크론 사장	한양대 전자공학
김선동	LG니꼬동제련 사장	인하대 전자공학
한동규	LG전선 사장	연세대 전기공학
허승조	LG백화점 사장	한양대 공업경영학
어윤태	LG스포츠 사장	고려대 기계공학
최영재	LG홈쇼핑 사장	한양대 화학공학
이견	LG MRO 사장	한양대 화학공학
박계현	LG엔시스 사장	한양대 전자공학
허벽	에스큐테크놀로지 사장	서울대 전자공학
김헌수	데이콤크로싱 사장	홍익대 전자계산학
윤도영	씨아이씨코리아 사장	성균관대 전자공학

	SK	
조정남	SK텔레콤 부회장	서울대 화학공학
홍지호	SK케미칼 사장	연세대 화학공학
최동일	SKC 사장	서울대 기계공학
조재수	SK(주)생산부문 사장	전북대 화학공학
홍경	SK텔레텍 사장	서울대 전기공학
문우행	SK건설 사장	연세대 토목공학

	대우	
정성립	대우조선해양 사장	서울대 조선공학
양재신	대우종합기계 사장	서울대 기계공학

	포스코	
이구택	회장	서울대 금속공학
강창오	사장	서울대 금속공학

	효성	
추지석	(주)효성 부회장	서울대 화학공학
이상운	(주)효성 사장	서울대 섬유공학
김재학	(주)효성 사장	서울대 기계공학
최병인	노틸러스 효성 사장	MIT 전자공학

	코오롱	
조정호	(주)코오롱 사장	서울대 섬유공학
나종태	코오롱CI 사장	서울대 섬유공학
변보경	코오롱정보통신 사장	서울대 기계공학

스트롱 코리아
― 이공계가 살아야 한국이 강해진다 ―

지은이 / 한국경제신문 특별취재팀
펴낸이 / 김경태
펴낸곳 / 한국경제신문 한경BP
등록 / 제 2-315(1967. 5. 15)
제1판 1쇄 발행 / 2003년 4월 25일
제1판 3쇄 발행 / 2003년 7월 25일
주소 / 서울특별시 중구 중림동 441
홈페이지 / http://bp.hankyung.com
e-메일 / bp.hankyung.com
기획출판팀 / 3604-553~6
영업마케팅팀 / 3604-561~2, 595
FAX / 3604-599

* 파본이나 잘못된 책은 바꿔 드립니다.
ISBN 89-475-2423-9

값 10,000원